国家自然科学基金(71761012和72161013)资助出版

U0674664

Research on Users' Knowledge
Contribution Behavior in Enterprise
Virtual Community

乐承毅 路亭 周逸寒 ◎ 著

企业虚拟社区中的
用户知识贡献行为研究

东北财经大学出版社　　大连
Dongbei University of Finance & Economics Press

图书在版编目（CIP）数据

企业虚拟社区中的用户知识贡献行为研究 / 乐承毅，路亭，周逸寒著. —
大连：东北财经大学出版社，2022.12
（墨香财经学术文库）
ISBN 978-7-5654-4691-7

Ⅰ. 企… Ⅱ. ①乐… ②路… ③周… Ⅲ. 企业管理-知识管理-研究 Ⅳ. F272.4

中国版本图书馆CIP数据核字（2022）第218872号

东北财经大学出版社出版发行

大连市黑石礁尖山街217号　邮政编码　116025
网　　　址：http：//www.dufep.cn
读者信箱：dufep @ dufe.edu.cn
大连永盛印业有限公司印刷

幅面尺寸：170mm×240mm　字数：266千字　印张：17.25　插页：1
2022年12月第1版　　　　　　2022年12月第1次印刷
责任编辑：石真珍　韩敌非　　　责任校对：贺　力
封面设计：冀贵收　　　　　　　版式设计：原　皓
定价：59.00元

教学支持　售后服务　　联系电话：（0411）84710309
版权所有　侵权必究　　举报电话：（0411）84710523
如有印装质量问题，请联系营销部：（0411）84710711

前言

　　随着移动互联网技术的快速发展和网民数量的急剧增长，一种由有共同兴趣爱好、目标的用户进行文字、图片或视频的在线交流与互动而形成的新型关系网络——网络虚拟社区应运而生。这种虚拟社区利用移动互联网即时采用SNS、Wiki、微博等比较流行的信息分享和互动交流方式，大大改变了传统的人际沟通形式，使人们的知识交流不受时间和空间的约束，提高了人们的互动效率。由于虚拟社区在知识分享中的显著效应，许多企业开始尝试建设虚拟社区来获取内、外部的知识资源。用户的知识贡献行为是企业虚拟社区存在和持续发展的关键，然而社区现实存在用户知识贡献积极性不高、贡献体验差等现象，进而导致知识资源匮乏、知识应用和创新不足等问题。

　　鉴于此，本书针对企业虚拟社区的用户知识贡献行为进行研究。首先，对本书的研究背景和研究意义进行介绍，并说明本书的主要研究方法、研究目标、关键问题、技术路线及创新之处。

其次，对本书涉及的相关概念如企业虚拟社区、知识贡献行为的概念及特征进行界定；对国内外相关研究进行归纳和总结，介绍本书应用的相关理论。然后，对企业虚拟社区中的用户知识贡献行为进行分类，厘清它们之间的相互关系和作用机制，并结合生态系统理论对不同知识贡献行为的影响因素进行归纳。在此基础上，构建用户各类知识贡献行为的影响因素模型，通过实证分析找出用户不同类型知识贡献行为的主要影响因素。接着，从平台治理的前因视角探索企业虚拟社区平台治理机制如何作用于用户感知来影响用户的不同类型知识贡献行为，从产品创新的结果视角厘清企业虚拟社区用户知识共享行为对产品创新的影响机理，并分析不同类型用户的影响机制是否有差异。最后，借助演化博弈论分析各类因素对用户知识共享行为的影响，并通过模拟仿真来揭示不同因素影响下的用户知识共享策略。

本书的研究内容和主要结论如下：

（1）考虑企业虚拟社区特性，根据知识贡献作用和难度将企业虚拟社区中用户的知识贡献行为划分为知识参与贡献行为、知识评价贡献行为和知识创作贡献行为。这三类用户知识贡献行为之间互相影响和作用，互相支持和促进，缺一不可，共同帮助企业实现虚拟社区知识的有序化、应用和创新。

（2）基于计划行为理论与生态系统理论，分别构建知识参与贡献行为、知识评价贡献行为及知识创作贡献行为的影响因素理论模型及研究假设，并以海尔虚拟社区为案例进行实证分析。研究发现：从生态系统理论的宏观系统层面来看，品牌影响力、组织激励、文化氛围、技术环境对用户知识贡献态度产生正向影响，且用户不同知识贡献行为存在差异；从生态系统理论的微观系统层面来看，知识贡献态度、主观规范、感知行为控制对用户知识贡献行为意愿产生正向影响；从生态系统理论的外层系统层面来看，信息质量与人际互动正向影响知识参与贡献行为用户的感知行为控制，认同感正向影响用户的知识参与贡献态度，而信息质量、人际互动、自我效能与知识评价贡献行为用户的感知行为控制有正向相关关系，互惠与用户的知识评价态度有正向相关关系，助人乐趣、知识水平与知识创作贡献行为用户的感知行为控制有正向相关关系。根据这些结论，针对用户不同类型的知识贡献行为提出不同支持策略。①对于用户参与贡献行为：应提升社区成员认同感，促进知识参与贡献行为；增加好友推荐功能，促进社区内人际交流；丰富社区中的知识内容，提升信息价值，促进用户参与。②对于用户评价贡献行为：增加评价奖励机制，促进知识评价贡献行为；开展知识交流活动，营造活跃的社区氛围；加大信息监管力度，保证信息的正确性。③对于用户创作贡献行为：增强品牌影响力，提高用户知识创作积极性；拓宽企业市场，增加知识储备用户；积极引进专业人才，改善社区内技术环境。

（3）从企业虚拟社区平台治理视角出发，引入感知价值和感知信任作为中介变量以考察企业虚拟社区的两种治理机制（促进式治理机制和约束式治理机制）对用户三类不同的知识贡献行为的跨层次影响，并通过实证分析发现：感知价值和感知信任正向影响知识贡献行为；感知价值在促进式治理机制与知识贡献行为之间起一定的中介作用，感知信任在促进式和约束式治理机制与知识贡献行为之间起一定的中介作用；不同的治理机制对不同类型知识贡献行为的作用机理有一定的差异。在此基础上，本书根据这些结论，从社区平台治理角度提出积极鼓励互动以提升用户的感知价值和感知信任、完善社区奖励机制和声誉机制以提升用户感知价值、围绕提高用户感知信任角度加强企业虚拟社区规范与监督机制建设、针对不同知识贡献行为的需求情况选择不同的治理机制的措施建议。

（4）基于刺激–反应和动机理论，从外部环境（氛围、激励、信任）→知识共享行为（动机反应）→产品创新（结果）的全过程，构建企业虚拟社区用户知识共享对产品创新影响的理论模型，通过以华为产品定义社区的用户为样本，爬取用户行为数据、设计指标来对社区用户进行自动聚类，然后采用问卷调查和结构方程模型进行分析。研究发现：社区用户可以划分为专业贡献型用户和积极社交型用户；用户互惠性知识共享和奖励性知识共享是产品创新的主要来源；专业贡献型用户对社区激励制度较为敏感，而积极社交型用户更易受社区氛围的影响；良好的激励制度和积极社区氛围可以促进用户的知识共享行为，并推动产品创新。本书提出应根据不同类型用户对产品创新的影响机理，采取不同的管理措施，发挥各类用户的优势和特点，来促进用户的知识共享行为，为企业的产品创新提供帮助。

（5）借助演化博弈论从知识共享的个人因素、互惠因素、社区因素出发分析各类因素对用户知识共享行为的影响，并通过模拟仿真发现：参与用户知识共享博弈的演化稳定策略有两个，分别为（知识共享，知识共享）和（不进行知识共享，不进行知识共享），在此种情况下系统朝哪个方向演化，取决于参与用户知识共享的初始概率值以及临界点；个人因素中的知识的储备量、对知识的转化吸收能力、知识的共享程度、共享知识的创新度，社区环境因素中的激励系数等因素正向影响参与用户间的知识共享行为；个人因素中的共享成本、共享知识的同质性，互惠因素中的溢出效应等因素反向影响参与用户间的知识共享行为；在用户知识共享过程中存在最优的协同利润分配系数，使得系统向（知识共享，知识共享）方向演化的概率最大，虚拟社区平台需要合理地设置协同收益分配系数，同时根据参与用户知识共享的情况不断地调节，以达到提高参与知识共享人员积极性的目的。

期望本书的研究成果能够丰富和拓展企业虚拟社区和用户知识贡献行为的相关理论和研究视角，并给企业虚拟社区的管理人员促进用户知识贡献行为和社区发展提供理论和实践方面的借鉴和指导。

本书是在国家自然科学基金项目研究报告的基础上修改完善

而成的，本书的出版得到了国家自然科学基金项目"移动社交网络环境下企业虚拟社区的用户知识贡献行为研究"（项目编号：71761012）、"开放式创新下企业 – 用户知识在线互动与知识共创研究"（项目编号：72161013），江西省"双千计划"哲学社会科学领军人才经费，江西省一流专业华东交通大学经济统计学专业建设经费，江西省高校人文社科规划项目"企业虚拟社区用户知识共享对产品创新的影响研究"（项目编号：GL20135），江西省教育科学"十四五"规划项目"社交网络环境下高校师生互动方式对知识共享效果的影响研究"（项目编号：21YB071）的资助，在此表示感谢。

向本书调研过程涉及的相关企业虚拟社区和相关人员的支持表示衷心感谢！路亭、周逸寒、李佩佩、宋展昭、曾亚、汪靖雅和陈征为本书的撰写、修改及出版做出了很多贡献，在此一并表示衷心感谢。本书在研究中参考了大量的国内外文献，特向相关文献的作者表示谢意！如有个别文献标注遗漏，在此表示歉意。

由于本人的学识和能力有限，书中可能存在不足与谬误，敬请各位读者批评赐教。

乐承毅

2022 年 9 月

目录

第1章 绪论

本章首先阐述本书的研究背景和研究意义，然后介绍研究目标和涉及的关键科学问题，给出研究的技术路线和研究方法，最后归纳研究特色和创新之处。

1.1 研究背景及意义

1.1.1 研究背景

虚拟社区是伴随着互联网技术发展而出现的一种在线组织，成为越来越多个体和组织所采用的信息交流、知识分享的平台。近年来，随着移动互联网技术和社交网络应用的快速发展，我国手机网民规模持续增长。中国互联网络信息中心（CNNIC）发布的第50次《中国互联网络发展状况统计报告》显示，截至2022年6月，我国网民规模已达到10.51亿，互联网普及率达74.4%，其中手机网民已达到 10.47 亿，占总体的 99.6%。随着互联网平台实现泛社交化，网民移动社交类应用如即时通信、网络视频比率提高[1]。虚拟社区采用 SNS、Wiki、微博等比较流行的信息分享和互动交流方式，大大改变了原有传统的人际沟通形式，使人们的知识交流不受时间和空间的约束，提高了人们的互动效率。当今复杂多变的外部环境提高了企业对知识资源和创意构思的需求，我国企业普遍存在知识资源匮乏的问题[2]。由于虚拟社区在知识分享与创新中的显著效应，许多企业也开始尝试通过建设企业虚拟社区来获取内、外部的知识资源，促进知识互动与交流，挖掘集体智慧[3]。企业虚拟社区一般由企业建立或主导，目的在于通过广大用户知识互动交流，或者就企业的某些任务或问题展开讨论，进行思想的碰撞和知识的共享，获取企业内、外部用户的群体智慧和知识资源，将这种集体智慧转变或加工成企业自己的知识体系，并从中受益[4][5]。许多企业如海尔、苹果、苏宁、宝洁、波音、杜邦等公司纷纷致力于成立虚拟社区，通过社区汇集群体的知识创作力量，带动企业内部知识创新过程。特别是海尔公司作为我国知名的制造企业，近年来将虚拟社区式创新提升到了战略高度，先后建立了卡萨帝社区、众创意、海立方等虚拟社区平台。这些平台在海尔的知识创新中担当着重要角色，充分调动更多的外部知识资源，为海尔的产品创新提供源源不断的新鲜血液[6]。

在企业虚拟社区中，用户是企业虚拟社区的核心，社区的所有知识都来源于用户贡献。因此，社区成员的知识贡献行为是企业虚拟社区存在和持续发展的关键[7]。然而，许多虚拟社区中用户的知识贡献行为存在典型的"90-9-1"现象，即 90% 的用户基本不贡献，9% 的用户偶尔贡献，只有 1% 的用户经常贡献[8]。企业虚拟社区中，也存在用户知识贡献积极性不高、贡献体验差，很多用户不贡献知识，只阅读或使用知识的"搭便车"现象。如果这些问题得不到重视和解决，就会出现"劣币驱逐良币"的情况，造成大量积极贡献的用户逐渐流失，使企业虚拟社区知识匮乏，逐渐成为垃圾社区、沉默社区，渐渐无知识可用。

为深刻揭示和改善这一现象，国内外学者从不同视角出发，基于不同理论，对不同的互联网虚拟社区用户知识共享行为影响因素进行了定量和定性的研究。一方面，现有的大部分研究主要针对一般的互联网虚拟社区的知识共享行为，而专门针对企业虚拟社区用户知识共享行为的研究非常少。不同类型的社区其环境特征、参与群体、社区成员行为都存在差别[9]，由此导致影响用户知识贡献行为的因素，以及相同因素对结果变量的影响效果也不尽相同。另一方面，用户在虚拟社区中的行为也具有不同的形式，对社区贡献的作用不同，用户所花费的精力和难度也有所不同。现有研究很少对用户知识行为进行细分，进而明确影响用户不同类型知识贡献行为的因素。此外，企业可以通过社区管理制度和激励引导社区用户进行知识贡献，然而鲜有针对企业虚拟社区这一具体环境，探讨社区平台治理机制如何通过影响个体动机，进而对用户不同类型知识贡献行为产生影响。此外，用户的知识共享在企业的创新中扮演着至关重要的角色，而用户知识共享到产品创新的跃迁是企业虚拟社区存续的核心。目前关于知识共享与产品创新之间的作用机理已有一些学者进行了相关研究，然而鲜有研究从"前因→过程行为→效果"的完整路径来探讨用户知识共享与产品创新之间的关系。

基于此，本书对企业虚拟社区的用户知识贡献行为进行研究，结合企业虚拟社区的环境特征，对用户知识贡献行为进行区别和分类；全方位考虑用户不同形式的知识贡献方式对用户知识贡献行为影响的差异，对企业虚拟社区的知识贡献行为的影响因素进行实证分析；研究社区平台治理机制对用户不同类型知识共享行为的影响，探讨社区用户知识共享行为对企业产品创新的作用；基于演化博弈理论构建社区中用户知识共享行为的博弈模型，通过对模型的推导和论证，分析企业虚拟社区中参与用户间知识共享行为的演化路径；提出促进用户知识贡献的管理对策和机制建议，促进企业虚拟社区持续健康发展，进而帮助企业知识应用与创新。

1.1.2 研究意义

（1）理论意义

首先，以往关于虚拟社区中用户参与行为的研究大多是针对企业内部员工或者一般大众的互联网虚拟社区，少有专门针对企业虚拟社区的研究，本书考虑企业虚拟社区的独有特征，增加企业的管理干预和激励对社区用户的知识贡献行为间的影响与作用。

其次，以往研究均未对用户的知识贡献行为进行细分，也未考虑不同类型知识贡献行为的影响差异，本书从知识贡献作用和难度角度，将企业虚拟社区中用户的知识贡献行为细分，再分别对各种类型的知识贡献行为作用机理和影响因素进行研究。用户知识贡献行为的细分可以更加准确地揭示企业虚拟社区用户知识贡献行为的影响因素。

再次，本书研究虚拟社区治理机制对用户知识贡献行为的影响，细化了平台治理机制对用户知识贡献行为的研究维度，进一步丰富了虚拟社区领域对用户知识贡献影响因素的相关研究。

最后，基于演化博弈理论构建企业虚拟社区用户知识行为的演化博弈模型，揭示用户知识共享的动态演化规律，有助于理解和激励用户知识共享行为。因此，本书的研究进一步丰富和拓展了企业虚拟社区、用户知识共享行为、知识治理的相关理论，也在一定程度上拓展了企业虚拟社区中用户知识共享行为的研究视角和研究方法。

（2）实际意义

第一，本书针对企业虚拟社区这一特殊研究对象，研究用户知识贡献行为的作用机理及影响因素，在社区经营实践上，有助于企业把握社区用户知识贡献的心理动机，弄清知识贡献行为的关键影响因素，帮助企业虚拟社区的管理人员、设计开发人员提供理论依据和有针对性的管理措施和对策建议，同时还可以为想要通过虚拟社区扩大自己影响的企业内部、外部用户提供决策支持。

第二，本书分别对社区中知识创作贡献行为、知识评价贡献行为和知识参与贡献行为的影响因素和激励机制进行研究，其中对用户创作贡献行为的研究有利于促进社区创新知识的不断涌现，对用户知识评价贡献行为的研究有利于促进社区知识的有序化，对用户知识参与贡献行为的研究有利于促进社区知识应用和营造共享的良好氛围，三者相互促进，不可或缺。

第三，本书从平台治理机制角度研究其对用户知识贡献行为的影响，可以挖掘平台治理对不同知识贡献行为进行影响的作用机理，为企业针对不同类型的知识贡献行为采取不同的治理机制提供借鉴。

第四，本书分析和比较不同类型用户知识共享行为与产品创新之间的关系，可以帮助厘清虚拟社区中不同类型用户的关注点，协助企业针对性地制定相关管理措施。

综上，本书的研究有很好的现实意义。

1.2 研究目标与关键科学问题

1.2.1 研究目标

本书以企业虚拟社区为研究对象，针对现阶段企业虚拟社区知识贡献面临的知识匮乏和用户知识贡献意愿低等实际问题，探讨用户知识贡献行为的影响因素和行为机制，具体研究目标如下：

第一，通过对企业虚拟社区属性和用户知识贡献行为特征的深入分析，厘清用户不同形式的知识贡献行为的差异和联系，并进一步明晰各类行为在社区知识管理中的作用机理。

第二，通过对相关理论进行归纳和分析，结合企业虚拟社区的特性和移动社交网络环境的影响，分别构建社区用户知识创作贡献行为、知识评价贡献行为、知识参与贡献行为的影响因素模型，并通过实证的研究方法对其进行检验和修正，找出各种知识贡献行为的关键影响因素。

第三，借鉴以往学者对治理机制的划分形式，结合企业虚拟社区的特点，构建企业虚拟社区平台治理体系，划分出促进式治理机制和约束式治理机制；选择社区感知（感知价值和感知信任）作为治理机制和知识贡献行为的中介变量，并通过实证分析，探究社区感知在治理机制和知识贡献行为之间的作用机理，并分析治理机制维度对不同知识贡献行为的影响差异。

第四，设计企业虚拟社区用户分类指标体系，对社区用户进行分类；在此基础上，构建不同类型用户知识共享对产品创新影响的研究模型，比较和分析不同类型用户知识共享对产品创新的影响机理，并依据各类用户的特点为管理者提出具有针对性的管理建议。

第五，借助演化博弈论分析用户参与企业虚拟社区知识共享的行为特征；从知识共享的个人因素、互惠因素、社区因素三个维度探讨各类因素对用户知识共享行为的作用和影响，挖掘企业虚拟社区中用户知识共享行为的动态演化规律，为企业管理者制定相关管理措施提供参考。

1.2.2 关键科学问题

（1）企业虚拟社区不同类型用户知识贡献行为间的相互关系及作用机理

用户在虚拟社区中的知识贡献行为具有不同的形式，对社区贡献的作用也有不同。例如，用户提供一个问题的解决方案与参与社区的一个投票活动相比，前者的作用和难度都比后者大，导致影响前者与后者的用户知识参与贡献行为的因素会有很大区别，因而企业虚拟社区对他们的激励方式也会不同。以往研究未对用户的知识贡献行为进行细分，也没有考虑不同类型知识贡献行为的作用与难度差异。因此，本书需要根据用户知识贡献行为所花费精力和对社区作用的差异进行分类，厘清它们之间的相互关系和作用机理，这也是本书拟解决的关键科学问题之一。

（2）企业虚拟社区用户不同类型知识贡献行为的影响因素

首先，企业虚拟社区与一般大众的互联网虚拟社区的环境特征、参与群体、社区用户行为都存在差别，由此导致影响用户知识贡献行为的因素，以及相同因素对结果变量的影响效果也不尽相同。目前已有的大部分研究是针对一般虚拟社区的知识共享行为，但企业虚拟社区与一般虚拟社区有较大的区别，需要额外考虑其环境特征、管理干预、移动社交环境等对用户知识贡献行为的影响。

其次，用户在扮演不同角色时的行为动机和影响因素有显著的差别，需要考虑不同形式的知识贡献方式对用户知识共享行为的影响及差异，然而从这个角度进行的研究鲜见。因此，需要准确定位企业虚拟社区属性和用户行为特征从而构建影响因素模型，并对用户各种类型的知识贡献行为的影响因素进行实证分析，这也是本书拟解决的关键科学问题之一。

（3）企业虚拟社区中用户知识贡献行为的激励机制

目前很多企业虚拟社区都存在用户贡献积极性不高的现象，只有极少数的用户有知识贡献行为，而多数用户仅在社区中进行浏览。如果不能及时地解决这些问题，就很难发挥企业虚拟社区应有的作用，更无法为企业创造价值。在企业虚拟社区中，一方面，用户知识贡献行为受个人因素、互惠因素、社区因素等多方面的影响，需要全面分析各类因素对用户知识共享行为的动态影响，挖掘企业虚拟社区中用户知识共享行为的动态演化规律，为企业管理者制定相关制度和机制提供参考；另一方面，不同类型知识贡献行为耗费用户的精力有所不同，对各类行为的激励措施也应有所不同，学者们对知识共享激励机制的现有研究没有区分不同的知识行为的差异性，因此需要根据不同类型的知识贡献行为影响因素来针对性地提出不同行为的管理措施和激励机制，这也是本书拟解决的关键科学问题之一。

（4）平台机制对不同类型知识贡献行为的影响机制

平台治理机制通过设计合理的管理机制来促进社区用户进行知识贡献行为，以保证社区持续健康发展的动态过程。企业需要通过设计和实施虚拟社区平台治理机制来促进用户的不同类型的知识贡献行为——参与、评价与创作，而目前对于平台治理机制对企业虚拟社区不同类型知识贡献行为的影响机制尚不明确，缺乏深入研究。因此，需要针对企业虚拟社区这一具体环境，探讨社区平台治理机制如何通过影响个体动机，进而对用户不同类型知识贡献行为产生影响，这是本书研究的关键问题。

（5）企业虚拟社区不同类型用户知识共享行为对产品创新的影响机制

企业虚拟社区汇集了广大用户的知识力量，成为企业产品创新的主要源泉。目前对于社区用户知识共享对企业产品创新的影响的研究尚有不足。现有研究大部分从用户总体出发，忽略了不同用户间的差异。在企业虚拟社区中，由于外部环境（氛围、激励、信任）的刺激，用户基于不同动机产生知识共享行为，这些知识共享行为最终对产品创新产生影响，现有研究大多将这三个过程分开探讨。因此，需要根据用户行为对社区用户进行聚类划分，然后分析和比较不同类型用户受外界影响产生的知识共享行为，以及其与产品创新之间的关系，厘清社区不同类型用户的优势和关注点，从而促进知识共享到产品创新的跃迁。

1.3　技术路线及研究方法

1.3.1　技术路线

本书遵循"问题提出→概念界定及理论建立→问题剖析→

实证分析→机制设计→问题解决"的研究思路,针对拟定的研究内容展开研究,研究的技术路线如图1-1所示,具体说明如下:

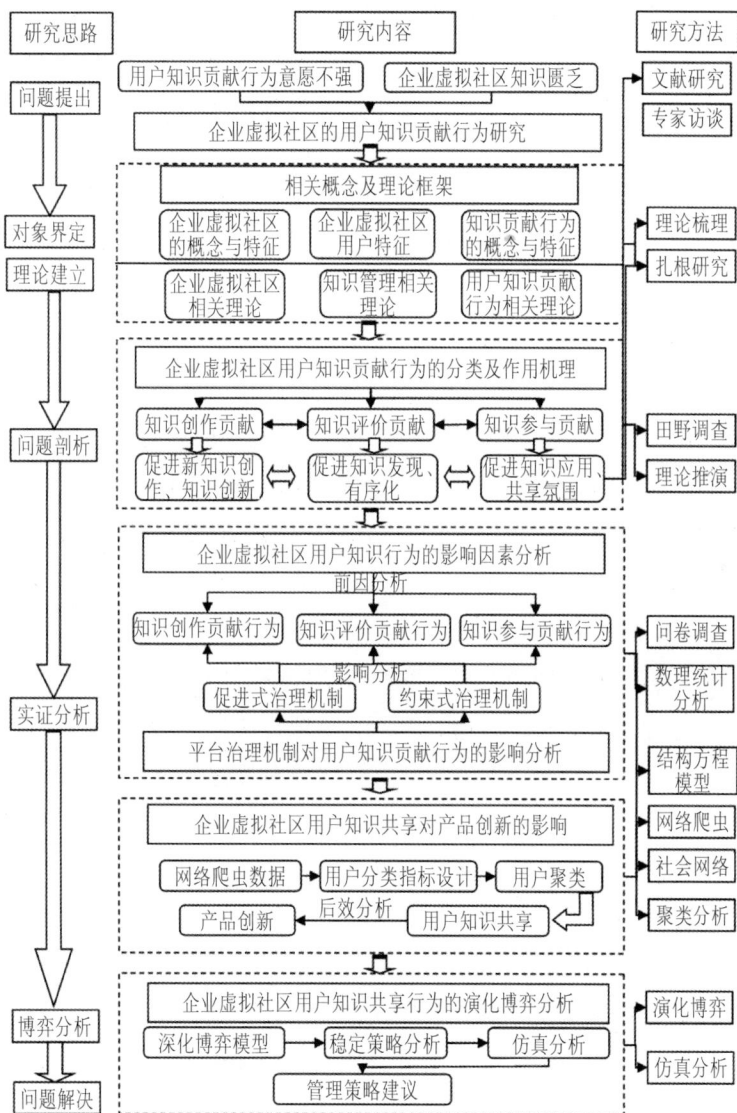

| 研究思路 | 研究内容 | 研究方法 |

图 1-1　本书的研究技术路线图

（1）问题提出

收集和查阅国内外的相关文献，追踪企业虚拟社区和用户知识贡献行为的研究成果和最新动态，剖析问题的本质及研究关键，把握学术前沿。通过专家访谈和实际情况的调研，发现企业虚拟社区中存在的、尚未解决的实际问题。

（2）概念界定及理论建立

对企业虚拟社区和用户知识贡献行为的概念进行界定，梳理和归纳企业虚拟社区与用户知识贡献行为的相关理论，以此构建企业虚拟社区用户知识贡献行为研究的理论框架，并解释这些理论与用户社区知识贡献行为之间的关系，为后续研究用户知识贡献行为的研究假设提供理论依据。

（3）问题剖析

根据前面的概念界定，对移动社交网络环境下的用户知识贡献行为进行分类，并分析用户各类知识贡献行为的特点及其相互之间的关联，挖掘它们在社区知识共享中的作用机理，为后面知识贡献行为的影响因素分析和机制设计提供基础。

（4）实证分析

根据之前的理论分析，综合考虑企业虚拟社区和移动社交环境的特性，从用户、环境、企业、行为四个维度构建影响因素分析框架模型，提出研究假设，通过设计问卷进行调查研究和数据分析，验证研究假设并修正模型，然后对结果进行讨论，从而找出用户不同类型知识贡献行为的主要影响因素。

（5）机制设计

基于用户知识贡献行为的分类，从平台管理机制的角度，将平台治理机制分为促进型治理机制和约束型治理机制，分析治理机制对用户不同类型的知识贡献行为的作用机理。

（6）问题解决

①对企业虚拟社区用户知识共享行为的后效进行实证研究，从外部环境（氛围、激励、信任）→知识共享行为（不同动机的

行为）→产品创新（结果）的全过程，分析和比较不同类型用户受外界影响产生的知识共享行为与产品创新之间的关系，厘清社区不同类型用户的优势和特点。

②基于演化博弈理论构建和分析企业虚拟社区用户知识共享行为的博弈模型，并通过数值仿真分析了个人因素、互惠因素、社区因素对用户间知识共享行为的影响，以此提出企业虚拟社区用户知识贡献行为的激励机制和管理策略。

1.3.2 研究方法

（1）文献研究与专家访谈法

依托查阅网络、学术期刊和学术访问等手段，研读、消化与本书相关的研究文献，对企业虚拟社区中的用户知识贡献行为进行文献综述与总结，从理论上定位本书的研究问题，细化研究框架和方案。同时，通过专家访谈和调研收集用户知识贡献行为的影响因素和激励措施，总结目前社区用户知识贡献行为所面对的关键问题和缺乏考虑的因素。

（2）理论模型分析法

本书通过博弈论、委托代理理论、计划行为理论、社会交换理论和激励理论提供的原理和方法，对用户知识贡献行为建立模型并进行理论分析，从而揭示不同类型知识贡献行为的规律，构建用户知识贡献的激励机制。

（3）问卷调查法及网络爬虫法

在文献分析的基础上，借鉴国内外相关成熟量表，以企业虚拟社区为研究对象，通过社区首页问卷链接、电子邮件邀请和纸质问卷等方式收集实证研究所需的相关信息和数据。为了确保研究内容的真实有效，问卷的发放分为两阶段进行。先对小样本进行问卷前测，对调查数据进行信效度分析，待结果符合研究需要后，再对初始问卷稍加修改，最终形成本书需要的大样本问卷，进行大样本发放调查。此外，对于企业虚拟社区用户知识行为的数据，采用网络爬虫软件——八爪鱼，根据实际情况以及需要的信息抓取可用的用户行为数据。

（4）数据统计分析法

在对收集的样本数据进行筛选和整理之后，利用SPSS 20.0和AMOS17.0通过描述性统计分析、探索性因子分析、验证性因子分析、多元回归分析及结构方程模型分析、社会网络分析、聚类分析等分析方法对调查数据进行分析，从而得出本书假设的验证结果。

1.4 研究特色与创新之处

1.4.1 研究特色

本书的研究特色在于结合企业虚拟社区的特性，综合考虑用户不同类型的知识贡献行为的差异和作用，从企业、环境、用户和行为四个维度构建框架模型，对企业虚拟社区用户知识贡献行为的影响因素进行实证分析，并基于演化博弈理论讨论多种贡献行为视角下的管理对策和激励机制。本书的研究既可以拓展和丰富相关理论，又有较好的实用价值。

1.4.2 创新之处

本书的创新之处在于：

（1）考虑企业虚拟社区特性，对移动社交网络环境下的用户知识贡献行为进行分类，揭示它们之间的相互关系及作用机理

首先，目前已有的大部分研究是针对一般互联网虚拟社区的知识共享行为，但企业虚拟社区与一般虚拟社区有较大的区别，需要增加考虑其环境特征、企业社区管理等对用户知识贡献行为的影响。其次，用户在虚拟社区中的知识行为具有不同的形式，对社区贡献的作用不同。因此，本书考虑企业虚拟社区的特性，

根据用户知识贡献行为所花费精力和作用的差异，将其细分为用户的知识创作贡献行为、知识评价贡献行为和知识参与贡献行为，挖掘它们的相互关系和作用机理，可以丰富企业虚拟社区用户知识共享行为的内容，为其他学者分析用户知识共享行为提供理论参考。

（2）在用户知识贡献行为细分的基础上，研究企业虚拟社区用户不同类型知识贡献的知识贡献行为的影响因素

在企业虚拟社区中，用户在扮演不同角色时的行为动机和影响因素有显著的差别。用户在进行知识创作贡献和知识评价贡献时所花费的精力和对社区作用不一样，其影响因素也会有所不同。现有研究均未通过对知识贡献行为进行细分和考虑不同行为之间的差异来研究各种不同类型知识贡献行为的影响因素。本书从生态系统理论角度，结合技术接受模型及计划行为理论综合分析知识参与贡献行为、知识评价贡献行为及知识创作贡献行为的影响因素，更加准确地分析企业虚拟社区用户不同知识贡献行为的内在规律和影响因素，拓展了企业虚拟社区中用户知识共享行为的研究视角和研究方法。

（3）从平台治理的研究视角出发，探索平台治理机制对知识贡献行为的影响机理

本书将治理机制分为促进式治理机制和约束式治理机制，发现两种治理机制对知识贡献行为的影响路径也有所差异；同时，结合企业虚拟社区的环境，以社区感知为中介变量，探讨平台治理机制如何通过感知价值和感知信任分别对知识参与贡献行为、知识评价贡献行为、知识创作贡献行为的产生影响。该内容细化了平台治理机制对用户知识贡献行为的研究维度，进一步丰富了虚拟社区用户知识贡献影响因素的相关研究。

（4）在对企业虚拟社区用户进行分类的基础上，分析和比较不同类型用户知识共享行为与产品创新之间的关系

现有关于知识共享与产品创新之间的实证研究较少，已有部

分研究主要从用户总体出发，忽略了不同用户间的差异。不同类型用户的差异化行为产生的影响也有所区别，需要探究不同类型用户知识共享与产品创新之间的关系。学者们大多将前因与后效分开来研究用户知识共享行为，缺乏从前因→过程行为→效果完整路径来探讨用户在社区中知识共享推动产品创新的全过程。本书基于刺激—反应和动机理论，从外部环境—动机反应—创新结果的完整路径构建知识共享对产品创新影响的研究模型，并在企业虚拟社区用户分类的基础上针对不同类型用户知识共享对产品创新的影响进行比较分析，拓宽了以往将所有用户视为一类的研究成果，这是本书的创新之举。同时，本研究区别于以往对社区用户分类的方法，通过爬取社区网站的行为数据，设计聚类指标，采取 K-Mean 方法实现用户的自动聚类，根据聚类结果将用户划分为专业贡献型用户和积极社交型用户，更符合社区的现实情况和需要。

（5）应用演化博弈理论对企业虚拟社区中用户知识共享的行为进行动态模拟与仿真

目前关于虚拟社区知识共享行为影响因素的研究主要倾向于采用静态研究方法从用户、知识、制度等层面分析它们对用户知识共享行为的影响。演化博弈论因其具有可以进行动态分析的优势而被广泛地应用于用户行为的动态分析。本书从相对动态的视角建立了企业虚拟社区中用户知识共享的博弈模型，应用演化博弈理论对企业虚拟社区中用户知识共享的行为进行动态分析，通过对知识共享的演变过程进行推理，可以更加清晰地了解企业虚拟社区中用户知识共享行为的演变均衡结果是如何达成的，这区别于从静态视角分析影响用户知识共享行为因素的研究。同时，本书以企业虚拟社区中参与用户的知识共享行为为研究对象，这与以往学者对组织内部成员之间的知识共享行为的研究也有所区别。

第2章 相关概念、文献综述及理论介绍

第2章主要界定本书的研究对象和相关概念，并介绍相关研究进展和理论基础。首先，解释企业虚拟社区的含义及特征、知识贡献行为的概念及特征，明确本书研究的范畴；其次，对本书涉及的相关领域进行文献综合分析和述评，了解国内外相关研究的动态；最后系统介绍企业虚拟社区和用户知识贡献行为的相关理论，包括行为科学理论、生态系统理论、感知价值理论、演化博弈理论等。

2.1 相关概念

2.1.1 企业虚拟社区的概念及特征

（1）虚拟社区及企业虚拟社区的概念

"社区"（community）一词起源于希腊的拉丁语，是聚居在

一定的地理区域内且具有亲密关系的社会群体[10]。F. Tonnies（1959）最早在他的著作《社区与社会》中对社区的概念做了定义：具有相同风俗习惯和共同价值观且彼此之间能相互帮助而形成的关系密切的团体[11]。随着时代的变迁，不同的学者又对社区的概念进行了不同的解释，主要包括以下基本要义：①具有一定数量的人口。人口是社区存在的核心，社区是随着人口的聚集和相互交往逐渐形成的。②具有一定的区域空间。社区是人们居住的物质载体。③具有相似的价值观念。共同的价值观念为人们的直接交往提供了可能。④具有密切的社会交往活动。人与人之间可以通过互相帮助和交流建立起紧密的社会关系。

随着互联网技术的快速发展和网民数量的急剧增长，传统的社区形式发生了颠覆式的创新，网络上的虚拟社区应运而生。虚拟社区一词是由 Rheingold（2000）[12]最先提出来的，定义为"通过计算机网络进行沟通的来自世界各地的人们，且他们之间有共同的认识，共同分享信息知识，以此连接而组成的团队"。虚拟社区也是社区的一种，既拥有一般社区的特点，又与其不同。虚拟社区的载体是计算机网络，核心是用户间的交流与互动。从社会关系的角度来看，虚拟社区是一种组合共同兴趣爱好、目标的成员以语言的传播方式形成的关系网络[13]。

企业虚拟社区是众多虚拟社区中的一类，它是将虚拟社区建立的范围限定在特定的企业中，因此企业虚拟社区具备一般虚拟社区特征的同时也具有企业特色[14]。刘海鑫（2014）针对企业虚拟社区平台的独特之处进行了相关阐述，平台上增加了建立企业这一角色，此角色发挥着引导参与成员间的交流与互动的重要作用[7]。基于企业虚拟社区的不同之处，虚拟品牌社区应归属于企业虚拟社区这个大类。李朝辉（2014）认为虚拟品牌社区是产品购买者与生产商、产品购买者与购买者之间以产品的设计、加工、出售等内容为中心相互交流、互换想法的网络平台[15]，由此可见企业是企业虚拟社区中不可缺少的组成部分。建设企业虚社区是因为其讨论主题、参与用户与其他类型虚拟社区有所不同，而刘海鑫（2014）将企业虚拟社区定义为企业为了获得与产品相关的创意，实现降低创新成本目标，从而引导用户围绕产品参与沟通交流而建立的平台[16]。

结合以往学者的研究，企业虚拟社区是虚拟社区的重要组成部分，是企业借助虚拟社区为自身谋求发展而衍生的一种产物，其目的是通过用户间互动交流来节约企业产品服务成本，利用消费者的集体智慧来获取产品创意及共创知识资源，从而提高企业的创新能力，为企业带来价值[17][18]。综合上述分析，本书将企业虚拟社区定义为由某一特定企业借助互联网技术创办的，由企业直接管理或者企业委托第三方进行管理，供熟知产品并对产品有一定兴趣的各类参与者以企业产品、服务为中心，进行知识共享的网络平台。

（2）企业虚拟社区的特征

结合以往学者对虚拟社区的研究，本书总结出企业虚拟社区的以下几点特征：

①开放性。企业虚拟社区没有任何的限制，它汇聚了来自世界各地、各个领域以及各个年龄阶段的用户，用户通过简单的注册即可在社区内浏览别人的创意和发表自己的观点。

②主动创造性。在很多传统媒介中，用户都是被动的接收者，然而在企业虚拟社区这样的开放环境中，用户通过在社区内外的不断学习以及与社区中的其他用户的互动交流，自发地进行知识的创造。

③形式多样性。企业虚拟社区的知识贡献行为比较多样化，无论是评价、分享还是创作都属于知识贡献行为。此外，贡献的形式也不局限于文字，还可以是音频、图片等。

④目标一致性。与一般虚拟社区不同，企业虚拟社区中的知识分享和交流都是围绕着企业的产品或相关技术来展开的，社区用户具有目标一致性。

2.1.2　企业虚拟社区的功能与价值

（1）企业虚拟社区的功能

由于分类标准的不同，企业虚拟社区可能分别属于不同的类型，但可以归纳出企业虚拟社区所具有的共性功能：

第一，互动沟通功能。虚拟社区为参与用户提供了跨越时间和空间的沟通方式，只要拥有移动通信设备和计算机网络，用户可以随时随地进入虚拟社区与他人进行信息和知识等方面的沟通交流，而且这种社交互动功能又会吸引更多的参与用户。

第二，知识和信息共享功能。知识和信息共享功能是虚拟社区的核心功能，具有类似知识结构和兴趣爱好的人可以针对某类问题自由地发表自己的观点和看法，促进知识的共享和吸收，有利于实现用户共享知识的成就感。

第三，知识创新功能。知识和信息共享功能间接推动知识创新功能的形成，由于知识和信息交流的碰撞，使知识信息更加多元和深入，因此有助于实现知识创新。

（2）企业虚拟社区的价值

企业虚拟社区可以充分发挥企业和用户的知识力量，为企业产品创新提供动力，为客户创造更好的产品和服务，对企业、社区用户和客户都有很大价值。

第一，对企业的价值。在企业虚拟社区中，存在大量拥有相关专业知识背景的用户，他们会围绕企业产品、技术等方面进行知识交流，产生大量对企业产品创新发展有益的信息。虚拟社区通过收集整合这些信息，为企业带来大量的创新资源和相关信息，从而提升企业产品创新力度和社区服务水平，提高用户满意度。

第二，对社区用户的价值。企业虚拟社区中的用户多基于兴趣、知识交流和获取等目的进行互动。用户通过参与企业虚拟社区知识互动以及浏览其他用户知识的互动交流，获得大量的信息；同时与其他用户形成一定的人际关系，丰富其社会关系网络；另外，社区用户通过虚拟社区间接参与企业形象的推广、产品设计和生产过程等，与企业共同创造产品和实现自我价值。

第三，对客户的价值。一方面，客户可以通过访问企业虚拟社区，获得更多的关于企业及其产品的相关资讯；另一方面，客户也可以在虚拟社区中向企业反馈相关信息，如投诉、建议等。

2.1.3　知识贡献行为的概念及特征

（1）知识贡献行为的概念

知识贡献最早出现在组织管理中，知识贡献的定义是拿出物资、力量、经验等贡献给国家和公众，该定义具有奉献的意思。在组织中知识贡献被认为是员工根据企业的价值观及战略方针，将生活中或工作中所学到的与企业价值观相吻合的、有价值的知识准确而及时地反映给组织，丰富组织的知识库。

近年来，许多学者皆认为虚拟社区中的知识贡献的载体是信息，是个体与个体之间、个体与组织之间的知识交流与分享。张宝生等（2018）认为知识贡献是用户以社交网络为基础，通过社交网站分享各自的经验与观点[19]。由此可知，知识贡献就是以用户为主体、以计算机网络为载体进行知识交流与共享的行为。

企业建立虚拟社区的目的是通过用户间的交流互动，挖掘用户的产品创意，节约知识服务成本，从而为企业创造价值。社区用户可以根据自身的使用感受，随时提出自己的想法和建议，也可评论其他用户提出的问题和观点。用户通过知识的碰撞产生新的知识，并被企业收集进入信息知识库。另外企业会根据自身发展需要选择有价值的产品创意，将其投入新产品的研发中。企业虚拟社区中用户的知识贡献过程如图2-1所示。

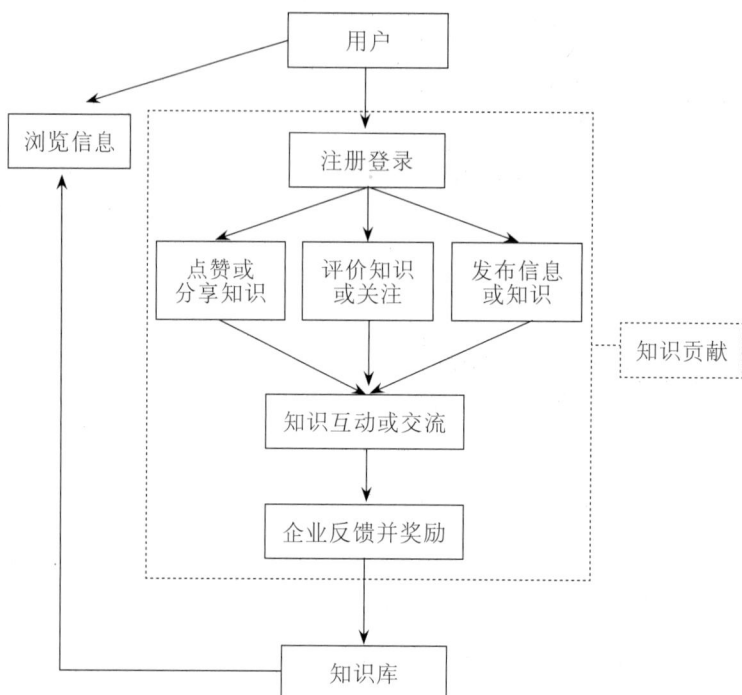

图2-1 企业虚拟社区中用户知识贡献过程

（2）知识贡献行为的特点

企业为节约知识创造成本谋求自身发展而建立了企业虚拟社区，供用户交流互动、提供创意。用户可根据自己的知识储备和想法随时随地提供自己的创意并与其他社区用户进行交流，最终形成较为成熟的创意，企业也可根据自身需要在企业虚拟社区中提取用户的创意并收集有价值的信息，从而推动产品的更新换代。企业虚拟社区具有以下特点：

①知识贡献行为种类多。来自世界各地的不同用户在企业虚拟社区中进行知识贡献的方式及程度各不相同，有浏览关注的，有评价交流的，也有主动提供新的知识信息的。其贡献方式有文字的、图片的和视频的。其方式丰富多样，为社区增添了活力。

②知识贡献本质上是信息的互相交易。在企业虚拟社区中，用户扮演着"售卖方"，售卖着自己的知识、创意；企业则扮演

的是"买方"，企业会在社区中对有贡献的用户发放一定的奖励，这不仅是对其贡献知识的酬劳，也是一种激励。

③知识贡献是一个提升的过程。在企业虚拟社区中进行知识贡献，也是自身学习的过程。用户公开贡献自己的创意及知识，其他用户可进行评价、交流，根据他人的提议丰富自己的想法，这本身就是一个学习的过程。

2.2 国内外研究现状

2.2.1 虚拟社区与企业虚拟社区的研究现状

虚拟社区的概念最早由 Howard Rheingold 提出，他认为虚拟社区是一群利用互联网络进行互动，彼此有一定程度了解，且在网络中分享他们的知识和信息的人形成的团体[20]。Armstrong & Hagel（1996）将虚拟社区定义为社区的参与者通过公告栏、论坛等发表观点、交换思想等以满足自己的信息需要、交流需要和娱乐需要等，从而形成一个较大的社会圈子[9]。虽然虚拟社区的各种定义和说法有所差异，或侧重于系统视角，或侧重于社会关系视角，但各类定义基本都包含了群体、网络空间、交流和互动及社交关系等类似特征。随着移动社交网络的发展，未来社交网络服务将成为企业协作环境中非常重要的一部分，离开社交网络的企业将很难正常运转[21]。

目前关于虚拟社区的研究大多集中在一般的互联网大众用户的社区平台，如内容型社区平台（百度百科/贴吧、大众点评等）、关系型虚拟社区平台（如 Facebook、Twitter 等社交平台）和综合性社区平台（如新浪微博平台）[22]。与此同时，企业界和学术界也开始重视企业虚拟社区在获取外部知识资源和促进知识创新中的作用，逐步开展企业虚拟社区的建设和研究。如谈涟亮讨论并详细阐述了企业知识社区所包括的关键要素，同时构建出知识社区的架构模型。王莉和任浩（2013）认为企业建立虚拟社区可以通过用户间互动交流和问题解答节约企业产品服务成本，获取消费者的产品创意和共创知识资源，从而提高企业的创新能力，为企业带来价值[5]。刘海鑫和刘人境（2014）探讨了虚拟社区主办企业的管理行为、个体动机因素对个体知识贡献行为的影响，结果表明主办企业的社区鼓励互动、组织线下活动和提供奖励，对互惠和获得认可有正向影响，进而对社区成员知识贡献行为产生正向影响[7]。吴冰和张辰彦（2013）分析知识库存对 SNS 企业知识社区中 E-Learning 知识获取关键因素的影响趋势，期望有助于企业制定适当的学习战略以满足知识竞争需求[23]。白杨和邓贵仕（2013）给出一种测度企业虚拟社区知识增长的方法，同时根据生态能量转化理论确定了企业虚拟社区中知识转移效率的影响因素和表述形式，并提出促进知识增长的策略[24]。周志民、张江乐和熊义萍（2014）从社会资本理论视角出发，研究内外倾人格特质如何影响在线品牌社群中的知识分享行为，发现网络中心性和互惠规范在内外倾人格特质与知识分享行为之间的中介作用[25]。

述评：不同类型的社区其环境特征、参与群体、社区成员行为都存在差别[9]，由此导致影响用户知识贡献行为的因素，以及相同因素对结果变量的影响效果也不尽相同，因此，针对不同情境的研究成为知识共享行为研究的共识。企业虚拟社区与一般大众互联网社区的社区环境、用户群体、用户行为动机、贡献的知识等都有所不同，因此影响用户知识贡献行为的因素也不同，且企业虚拟社区可以通过管理干预和激励引导和参与社区用户的知识贡献行为。现有的大部分研究主要针对企业内部员工或一般虚拟社区，而考虑企业虚拟社区的特性来针对企业虚拟社区用户知识贡献行为的研究还较少。

2.2.2 虚拟社区用户知识共享行为的影响因素研究现状

虚拟社区作为知识共享的平台，为在线用户提供了不受时间和空间约束的知识交流环境，促进了用户间的知识共享和知识创新；同时，知识共享行为也为社区的健康持续发展提供了核心动力，因此虚拟社区知识共享成为众多学者关注的主题。

国内外有很多学者从不同角度对虚拟社区用户知识行为进行研究，概括出不同层面用户知识共享行为的影响因素。如沈惠敏（2006）[26]提出知识共享过程中的知识贡献和知识获取是两种不同的行为方式，对虚拟社区持续知识共享的作用也不相同。虚拟社区要考虑知识贡献和知识获取不同的影响因素，促进持续知识共享。何晓红和张春阳（2017）[27]从虚拟社区知识共享研究的文献计量分析发现该主题产出呈增长态势，主要集中在欧美及亚洲国家，并认为应更多考虑信任、网络社区、社会资本、实践社区、社交媒体等方面的影响。盛东方和孙建军（2016）[28]以国外探讨虚拟社区知识分享行为影响因素的相关文献为研究对象，从基础理论、研究框架和主要影响因素三个层面分析已有研究成果，发现环境因素的研究大多没有体现出研究对象环境的特质。不同类型社区的影响因素构成、作用机制的不同，导致其影响因素也有很大不同。黄维和赵鹏（2016）[29]分析了目前关于虚拟社区用户知识共享行为研究已经取得的成果，归纳出十类影响虚拟社区用户知识共享行为的直接和间接因素，分别是社区环境、社区文化、内部动机、外部动机、自我概念、个体特征、现实组织、信任、承诺和其他因素，并提出未来研究需要验证的影响虚拟社区用户知识共享行为的因素和关系。万晨曦和郭东强（2016）[22]系统分析并总结了虚拟社区知识共享平台、虚拟社区知识共享模式与行为、虚拟社区知识共享的影响因素相关文献，发现需要进一步建立虚拟社区知识共享的风险评价指标体系和深入分析用户个性对知识共享意愿的作用机制。Tamjidyamcholo et al.（2014）[30]、Hung & Cheng（2013）[31]、Chiu et al.（2011）[32]、Lu et al.（2006）[33]、Tedjamulia et al.（2005）[34]、Kankanhalli et al.（2005）[35]等人的研究发现了成本和收益、信任和规范、自我效能、社会交互、用户感知、激励机制、组织文化等对个人知识共享行为意向的影响。胡昌平和万莉（2015）[36]对虚拟知识社区中促进用户知识共享行为的关键因素进行实证研究，结果表明互惠规范、知识共享自我效能、知识质量、知识增长对成员知识共享行为产生直接影响。万莉和程慧平（2015）[37]对虚拟知识社区中贡献者和潜水者知识贡献行为的影响因素差异进行对比分析，发现贡献者的知识贡献意向更多地受激励机制、功能服务、社会身份因素的影响；潜水者的知识贡献意向更多地受知识贡献自我效能、线下活动因素的影响。陈耀华和杨现民（2016）[38]采用数据挖掘方法对开放知识社区的用户分类进行研究。张鼎等（2014）[39]基于人际行为模型对知识共享行为做了研究，构建知识社区分享行为影响因素的理论模型，研究发现感知结果、情感、社会因素、便利条件等特征因素对知识社区组织成员的知识共享行为的形成有积极的影响。Jin（2015）[40]通过实证分析发现自我呈现、同行的认可、社交学习方式对用户在虚拟社区的知识贡献行为有着正面的影响。李力（2016）从知识贡献、搜索出发对用户知识共享意愿的影响因素进行探究，认为用户感知知识增长、心流体验是影响用户持续知识贡献意愿的关键因素[41]。黄维和赵鹏（2016）等采用文献调研法归纳出虚拟社区知识共享行为的影响因素包括社区特征、社区文化、内部动机、外部动机、自我概念、承诺、个体特征、现实组织、信任等[42]。孙富杰（2018）研究了虚拟社区中用户间互换知识的影响因素，表明知识交换的因素不仅囊括了满意度、社区的激励，还包括易用、有用、愉悦、动机、信任[43]。Chen发现同辈反馈和企业回复速度对成员知识贡献数量会产生影响[44]。

在企业虚拟社区知识共享的影响因素研究方面，杨洁静

（2014）研究了不同类型的用户互动对用户知识共享努力程度、频次的影响，发现成员与企业间的互动对知识共享努力具有强解释力，成员与成员间的互动对知识共享频率具有强解释力[45]。刘海鑫从管理类型出发对企业虚拟社区知识贡献行为进行研究，并且认为动员线下活动、社区提供奖励、社区鼓励用户互动三种管理行为对知识共享行为产生正向影响[7]。顾凌燕和徐旭（2011）研究了用户知识共享态度、意愿、行为之间的关系，分析了共享态度、主观规范、行为控制通过贡献意愿会对行为产生影响[46]。李文元等（2018）表明人际关系动机对知识共享行为的正向影响是通过努力传递的[47]。

从框架问题上看，影响因素存在不同划分方式。一些学者根据社会认知理论将各影响因素归为个人因素和环境因素；高灵和胡昌平（2014）[48]从影响用户行为的网络环境、用户动机和服务架构三个维度构建了基于三维结构的网络知识社区用户行为引发模型，得出网络环境、用户的使用动机和社区服务特征均会对网络知识社区用户的持续使用行为产生影响的结论。姜雪（2014）[49]等学者将影响虚拟社区知识分享的影响因素划分为社区层面的影响因素和用户层面的影响因素。代宝和刘业政（2014）[50]将虚拟社区用户知识分享行为的影响因素分为成员自身的影响因素和外部环境影响因素。刘岩芳和贾菲菲（2017）[51]对基于SNS的用户知识共享行为进行分析，认为共享意愿、信任感、激励机制、社区文化和结果预期这五个方面对于用户的知识共享行为具有重要影响。

述评：首先，以往研究对用户的知识共享行为的影响因素的研究大多是从环境特征与个人动机因素（社会资本理论、内外部动机、社会认知理论、计划行为理论等）两方面出发，而对企业虚拟社区的特征、激励手段等因素的影响，只有极少学者略有研究。企业虚拟社区可以发挥更多的社区管理和激励方面的影响，引导和参与社区用户的知识互动及知识贡献行为。目前对于企业的管理干预与社区成员的知识贡献行为之间的影响十分缺乏，因此有必要综合考虑企业、环境、用户和行为来构建企业虚拟社区用户知识贡献行为的影响因素模型。其次，以往研究均未对用户的知识贡献行为进行细分，也未考虑不同类型知识贡献行为的影响差异。用户既是企业虚拟社区知识的主要贡献者，也是使用者。He & Wei（2009）的研究表明用户在扮演不同角色时的行为动机和影响因素有显著的差别[52]。应以用户为中心，深刻把握用户知识共享行为规律，全方位考虑不同的知识共享方式对用户知识共享行为影响的差异，然而这个角度的研究鲜有看见。

2.2.3　虚拟社区用户知识共享行为结果的研究现状

在虚拟社区中，用户的知识共享行为可以帮助促进知识的交流与分享，经过不断的思想和知识碰撞，产生新想法、新创意、新知识等，并应用到相关产品和服务的改善和创新中。因此，有很多学者对虚拟社区用户知识共享行为的结果进行研究，主要可以分为两个方面：一方面是一些学者研究知识共享行为对用户决策方面的影响。如李金阳（2014）从社区的环境、用户的参与程度、认同一致、用户间的互相帮助、用户体会的信息有效性出发，研究知识共享与购买意愿的关系，结果表明感知社区环境通过社区意识、感知信息有效性通过信任对购买意愿产生影响[53]。邓琦和胡丹（2014）从成员自主收集知识角度出发，以淘宝社区为研究对象，探讨知识共享机制与消费者购买决策之间的联系，论证出共享内容质量、共享程度、知识创新能力、感知价值、产品或服务类型、保障制度在不同阶段影响社区成员对产品信息的判断，进一步影响其购买意向[54]。李震（2012）在研究知识共享对购买行为的影响时，从社区中的意见领袖的观点、感知风险的大小、知识质量的高低、人际信任的程度、网络口碑的好坏等因素出发，证实这5个变量均对购买行为产生影响[55]。常亚平（2011）从共享主体出发，通过信息发送者及信息接收者的专业能力、信息接收者搜寻信息的主动性、关系强度、社区活跃度、共享主体等探索知识共享对购买意向的影响，研究表明信息发送者及信息接收者的专业能力、搜寻信息的主动性通过信任显著影响购买意向[56]。Lee（2007）证明了知识共享内容质量对网评信息会产生影响，且高质量网评信息比低质量的网评信息产生的影响力大[57]。Pitta（2005）[58]、Njite（2005）[59]和Schlosser（2007）[60]等人分别在自己的研究中证实了首次购买最重要的外部信息来源渠道是消费者与熟悉的人群共享消费知识。

另一方面，有一些学者研究企业虚拟社区用户的知识共享行为对企业产品与服务创新的影响。如王小娟和王新芳（2015）研究交流、信任、互相帮助与社区服务创新之间的关系，发现这三个变量对社区中的知识共享、服务创新具有较强的影响作用[61]。王莉（2015）关注知识共享的总数量、总质量对创造力的影响等[5]。王娟茹（2015）[62]基于复杂产品研发视角，发现显性和隐性知识共享行为对产品绩效和学习绩效有正向影响。孙红（2018）将所有用户视为一个整体，研究了知识共享的质量、类型、方向、强度、用户专业能力、用户间关系的强度、活跃度对消费品牌态度的影响，证实了知识共享对消费者品牌态度的显著影响是通过社区认同感这个变量传达的[63]。陈霖（2014）研究了社区中的社会资本、知识共享与品牌依恋之间的关系，发现在小米品牌社区中，娱乐性、联系性的知识共享对品牌依恋存在显著影响[64]。沈波（2016）构建了社区中用户知识共享对产品创新影响的概念模型，得出知识共享的数量、质量对产品创新会产生正向影响[65]。钟华（2017）将知识共享行为进行分类，并针对三类知识共享行为与产品创新之间的关系进行研究，发现联系性知识共享对产品创新产生的影响大于娱乐性知识共享[66]。朱玲梅（2016）构建了虚拟品牌社区中社会资本的结构、关系、认知、自我效能感、结果期望、知识贡献及获取、社区推广之间影响关系的理论模型，发现社会联结、自我效能感、结果期望、关系社会资本中信任、社区认同正向影响知识贡献[67]。

述评：众多学者分别对不同类型知识共享行为的结果进行研究，研究主要分为两部分：一部分从用户角度分析知识共享行为对用户购买行为、决策等产生的影响；另一部分从企业角度研究知识共享行为对企业产品与服务创新等产生的影响。此外，学者们还依据知识共享的属性（表现形式、方向、质量、数量、强度）、获取（转化）知识的过程等来探讨不同类型知识共享行为对结果的影响。

2.2.4 虚拟社区平台治理机制的研究现状

英语中的治理（governance）一词最早出现在拉丁文中，长期以来被用于国家层面的政治活动当中[68]。现如今，治理被应用到多个领域当中，如公司治理、网络治理、政治社会学治理等。就网络治理而言，伴随着互联网的发展，人们的行为方式和商业运作模式有了翻天覆地的变化，因此造就了新型组织模式——网络组织。网络组织是由信息流推动网络组织的运作，网络协议保证其正常运转，通过网络组织中的成员合作实现其战略目标，表现形式有产学研协同创新和战略联盟等。网络组织的发展催生了网络治理机制。企业通过隐形或者开放的契约形式进行生产和服务，这些契约是社会性而非法律性的联结，用以适应复杂多变的环境，协调各方利益，使网络组织可以健康稳定地发展。孙国强（2005）认为网络治理是以治理机制为核心、以治理目标为导向、以治理绩效为结果的整体运行系统，基于以往学者的研究，又引入了激励、约束、利益分配、学习创新以及决策协调等微观层面的治理机制[69]。另外，也有不少学者围绕治理机制为核心进行研究，取得了一定的研究成果。Jones（2007）等从声誉机制、宏观文化、联合制裁和限制进入等方面构建了网络的治理机制。

近些年有不少学者尝试对网络平台的治理机制进行划分。从治理方式的角度来看，网络社区的治理机制可以划分为技术治理、关系治理、文化治理以及行政法规治理[70]。刘征驰（2015）将网络社区治理划分为初始和成熟两个阶段来进行研究，通过采用信息甄别和选择性激励两种治理机制来提升用户的知识贡献水平[71]。也有学者将治理机制划分为交易型和契约型两种。交易型治理过分强调合约的作用，会在一定程度上抑制用户的知识贡献。契约型治理则通过建立长期稳定的交换关系，并提供期望报酬，可以有效激励用户的知识贡献动机，从而促进知识产生[72]。从治理机制的作用方向，可以将网络社区治理机制分为促进式和约束式两种：提升信任、声誉属于促进式治理机制，设立进入壁垒和不良声誉属于约束式治理机制。促进式治理机制使成员自愿分享，形成互利互惠的文化氛围；约束式治理机制可以减少社区中的不良行为，维持网络社区的稳定性[73]。

此外，学者们基于不同理论和研究视角，研究社区环境对用户知识贡献行为的影响。Bock（2005）等在关注社区氛围方面的因素时也考虑了社会因素，发现积极的社区氛围会产生积极的态度[74]。Hsu（2007）等从个人和环境两个角度探讨对知识贡献行为的影响，个人因素主要包括对个人结果的期望和自我效能，环境因素主要是信任[75]。Chang（2011）等考虑了社区的环境（信任）对用户行为的影响[76]。Zhang等（2017）[77]总结发现影响因素大体可划分为用户自身、环境两方面。谭旸等[8]从环境激励因素和用户感知两方面探讨其对用户知识贡献行为的影响，激励机制包括物质激励、精神激励和环境激励三个方面，用户感知包括感知愉悦、感知认同和感知利他三个方面。肖阳等（2020）[78]基于自我决定理论和MOA模型研究了自我动机、社会动机以及社群氛围对虚拟品牌社群成员知识贡献行为的影响。Yang等（2020）[79]从环境因素和组织因素两方面研究了组织支持和自我构念对用户知识贡献行为产生正向影响。李海峰等（2020）[80]以在线创作社区为研究对象，从系统论视角探讨了社会资本、利他行为、激励机制在社会认同的作用下对用户知识贡献的影响。

Wiafe 等（2020）[81]整合社会资本理论和说服系统设计模型，认为说服性社会特质对知识贡献行为能产生显著影响。

述评：通过对上述文献的梳理发现，以往学者基于不同的理论探究影响知识贡献行为的因素。大多数学者都考虑到了个体动机因素对知识贡献行为的影响，较少考虑平台环境因素对个人动机产生的影响，且环境因素主要表现为对社区平台的信任和对社区其他用户的信任。在企业虚拟社区中，用户的知识贡献行为不仅会受到环境和用户自身的影响，社区运营者——企业的管理和激励也对用户的知识行为起到重要影响。Porter & Donthu（2008）的研究认为企业行为对增加社区成员信任有促进作用，并且信任对个体社区行为有重要影响[82]。因此，管理者通过制订合理有效的治理方案，可以很好地干预用户的知识贡献意愿和行为，并且已有研究表明感知价值和感知信任可直接影响用户行为（购买、采纳等）。此外，以往学者对知识贡献行为的研究，较少将知识贡献行为进行细分研究，我们需要从平台治理的角度出发，根据不同主体的环境特点不同，选择不同的治理机制。

2.2.5　虚拟社区用户知识共享行为演化博弈的研究现状

演化博弈论源于生物进化论，现在已经广泛应用于分析社会制度、经济问题和人们行为习惯的自发形成及其影响因素方面。演化博弈论从"有限理性"的视角出发，把动态演化过程与博弈论相结合，认为个人无法通过一次博弈就做出自身利益最大化的抉择，所以需要进行多次重复博弈，并且在博弈的过程中需要不断调整和改进自身的策略，遵循"适者生存"的原则，演化得到最终的策略组合[83][84][85]。王元卓、于建业和邱雯等（2015）分析了应用随机演化博弈模型研究网络群体行为具有现实的可行性，通过对模型的求解得出群体间合作行为的持续维持以及演化是研究社会关系网络迫切需要解决的重大问题[86]。刘旭旺和汪定伟（2015）使用演化博弈工具详细分析了评标专家做出评标行为的演化路径，在此基础上提出了影响评标行为演化的因素，发现了不同评标专家个体行为策略的选择对群体行为选择的影响[87]。

演化博弈论已被一些学者应用于虚拟社区中的用户知识共享行为的研究，来探索用户知识共享行为的影响因素。其中商淑秀和张再生（2015）构建了虚拟企业知识共享的演化博弈模型，在对模型进行分析求解的基础上，证实了成员之间信任程度、知识之间的互补性能提高成员的知识共享意愿，而知识共享的成本会降低团队成员的知识共享意愿[88]。侯贵生等（2017）通过对在线健康社区用户知识转化与共享的行为的重要影响因素进行研究，建立了共享行为的演化博弈模型，并对其演化过程进行了相关分析，利用模拟仿真方法验证了用户知识共享的均衡稳定策略[89]。程慧平（2018）通过构建在服务协商阶段和服务使用阶段的用户采纳行为博弈模型对个人云服务采纳行为进行研究[90]。Hao 等（2019）结合进化博弈论，研究了建筑供应链企业之间知识共享行为的演化路径，分析了影响知识共享联盟建立的因素[91]。Li 等（2019）构建了一个演化博弈模型，揭示了如何通过在动态过程中使实现因素（以各种形式获得的收入）和阻碍因素（知识泄漏）之间达到平衡来确定供应链合作伙伴实现知识共享的长期策略[92]。Liu 等（2019）建立了团队创新活动中具有相互偏好的团队成员知识转移行为的演化博弈模型，研究了团队成员的策略选择[93]。赵亮（2017）从用户的动机出发研究用户知识共享的行为，最终发现问题解决动机是用户初始的知识共享动机，利他动机与享乐动机是用户在持续知识共享过程中新增加的动机[94]。刘庆庆（2011）对虚拟企业成员间知识共享的行为进行了研究，发现知识共享双方的收益与各自的协调效用、知识叠加效用、激励因子、惩罚因子、合作次数正相关，与成本负相关[95]。沈校亮和厉洋军（2018）基于动机和匹配的整合动机针对虚拟品牌社区知识共享的影响进行了研究[96]。Zhang 等（2019）证实了网络密度、共享语言、共享的社会资本愿景对知识共享具有积极的作用[97]。Han 等（2019）构建了一个反映知识动态的对象模型，发现直接体验可通过影响消费者的自我效能来对知识共享产生促进作用[98]。

述评：目前关于虚拟社区知识共享行为影响因素的研究主要倾向于采用静态研究方法从用户、知识、制度等因素出发，其中用户层面主要从用户的动机、用户间的信任、合作次数、人际关系、体验等方面进行探究，知识层面从知识的互补性、叠加等方面进行探究，制度层面则主要是研究了激励与惩罚两种制度的影响。这凸显出虚拟社区知识共享行为具有动态性的特点被关注得比较少，多数研究主要是从用户、知识、制度中选择一个角度进行分析探究，而全面性的探究较少。由上述演化博弈论的相关文献可知，演化博弈论因其可以进行动态分析的优势而被广泛地应用于用户行为的动态分析。

2.3 相关理论

2.3.1 行为科学相关理论

国内外学者对知识行为的研究数不胜数，而涵盖的行为学理论基础也很广泛，如社会学、经济学及心理学等。盛东方和孙建军（2016）通过梳理发表在 MIS Quarterly、Decision Support Systems、Information & Management 等国际一流刊物的相关高被引文章后发现，目前研究虚拟社区环境下用户知识分享行为影响因素使用较多的理论为社会资本理论（Social Capital Theory）和社会认知理论（Social Cognitive Theory），除此之外，动机理论（Motivation Theory）、计划行为理论（Theory of Planned Behavior, TPB）、技术接受模型（Technology Acceptance Model）等也被用于解释用户的知识分享行为[28]。

（1）计划行为理论

计划行为理论是由 Ajzen 提出的，他认为态度、主观规范、感知行为控制直接影响着行为意愿，从而间接影响着行为[99]。计划行为理论认为人的行为不仅仅取决于完全的理性，在某种程度上也受着外界的干扰，因此添加"感知行为控制"这一变量，表示人的行为除了被主观理性所控制外，还受行为控制的影响，如图 2-2 所示。一些学者如郑万松等（2014）[100]、Jeon et al.（2011）[101]、Ho et al.（2011）[102]和沈旭文[103]等的研究表明在虚拟社区中，主观规范和感知行为控制与用户知识共享意愿有正向相关关系。

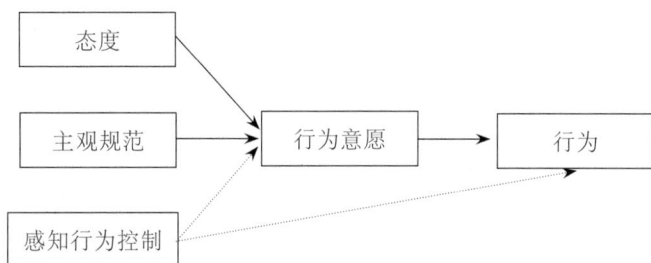

图2-2　计划行为理论模型

（2）技术接受模型

技术接受模型最早是由 Davis 在 1989 年基于 TRA 理论提出的，其在用户行为研究中的应用十分广泛[104]。模型中行为态度受感知有用性与感知易用性的直接影响，且感知易用性也影响着感知有用性，而态度直接影响意愿从而影响行为，如图 2-3 所示。一些学者如 Carlos et al.（2011）[105]、Lorenzo et al.（2012）[106]、张岚秋（2015）等的研究表明感知有用性和感知易用性影响用户接受虚拟社区这类新型信息交流工具；感知信息获取有用、感知信息共享有用、信息共享意愿对用户的信息共享行为有显著影响。

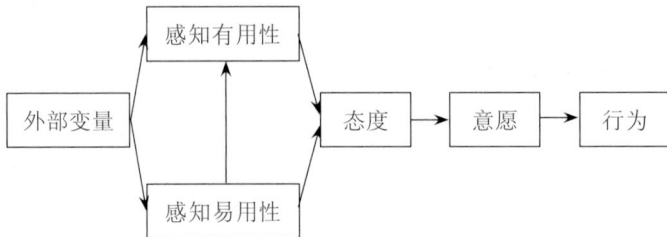

图2-3　技术接受模型

（3）社会认知理论

社会认知理论将行为、人及环境相互作用联系起来，该理论被广泛用于解释特定的行为现象。以往的研究借鉴社会认知理论往往是借鉴其将整体宏观及微观的因素归纳为人与环境，简化了思维，即从人（性格特征、效能等）与环境（宏观环境、组织制度等）两方面进行考量研究[107]。有些学者如李志宏等（2010）[108]、Tasi & Cheng（2012）[109]的研究也验证了在虚拟社区中，用户自我效能越高对知识共享行为越有利，结果期望越好，越能激发用户的知识共享欲望。

（4）社会资本理论

社会资本理论分为结构资本、关系资本和认知资本三个维度。结构维度是指个体互动的模式，既包括社交网络成员间的关系形式，也包括整个社交网络的形态指标（密度、集中度、结构洞）；认知维度是指社交网络中形成的特定的语言或叙事方式，这些特殊的语言与叙事方式可以提高成员交流的效率；关系维度涉及的是社会资本中的情感因素，包括成员间的信任、分享的信念、从他人身上获得的认同感，并将其作为研究影响个人知识共享行为的三个方面。Chang和Chuang（2011）[110]、Chai et al.（2011）[111]、陈明红和漆贤军[112]（2014）等基于社会资本理论对虚拟社区的用户知识行为进行研究，发现在虚拟社区中，获得社区中的关系资本、结果资本和认知资本是用户共享知识的主要目的。

（5）动机理论

动机理论被用来研究动机与行为的关系。动机源于个体的需求，当个体的需求达到一定状态时便会转化为动机。动机作为行为的导向引发众多学者的研究，如此一来便产生了众多类型的动机理论，其中较为重要的有本能论、驱动理论、成就动机理论、学习动机理论、自我效能理论、马斯洛动机理论和自我决定理论，不同的理论从不同的视角解释人的各类动机、需求，如图2-4所示。

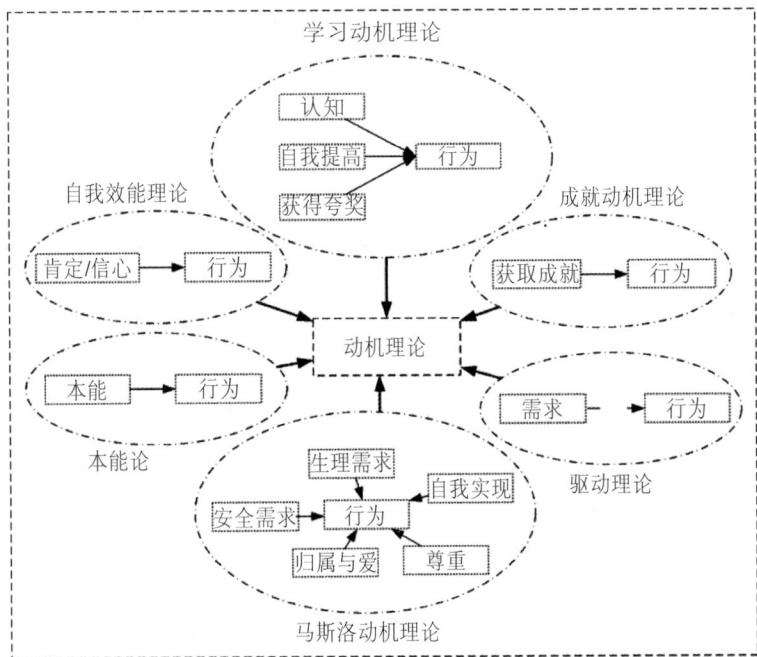

图2-4　动机理论

本能论认为人行为的动机归结于本能。驱动理论（又称需要满足理论）将动机主要归结于人在面对需求不能被满足的情形时内部产生的一种刺激，行为的实现即是此种内部刺激促成的。成就动机理论则主要强调成就动机的重要性，成就动机具体指人类在面对挑战、困难时，希望获得傲人的结果，取得胜利的想法及期望。学习动机理论是奥苏贝尔的重要理论，他从学习的角度看待人类的动机，并将动机划分成为了获得知识的认知驱动力、为了取得地位的自我提高内驱力、为了获得他人夸奖的附属内驱力。自我效能理论则将行为的实现与否归结于人类对自己完成某一行为能力的推测程度[113]，即人类对特定事件的自信心的强弱。马斯洛的动机理论将人类的需求按照升序的形式依次划分为生理、安全、归属与爱、尊重、自我实现五个需求[114]，其中人的自我实现处于金字塔顶端的最高需求。自我决定理论将人的需求划分为自己选择的自主需要、感受胜利的能力需求以及体验来自周围的爱的归属需要[115]。

各种类型的动机理论为研究人类的行为奠定了丰富的理论基础，随着虚拟社区不断发展，众多学者将动机理论运用于虚拟社区中用户的行为研究，同时将外部变量加入动机理论中一起进行分析，如利他主义、声誉等，还有研究将动机理论与使用满足等其他理论相结合用于构建知识贡献行为的理论研究模型中[116]。如郭莉等（2014）[117]将用户参与虚拟社区中社群交互的动机划分为内在动机（感知自我价值、学习、帮助他人的享受等）与外在动机（外在奖励、名声或形象等），并进行实证验证。

2.3.2　生态系统理论

"生态学"一词最早是由生物学家海克尔提出的。自"生态学"被提出以来，学者纷纷将其运用到研究中，不断完善生态学的内涵与理论基础，并将其定义为：研究个体与环境之间关系的科学[118][119]。

历经一个多世纪的发展与完善，生态学理论已经不局限于自然研究，而是延伸到了社会学、教育学等人文社会科学领域[120]。生态系统理论与文化、政治、经济、管理等学科领域的交叉融合已经成为前沿课题和学术研究趋势。

如今，许多与人类生存相关的研究领域均以生态学为基础并有了确定的研究成果，如全球气候变化的研究、生态系统的研究等；其后，还有些博物学家将生态学与环境相关联，认为生态学并非普通生物学的分支，它侧重在宏观上探讨生命活动与环境之间的关联。基于此，Bronfenbrenner（布朗芬布伦纳）提出了生态系统理论，强调与个体相关的环境系统是嵌套存在并各自影响的，从个体出发，将个体所存在的环境分成四套层叠交叉又有层次的环境嵌套系统，且不同系统间相互作用[12]。

生态系统理论是个体嵌套环境的组合，是生命有机体与其生存的环境共同构成的不可分割并密切相连的统一体，由微观系统、中间系统、外层系统及宏观系统组成。

（1）微观系统

微观系统（microsystem）是环境层次的最里层，指的是个体生存环境和与他人交流的直接环境。这个环境是不断更新和改变的，对大多数个体来讲，微观环境直接影响着他们的主观行为意识。

（2）中间系统

第二个环境层次是中间系统（mesosystem），指的是各个微观系统的联系或相互关系，是各微观系统的延伸。如果微观系统所涵盖的因素有较强的、积极的联系，则发展可能实现最优化。

（3）外层系统

第三个环境层次是外层系统（exosystem），是指个体并未直接参与但却对他们的意识形态产生影响的系统，它是中间系统的延伸，层层影响相互作用。

（4）宏观系统

第四个环境层次是宏观系统（macrosystem），指的是微观系统、中间系统及外层系统中皆存在的文化与环境，宏观系统实则是更加广泛的统筹环境，它规定所有的个体与组织必须在其设定好的规则下进行活动。当然在不同行为与文化中这些行为内涵盖的因素是不同的。

2.3.3　感知价值理论

（1）感知价值

感知价值理论最早是用来研究市场营销学中的消费者购买行为的，它是消费者在购买和使用产品的整个过程的评价结果，包括感性成分和理性成分。感性成分是消费者的一种主观意识，是整个消费过程的主观感受；理性成分是消费者纯粹通过使用效用对该产品的客观评价。感知价值的概念最早出现在德鲁克的《管理的前沿》中，他表示消费者的购买行为包含了产品的价值成分，感知价值也叫作消费者价值、顾客感知价值和顾客交易价值等[122]。感知价值是消费者在感受到产品的效用收益后，减去其所付出的所有方面的成本，得到对产品的综合评价。它区别于传统的产品实际价值，体现了消费者对产品所具有价值的特定认知。感知价值也可看作消费者受让价值的主观认知结果。

以往学者们对感知价值的维度划分形式有很多，大致可分为以下两大类：

①收益和付出的对比。该分类形式的基本出发点是将收益和付出成本进行综合对比。从理性的角度出发，Zeithaml（2006）通过访谈的方法将感知价值分为关注收益、关注付出、关注某些方面的收益和付出和关注所有因素四种[123]。在感知收益维度方面，Roca（2006）将其划分成效用性收益和娱乐性收益[124]；Churchill（2009）将其划分为个人收益、社会收益、体验收益以及功能收益四类[125]；Bandura（1978）基于营销学理论，将其划分成品牌、质量、服务三方面的收益[126]；尚永辉（2012）将其细分成关系性收益、程序性收益和功能性收益三种[127]。在感知成本维度方面，Gronroos（2010）从交易风险和货币成本两个方面展开研究[128]；Compeau（2009）从付出的具体内容将感知成本划分为时间、金钱、查找和主观四个方面的付出成本[129]；Parasuraman & Zeithaml（1985）将其划分为时间成本、内化成本以

及寻找成本三方面[130]。

②多维度视角。学者们基于 Zeithaml（1985）在感知收益和感知成本两个方面的研究，对消费者感知价值的二维度划分进行补充，因此出现了感知价值多维度的划分形式[131]。Joseph（2013）将感知价值划分为功能性价值、知识应用价值、社会价值、情感价值以及情境反馈价值五个方面[132]；Petrick（2016）结合所研究的特定背景环境，将感知价值分为行业价格、货币价格、情感声誉以及感知质量[133]；Kantamneni（1996）认为感知价值可以分为社会价值、交易价值、使用功能价值和主观验证价值[134]；国内学者刘刚（2007）以虚拟社区为研究对象将其划分为经验价值、功能价值、象征机制、感知风险和感知贡献[135]；周涛（2007）将感知价值分为经验价值、质量价值和社会价值[136]，这与已有研究的划分形式相类似。通过对感知价值维度划分的文献进行梳理可以发现，感知价值的概念涵盖面比较广泛，众多的划分形式中实用价值、社会价值和情感价值普遍得到了学者们的共同认可，并且近些年感知成本也越来越得到学者们的重视。

（2）感知信任

感知信任是一个与环境密切相关的多层面概念[137]，其被应用在多个学术领域的研究中。如社会学领域更关注人的社会性，认为信任是隐藏在社会关系中的一种社会制度。然而，在具体的文化背景下，信任不仅表现在社会关系的微观层面，也表现在社会信任、制度信任和系统信任等宏观层面[138]。对虚拟社区中的知识贡献行为进行研究时，信任被看作影响知识贡献行为的外部环境因素。徐美凤等将信任分为用户间的信任和用户对平台的信任两部分，发现两者都对用户的知识贡献行为有一定影响[139]。

2.3.4 演化博弈理论

（1）博弈概述

博弈存在于我们每个人的学习与工作中，存在于社会、经济的发展过程中，存在于生活的方方面面。当用户之间存在利益关系时，当事人所做出的行为选择，就是一次博弈过程。博弈论是应用数学知识研究用户决策行为的理论，所以又被称为对策论。Oskar 和 John（1944）最早把博弈论规范为一般理论，并给出了博弈论的基本数学概念和分析工具[140]。

博弈就是用数学语言规范地描述存在利益冲突和行为选择关系的故事，这就需要分析故事中博弈的构成要素，一个博弈活动的基本要素有：局中人、博弈规则、策略、博弈结果和博弈的效应[141]。基本要素的基本描述如下：

①局中人。局中人指的是博弈活动的参与主体，他们在行为选择的过程中会考虑对手的行为选择。在一次博弈活动中，一般至少会有两个博弈主体，只有两个主体参与的博弈活动称为"两人博弈"，多于两个主体的博弈活动被称为"多人博弈"。

②博弈规则。博弈规则是建立博弈模型的核心，规定了博弈活动的进行规则，是对博弈者所能做出行为选择的范围限定，它包括用户行为、时间和信息三个关键点。时间反映博弈者采取行为的先后顺序，行为发生的先后顺序对博弈者的行为选择有重要影响，信息是博弈者做出行为决策时对对手相关情况的了解程度。

③策略。在一次博弈活动中如果博弈者自始至终只有一个行动方案，称为博弈者的一个策略；如果博弈者共有有限种行为策略，称为"有限博弈"；如果博弈者共有无限个行为策略，称为"无限博弈"。

④博弈结果。博弈结果是博弈者在博弈规则约束下进行完所有的行为后，所形成的最终结果。博弈者采取不同的行为会产生不同的博弈结果。

⑤博弈的效应。博弈的效应是博弈者在考虑所有博弈结果的情况下所能得到的效应。效应的大小由博弈者的函数决定，博弈效应的大小直接影响博弈者的行为选择。

（2）演化博弈论

古典博弈论假设博弈者具备完全的知识和信息，能够对自己及其他博弈者的决策做出准确的判断，即假设参与用户是"完全理性"的，并且可以通过一次或者多次博弈得到最佳策略。但是，在快速变换的复杂环境下，每个人的认知能力都是有限的，不可能掌握完备的信息，不能对决策的结果做出完全正确的预期，即每个人都是"有限理性"的，演化博弈论在这种情况下应运而生。

演化博弈论起源于达尔文的生物进化论，而进化论有异质性、适应性和选择性等基本假设。生物学中"优胜劣汰"的进化过程为学者使用博弈论研究问题提供了一种新的视角，企业虚拟社区中参与用户知识共享行为的实现同样也需要一个长期的演变过程。因此，应用演化博弈理论的方法来研究企业虚拟社区中参与用户知识共享行为的实现过程具有一定的现实意义。

复制者动态方程是研究演化博弈理论中有限理性博弈双方学习与模拟最优策略并达到系统演化稳定状态的主要方法。复制者动态方程和演化稳定策略（ESS）是求解演化博弈模型的核心，演化稳定策略（ESS）描述了在变异策略影响的情形下，既定策略所能继续保持均衡稳态的条件，而复制动态方程描绘了达到均衡状态时的动态演化轨迹[142][143]。下面将列出复制者动态方程的具体推理过程。

假设在多次重复的动态博弈中有两类用户，参与博弈的所有主体都选择纯策略，在博弈的整个动态过程中会不断地延续这一特性。用 S 表示所有参与用户纯策略的集合，$\theta_t(s)$ 表示在 t 阶段采用 s 策略的总人数（$s \in S$），$\Phi_t(s)$ 表示在第 t 阶段，采用 s 策略的人数在群体总人数中所占的比例，基于此，可以得到：

$$\Phi_t(s) = \frac{\theta_t(s)}{\theta_{r \in S}(r)} \qquad (2-1)$$

假定 $u_t(s,r)$ 为 t 阶段时，用户采用 s 纯策略在对方采用 r 纯策略时所能获得的收益，可以得到在 t 阶段时用户采用 s 纯策略所能获得的期望收益为：

$$u_t(s) = \sum_{r \in S} \Phi_t(r) \cdot u_t(s,r) \tag{2-2}$$

则在 t 阶段时，系统中群体的期望收益为：

$$u_t(s) = \sum_{s \in S} \Phi_t(s) \cdot u_t(s) \tag{2-3}$$

前文已经指出，有限理性的参与用户在博弈的整个动态过程中会根据自己与其他参与用户之间收益的差距，不断学习与模仿优势策略，以期获得最大的收益。动态系统中参与用户会不断根据其他参与者的情况，改变自己的原有策略，原有策略的选择人数将会发生变化，这种改变的速度主要与采取优势策略的人数（比例）以及采取优势策略的收益有关。于是，通过对参与用户采取不同策略的比例对时间求导，得到采取不同策略参与者的比例随着时间变化的方程：

$$\theta_t'(s) = \theta_t(s) \cdot u_t(s) \tag{2-4}$$

将式（2-1）关于时间 t 求导，得到：

$$\Phi_t'(s) = \frac{\theta_t'(s) \sum_{r \in S} \theta_t(r) - \theta_t(s) \sum_{r \in S} \theta_t'(r)}{\theta_{r \in S}(r)} \tag{2-5}$$

将式（2-4）代入式（2-5），简化得：

$$\frac{d\Phi_t(s)}{dt} = \theta_t(s) \cdot (u_t(s) - \bar{u}_t) \tag{2-6}$$

式（2-6）就是推导得到的复制者动态方程，通过对这一方程进行分析，可以得到演化均衡策略。

（3）演化博弈论与经典博弈论的区别

①理论的基础假设不同。演化博弈理论认为博弈主体是"有限理性"的，他们不可能获得决策所需的所有信息。而经典博弈理论认为博弈主体是"完全理性"的，博弈者拥有相同的知识，他们可以在所处的环境中做出使自身得到利益最大化的决策。在复杂的环境中，存在大量影响博弈者做出决策的不确定因素，经典博弈论的完全理性的假设在实际中存在的可能性并不

大。基于此，有限理性的假设在现实中有更好的应用环境。

②理论的均衡概念不同。演化博弈预测均衡的方法是演化稳定策略，该理论描述了博弈用户在受到变异策略影响的情况下，既定策略仍然能保持稳定均衡的条件。而经典博弈理论采取静态纳什均衡的方法预测均衡，该理论无法描绘系统的动态演化过程。在现实中，演化博弈可以更好地预测博弈主体行为的演变。

③理论的研究对象和方法不同。经典博弈论的研究对象是"个体"，在对手决策既定的情形下选择的最优策略。而演化博弈论以"群体"为主要研究对象，群体中每个参与个体的行为通常都会相互影响，而且不同群体的参与用户间会进行多次重复的博弈，而最终策略受初始状态和演化路径的影响。由上可知，演化博弈论的动态演化调整过程能客观地反映博弈主体行为的复杂性。

④理论的动态概念不同。经典博弈论中，博弈者做出决策的过程不受外界因素的影响，博弈者在对对手的行为进行观察和预测后选择自己的最优策略。演化博弈理论认为博弈者自身行为是一个动态的不断调整的过程。

第3章 企业虚拟社区用户知识贡献行为分类及作用机理

本章对企业虚拟社区的用户知识贡献行为进行划分，根据知识贡献行为的表现形式将其划分为知识参与贡献行为、知识评价贡献行为和知识创作贡献行为，并解释各类知识贡献行为之间的关系和它们在企业虚拟社区的知识管理活动中的作用机理，进而分析目前企业虚拟社区用户各类知识贡献行为存在的问题及相关影响因素。

3.1 企业虚拟社区中用户知识贡献行为分类研究

知识贡献行为在社区中的表现形式多种多样，这些不同表现形式的行为对企业虚拟社区具有不同的意义，在企业知识管理中起到不同的作用，需要进行区分研究。本章对企业虚拟社区进行调研并结合以往学者研究，将企业虚拟社区中的知识贡献行为根据其贡献深度分为三类——知识参与贡献行为、知识评价贡献行为及知识创作贡献行为，并对三种行为的具体表现形式进行叙述，总结出各行为的特点。

3.1.1　知识参与贡献行为

知识参与贡献行为是指社区中用户积极地参与知识共享活动的广泛行为。随着移动社交网络的发展和应用，用户可以随时随地方便地参与知识阅读、知识推荐、知识转载、知识分享与交流等活动，这些行为都可以看成用户的知识参与贡献行为。而在企业虚拟社区中，知识参与贡献行为具体表现为：打卡签到、阅读信息、参加企业社区活动、关注成员或帖子、点赞知识、收藏知识、分享知识、加入粉丝、添加社区好友、下载知识及申请企业产品的试用等。用户积极的知识参与互动有利于营造良好的知识贡献氛围并促进知识应用。企业虚拟社区中的知识参与贡献行为具有以下特征：

（1）易用性

知识参与贡献行为的具体操作往往是一键点击即可，例如点赞知识、关注用户、浏览帖子等，较为复杂的分享知识也是通过分享链接的形式进行，不需要用户掌握任何专业知识，且使用方法也是一学即会，由此可见这是一种具有易用性的行为。

（2）广泛性

社区中的任何用户针对社区中公布的知识均可进行知识参与贡献行为，社区管理员不对用户的参与行为进行任何制度以外的约束、管制。另外，因知识贡献参与行为操作简单，限制较少，对用户自身的知识储备水平没有太高要求，大部分用户参与意愿较高，所以在企业虚拟社区中这一类行为占多数，大部分社区成员都可随时随地利用移动设备进行知识阅读、转载与分享，涵盖内容也丰富多样，因此具有广泛性。

（3）低付出性

对于社区用户而言，知识参与贡献行为中的付出均较少，从经济上来看，用户参与整个活动，并未交付任何费用；从劳动上来看，体力劳动仅仅是点击一下，脑力劳动是浏览，因此整体来看这是一种低付出性的行为。

3.1.2　知识评价贡献行为

在企业虚拟社区中，用户的知识评价贡献行为指的是对已有的信息、知识进行评论、交流，对自己感兴趣的信息或知识进行评价，或在已有的信息基础上发表自己的看法。知识评价贡献行为可以降低知识库中知识的无序化程序，促进企业知识有序化，也有利于其他用户更好地检索与应用知识。正确的知识评价贡献行为能够帮助企业形成知识不断应用更新的良性循环。目前企业虚拟社区的主要知识评价贡献行为表现为：评论他人知识、对已有知识或信息投票与打分、在社区中提问、举报错误信息及违规行为等。知识评价贡献行为具有以下特征：

（1）多样性

知识评价行为特指用户的评价、交流等行为，此行为的发生主体是社区中的所有用户。由于企业虚拟社区的加入门槛较低，各式各样的用户均可加入其中，用户间的个体差异较大，因此用户具有多样性，也就赋予了此行为多样性的特征。

（2）启发性

知识评价行为从实质上来讲可定义为讨论、争辩的过程，在讨论的过程中用户各抒己见，并陈述自身对知识的评价，分享知识的用户和其他用户则进行思考、形成观点、发表观点等一系列操作，在此过程中的不断反复中，用户会受到一定的启发，完善原有的认知。

（3）中付出性

对于社区用户而言，知识评价贡献行为中的交流、评价与知识参与贡献行为具有一定的付出性，尽管用户在经济上未付出，但在劳动上不仅要花费时间进行思考、组织语言，在表达观点时也要付出体力劳动，因此整体来看是一种中付出性的行为。

3.1.3 知识创作贡献行为

知识创作贡献行为是指企业虚拟社区用户直接通过对知识进行生产和创作的贡献行为，如社区用户的独立创作、协同创作行为等。用户在社区中的知识创作贡献行为可以帮助企业源源不断地产生新知识，为社区注入新的内容增长点，提高企业虚拟社区知识增量。企业虚拟社区与其他类型虚拟社区比较，其建设的目的存在不同之处，即企业虚拟社区重视创作，希望通过用户的创作实现产品、服务的创新。因此，知识创作贡献行为是企业虚拟社区中最重要的一种知识共享行为。

在企业虚拟社区中，用户知识创作贡献行为主要包含发原创帖子、回答其他用户的提问。企业虚拟社区中的知识创作贡献行为具有以下特征：

（1）独创性

知识创作贡献行为是通常是由发帖的用户借助自身拥有的知识，围绕社区的主题独自进行思考、创作、贡献等一系列活动，整个过程不借助任何外力，均是自行创作，因此知识创作贡献行为具有独特性的特征。

（2）少量性

知识创作贡献行为主要包含发原创帖、回答其他用户的提问，这些行为具有一定的难度，并不是任何用户都能胜任，而是要求用户在具有一定的知识储量、拥有一定的时间的基础上进行思考才可实现的。因此，知识创作贡献行为在社区中较少，具有少量性的特征。

（3）高付出性

对于社区用户而言，知识创作贡献行为中的想法产生的过程与知识参与、评价贡献行为相比具有较高的付出性，这种付出体现在用户的劳动上。用户花费较多时间发原创帖、解决问题，还付出了体力劳动，因此整体来看这是一种高付出性的行为。

3.2 用户不同知识贡献行为间的相互关系及作用机理

在企业虚拟社区中，用户的知识参与贡献行为、知识评价贡献行为及知识创作贡献行为三类贡献行为互不相同又相互关联。用户进行知识贡献行为普遍来说都存在递进性，即先进行知识参与贡献行为，再在此基础上选择是否进行知识评价与知识创作贡献行为。但是，也有些用户会先进行知识评价或知识创作贡献行为，收到社区其他成员的点赞及评论，从而对社区其他板块内容产生兴趣，再继续进行知识参与行为或知识评价贡献行为。因此，这三类用户贡献行为之间是相互联系并相关联的，企业虚拟社区中用户进行知识贡献行为的流程如图3-1所示。

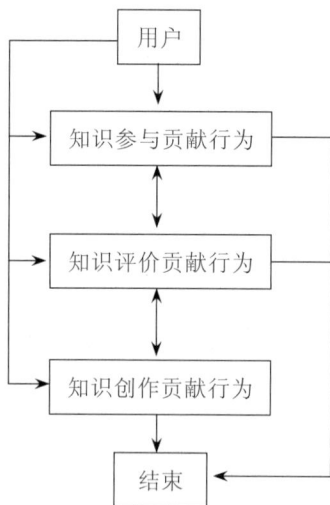

图3-1 社区用户进行知识贡献行为流程图

在企业虚拟社区中，用户的三类知识贡献行为相互作用和促进。知识参与贡献行为在企业虚拟社区中最为广泛，起着促进知识应用与营造虚拟社区的知识贡献氛围的作用；知识评价贡献行为指的是用户在虚拟社区中进行知识评论、知识交流、反馈等行为，起着促进社区内新知识的发现并使信息有序化的作用；知识创作贡献行为是用户行为中最重要的，也是企业虚拟社区管理者最关注的一种贡献行为，能促进社区中的知识创作与知识创新。只有在社区有用户广泛参与的情况下，用户才愿意在社区中去创作和分享知识；而社区用户通过知识评价贡献行为，来促进广大用户更好地发现有价值、有用的信息和知识，使其不被垃圾信息淹没；然后这些用户创作的，经过用户评价过滤出的高价值知识，又会不断吸引新的用户参与到社区中来，促进用户的知识参与贡献行为。总之，这三类知识贡献行为相辅相成，相互促进，共同推动企业虚拟社区的发展和应用。三者之间的具体作用机理如图3-2所示。

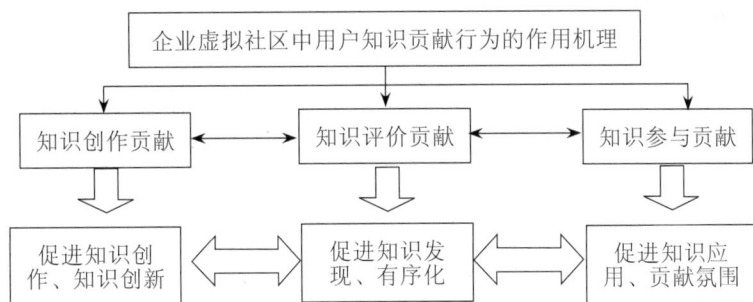

图3-2　知识贡献行为间的作用机理

3.3　企业虚拟社区中用户知识贡献行为存在的问题

3.3.1　知识参与贡献行为存在的问题

随着互联网的快速发展，企业面临的竞争也愈发激烈，为了适应信息时代潮流，企业虚拟社区必须不断发展才能为企业带来持续效益，才能帮助企业在如此激烈的竞争环境中立足。企业虚拟社区是企业为自身发展开发的一种新型的互动交流模式，突破了传统的知识交流及成员沟通的形式，使来自世界各地的感兴趣的成员之间的知识交流不受时间和空间的限制，提高了人们的互动效率。但由于企业虚拟社区现阶段的发展水平有限，不同的知识贡献行为也存在各自的问题与瓶颈。

知识参与贡献行为是最常见的知识贡献行为，参与人数多，对社区成员限制较少，操作也简便，但因其便利性及广泛性，存在三点问题：

（1）严重的"搭便车"行为

企业虚拟社区中知识参与贡献用户占大多数。大部分参与用户只在社区中浏览他人分享的信息与知识，不评价或创作贡献，长此以往，会影响企业虚拟社区的信息更迭及社区贡献氛围。

（2）积极性不高

企业虚拟社区中的用户知识参与贡献行为的门槛很低，大部分人只停留在浏览的行为上，社区中的激励制度并不能提高其进一步贡献的积极性。

（3）社区成员流失率大

社区中注册的成员，有一部分是因为一时好奇或他人介绍加入该社区，也有部分是因为寻求帮助加入该社区，待浏览社区内容或问题得到解决后便很少甚至再也不登录社区；同时，有过参与贡献行为的成员往往在企业社区没有几个好友，与社区成员间的交流较少，这也是导致企业虚拟社区中知识参与贡献用户流失的原因之一。

3.3.2　知识评价贡献行为存在的问题

知识参与贡献行为更深一步是知识评价贡献行为。知识评价贡献行为促进了企业虚拟社区的信息与新知识的发现，推进了有价值的信息与知识有序化，但也存在下列问题：

（1）对知识与信息的依赖性大

知识评价贡献行为必须在已有信息或知识上进行操作，必须有信息载体，对已有信息的依赖性大。这就要求企业虚拟社区中有大量且多样的信息，若企业虚拟社区中知识数量较少或信息缺乏趣味性，知识评价贡献行为也会相应减少。

（2）可信度有待考究

知识评价贡献行为不像知识创作贡献行为，企业管理者可直接对知识创作的作品进行审核，但知识评价行为是对他人发布的知识进行反馈，仁者见仁智者见智，具有强烈的主观意识，往往有很多虚假的评论混杂其中，其可信度有待考究。

3.3.3　知识创作贡献行为存在的问题

知识创作贡献行为是企业虚拟社区中最重要的知识贡献行为。它提供了社区中的新知识、新信息，为社区注入新鲜血液，起着不可或缺的作用。但社区中知识创作贡献行为存在的问题也不少。

（1）存在"90-9-1"现象

大部分的企业虚拟社区中都存在这类现象，即90%的用户停留在知识参与贡献行为上，9%的用户停留在知识评价贡献行为上，只有1%的用户经常进行知识创作贡献行为。进行知识创作贡献行为的用户很少，仅1%的创作贡献用户带动整个社区的知识创新。

（2）企业虚拟社区激励制度有待完善

在大部分企业虚拟社区中，激励制度十分有限，只是根据用户等级及其发表的信息数量进行嘉奖，并没有根据其分享知识的信息质量进行区分嘉奖；与此同时，社区激励方式也较为单一，欠缺吸引力，这可能会影响部分社区用户的知识创作贡献热情。

3.4　企业虚拟社区中用户知识贡献行为的影响因素

企业虚拟社区与一般大众的互联网虚拟社区不同，其环境特征、参与群体、社区用户行为及偏好都存在差异，由此导致社区用户知识贡献行为的相关影响因素对结果变量的影响效果也不尽相同。同时，用户在扮演不同角色时的行为动机和影响因素有显著的差异，需要考虑不同形式的知识贡献方式对用户知识共享行为影响的差异，因此，本研究针对用户三种不同的知识贡献行为，结合生态系统理论分别对其影响因素进行研究。

3.4.1　企业虚拟社区中用户知识参与行为影响因素

企业虚拟社区中的用户参与贡献行为在知识贡献行为中占绝大多数，但没有评价及创作行为对企业的贡献大，因此，现有的研究中很少对知识参与贡献行为单独进行研究。本研究在对企业虚拟社区中知识参与贡献行为的特征、存在的问题及其贡献流程进行研究的基础上，综合已有研究成果，结合生态系统理论，对其影响因素从四个系统进行详细阐述，如图3-3所示。

（1）微观系统

基于TPB将知识参与贡献行为在生态系统理论中的微观系统这一层面上的影响因素归纳为四点：态度、主观规范、感知行为控制及知识参与贡献行为意愿。

（2）中间系统

中间系统指的是各微观系统间的联系或相互关系，微观系统中的态度、主观规范及感知行为控制共同影响着知识参与贡献行为意愿。

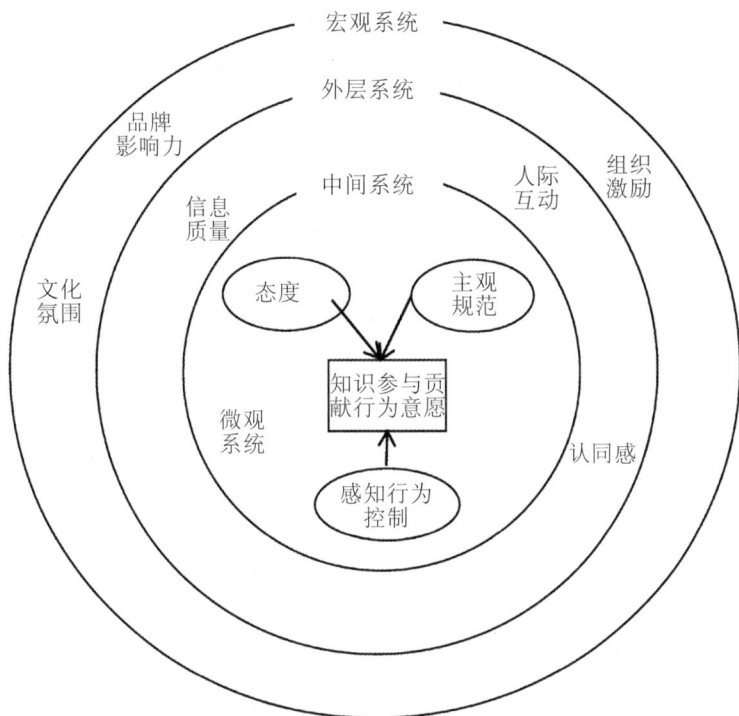

图 3-3　基于生态系统理论的知识参与贡献行为影响因素

（3）外层系统

企业虚拟社区中的知识参与贡献行为在生态系统理论中的外观系统这一层面上的影响因素可归纳为四点：信息质量、人际互动及认同感。信息质量指的是企业虚拟社区中知识和信息的效度和可信度，只有真实有价值的信息才能供大家分享和交流。乐于分享、获得社交及认同感都是成员个体对企业虚拟社区的了解之后的一种主观感受。

（4）宏观系统

企业虚拟社区中的知识参与贡献行为在生态系统理论中的宏观系统这一层面上的影响因素可归纳为三点：品牌影响力、文化氛围及组织激励。企业虚拟社区是企业为增加自身发展所创建的供成员进行交流的一个虚拟社区，其用户是因该企业销售的产品

而聚集在一起的，所以企业的品牌影响力对用户参与贡献行为有
着不可或缺的作用。同时，该企业的文化氛围及组织激励皆可由
企业虚拟社区管理者来营造、规定，在一定程度上也直接影响着
社区用户对该虚拟社区的知识参与态度。

3.4.2　企业虚拟社区中用户知识评价行为影响因素

企业虚拟社区中的知识评价贡献行为是在知识参与贡献行为
的基础上进行的，可以说是先产生知识参与贡献行为，再产生更
深层次的知识评价贡献行为。知识评价行为要求社区用户在阅读
已有信息和知识的基础上，有一定的认识和见解才能进行评价。
结合生态系统理论，综合以往研究及理论，总结知识评价贡献行
为的影响因素如图3-4所示。

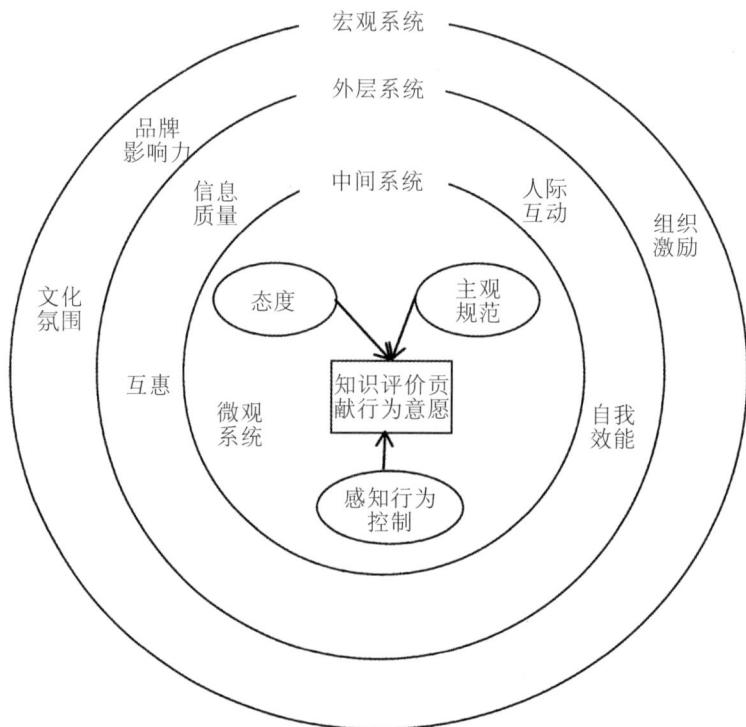

图3-4　基于生态系统理论的知识评价贡献行为影响因素

（1）微观系统

与知识参与贡献行为类似，本研究将企业虚拟社区知识评价贡献行为在生态系统理论中的微观系统这一层面上的影响因素归纳为四点：态度、主观规范、感知行为控制及知识参与贡献行为意愿。

（2）中间系统

中间系统指的是各微观系统间的联系或相互关系，微观系统中的态度、主观规范及感知行为控制共同影响着知识评价贡献行为意愿。

（3）外层系统

与知识参与贡献行为影响因素不同，知识评价贡献行为外层系统的影响因素可归纳为四点：信息质量、互惠、人际互动及自我效能。信息质量一直是虚拟社区用户十分在意的一个因素，是用户进行交流与沟通的保证。知识的互惠性是知识贡献行为持续进行的重要影响因素，不仅进行贡献行为的用户可以相互帮助提升自己，增强自我的知识评价意愿，而且企业也能从中获益，这就是互惠。进行知识评价行为的社区成员在帮助他人的同时也能获得自我肯定与自我效能感，在一定程度上能促进其保持较高的共享意愿[144][145]。

（4）宏观系统

与知识参与贡献行为类似，企业虚拟社区知识评价贡献行为在生态系统理论中的宏观系统这一层面上的影响因素归纳为三点：品牌影响力、文化氛围及组织激励。

Osterloh等发现激励机制能促进用户知识的交流互动及有序化[146]。在企业虚拟社区中，激励包含多种管理行为，社区管理者可根据需要设定奖励制度，促进用户进行知识交流与互动，一般包括物质奖励与心理奖励。其中，物质奖励一般是发放企业虚拟社区中的虚拟货币、积分或礼品等；心理奖励包括对贡献度大的用户给予荣誉称号、在首页进行名单表扬等。现有研究表明适当且有效的激励制度能促进虚拟社区中的知识贡献行为[147][148]。

3.4.3 企业虚拟社区中用户知识创作行为影响因素

企业虚拟社区中的知识创作贡献行为是知识贡献行为中最重要的部分，结合生态系统理论，综合以往研究及理论，总结知识创作贡献行为的影响因素如图3-5所示。

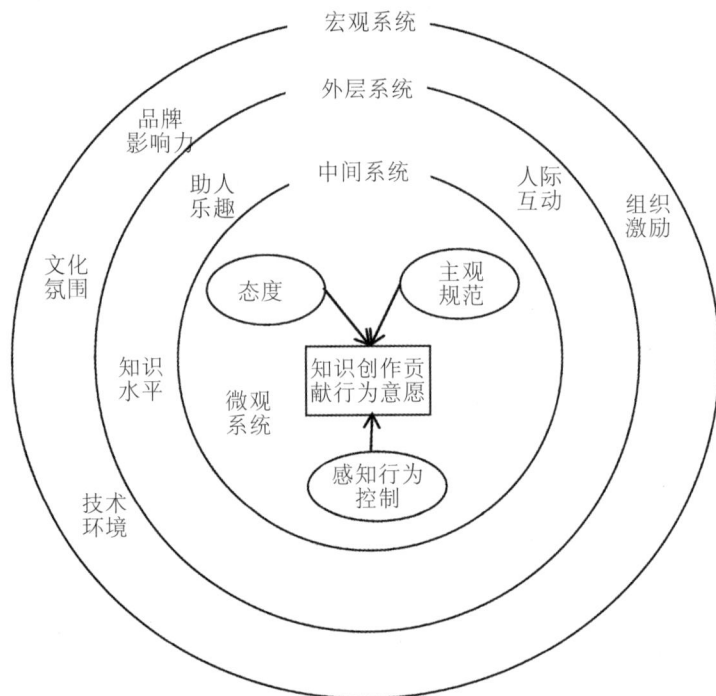

图3-5 基于生态系统理论的知识创作贡献行为影响因素

（1）微观系统

与知识参与贡献行为类似，企业虚拟社区知识创作贡献行为在生态系统理论中的微观系统这一层面上的影响因素可归纳为四点：态度、主观规范、感知行为控制及知识参与贡献行为意愿。

（2）中间系统

中间系统指的是各微观系统间的联系或相互关系，微观系统中的态度、主观规范及感知行为控制共同影响着知识创作贡献行为意愿。

（3）外层系统

知识创作贡献行为在生态系统理论中的外层系统这一层面上的影响因素可归纳为三点：助人乐趣、人际互动及知识水平。在企业虚拟社区中，知识创作行为对用户的要求比较高，知识创作并不是凭空而来的，必须具备一定的知识储备，因此知识水平也是影响知识自主创造行为的影响因素之一。基于个体的差异性，助人乐趣也起着十分重要的作用，当用户利用自身的知识帮助社区中其他用户答疑解惑时，他们会感到愉悦，这将增强该用户持续创作的意愿。

（4）宏观系统

与知识参与贡献行为及知识评价贡献行为不同的是，本书将技术环境也归纳为企业虚拟社区知识创作贡献行为在生态系统理论中的宏观系统这一层面上的影响因素，因此共有四点：品牌影响力、文化氛围、组织激励及技术环境。知识创作行为需要用户在企业虚拟社区中进行更深一步的操作，发表新的知识与信息，这时技术环境往往在很大程度上影响着用户进行知识创作的积极性。不同的企业虚拟社区因其技术的差异性导致贡献知识的流畅度及便利性不同，部分企业虚拟社区只支持上传文字类及图片类的信息，而部分企业虚拟社区还支持语音及视频信息的上传，且不同企业虚拟社区中知识阅读、评价、上传的流畅度也有差异，这些都会对用户的知识贡献行为产生影响。总而言之，技术环境也是影响进行知识创作的用户贡献意愿的一个重要因素。

第4章 企业虚拟社区用户知识贡献行为影响因素分析

本章主要结合计划行为理论与生态系统理论，基于知识参与贡献行为、知识评价贡献行为及知识创作贡献行为的影响因素分别构建理论模型及研究假设，然后设计量表，以海尔虚拟社区为实证对象，运用AMOS分别对知识参与、知识评价及知识创作贡献行为的影响因素模型进行验证性分析。

4.1 研究框架

根据第3章的分析，我们在生态系统理论和TPB模型的基础上分别列出了不同知识贡献行为的影响因素。然而，很多学者在研究中发现，仅仅使用TPB模型对行为进行研究具有局限性。个体行为意愿一方面离不开外界宏观环境的影响，另一方面也不是完全由理智控制。生态系统理论在网络行为上的研究具有解释力，虽然考虑到了不同层次环境的影响，却忽略了个人的情感因素，因而也具有一定的局限性。TPB模型和生态系统理论都不能单独用来研究行为意愿，因此，本研究在使用生态系统理论考虑用户知识贡献行为影响因素的同时，结合TPB，将外界环境作为考虑的因素加入研究。在企业虚拟社区中，用户的知识参与贡献行为、知识评价贡献行为及知识创作贡献行为不是相互独立的，而是相互联系、相互影响的。本部分综合考虑三类行为之间的相互关系，构建用户知识贡献行为的综合影响因素框架模型如图4-1所示，并采用结构方程模型进行路径分析，揭示各种行为之间的相互关系和影响机制。

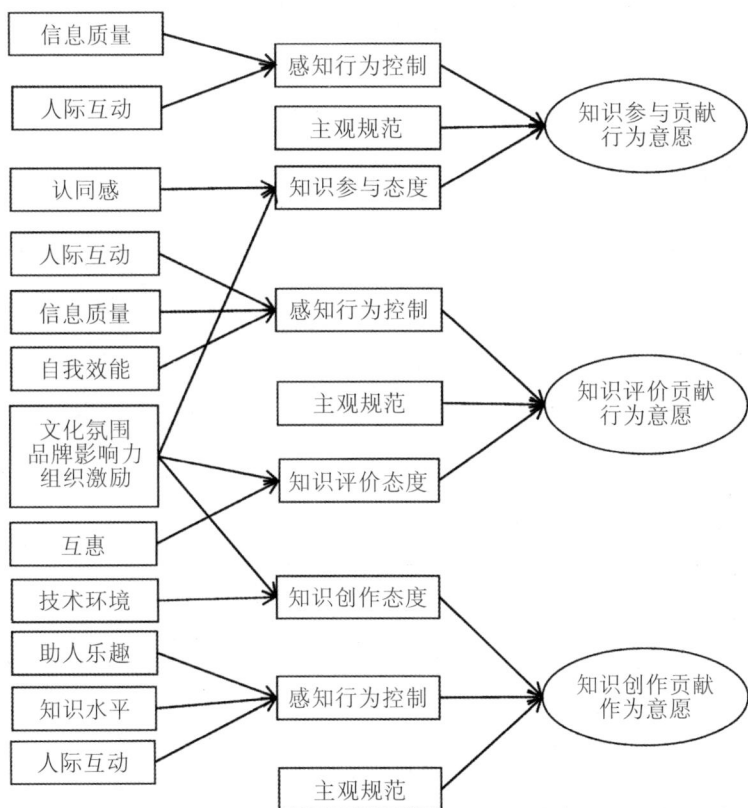

图4-1　企业虚拟社区中用户知识贡献行为影响因素模型

4.2 变量及量表

4.2.1 研究变量的定义

根据本研究相关参考文献整理，研究模型中对变量的定义见表4-1。

表4-1　　　　　　　　变量的定义

变量	变量定义	参考文献
品牌影响力	企业虚拟社区所涵盖产品的品牌对外的影响力	廖俊云等（2017）[149]
文化氛围	企业虚拟社区中交流氛围及贡献活跃度	施涛等（2017）[150]
组织激励	由组织发起引导个体进行贡献行为的动力	徐美凤（2011）[151]
互惠	给予他人帮助的同时获得对自身有利的资源或感觉	陈为东等（2018）[152]
技术环境	企业虚拟社区中贡献知识的方式及技术成熟度	施涛等（2017）[150]
助人乐趣	在替他人解决困惑时自身所获得的乐趣	Chang等（2014）[153]
知识水平	自身的知识储备水平与对知识掌握程度	万莉和程慧平（2016）[154]
人际互动	社区成员之间的互动交流、成员与社区管理者之间的互动	Nambisans&Baron（2009）[155]
认同感	认同感是在认知、情感和评价方面对社区的认同	王永贵和马双（2013）[156]
信息质量	社区中信息和知识的信度与效度	梁文玲和杨文举（2016）[157]
自我效能	对自我进行某一类行动的掌握力	Sun（2012）[158]
感知行为控制	个体基于以往的经历总结的经验，并知道继续某种行为会遇到的阻碍	Ajzen（1991）[159]
主观规范	来自周围的压力	Pavlou&Fygenson（2006）[160]
知识贡献态度	个体对进行知识贡献行为时心态的感知	Ajzen&Fishbein（1980）[99]
知识贡献意愿	个体对自身是否愿意进行知识贡献行为的判断	Ajzen&Fishbein（1980）[99]

4.2.2　量表设计

本书模型涉及的变量有品牌影响力、社区文化氛围、组织激励、认同感、乐于分享、信息质量、人际互动、互惠、自我效能、知识水平、技术环境、主观规范、感知行为控制、知识贡献态度及知识贡献意愿。其中，知识贡献意愿是因变量。本书在整理大量文献的基础上，以海尔企业虚拟社区为实证分析对象，对知识参与贡献行为、知识评价贡献行为及知识创作贡献行为问卷的变量及题项进行了设计，具体步骤如下：

第一，确定研究主题。在对主题确认以后，收集大量的中英文文献与相关资料，整理出相关量表。

第二，确定研究对象。本书以海尔企业虚拟社区为研究对象，在对其虚拟社区进行一定的调研及研究后，基于该企业虚拟社区的本土特征，结合已有的成熟量表，形成本书最终使用的问卷量表。

第三，形成问卷初稿。与专家讨论后，对问卷中描述不准确的语句与词语进行修改，形成调查问卷初稿。

第四，问卷预调研。将 40 份问卷发放给一部分同行和专家进行填写，在其填写过程中收集相关意见，并进行调整与修改，形成最终的调查问卷。

根据以上步骤，最终形成企业虚拟社区用户知识贡献行为影响因素的测量量表（参见书后附录1）。问卷主要由三部分内容构成：

第一，导语部分。主要是对本问卷的目的及调查对象进行说明，并表示对填写者的感谢。

第二，基本情况。一方面对填写者的基本信息进行调查，包括年龄、职业、性别等；另一方面是对填写者在海尔企业虚拟社区中的行为情况进行调查统计。

第三，研究变量的测量题项。该部分根据第二部分中被调查对象选择的不同知识贡献行为有不同的题目，分别为知识参与贡献行为测量项、知识评价贡献行为测量项及知识创作贡献行为测量项。问卷采用7级李克特量表。

4.2.3 问卷发放与收集

（1）样本选择

以海尔企业虚拟社区在线注册用户作为调查对象。对样本进行选择时，需注意两点：

①样本的随机性。随机在社区中选取成员进行调查，才具有代表性。

②样本的真实性。本书调查的是企业虚拟社区中的知识贡献行为，因此填写者必须是海尔企业虚拟社区中的成员，确保数据的真实性。

（2）问卷整理与收集

本书通过在海尔企业虚拟社区中发放电子问卷并提供奖励、向社区中活跃人士发放邮件及私信等方式邀请他们填写问卷。问卷的填写与收集历时两个半月，最终获得1 341份问卷，剔除无效问卷后最终得到1 198份可用问卷。

4.2.4 描述性统计分析

本部分阐述的是数据的描述性统计分析，主要是对被调查对象的基本情况进行统计，并且对被调查对象使用海尔企业虚拟社区的情况及知识贡献行为进行统计。本研究样本的基本信息包括两个部分：一方面是填写者的基本信息，包括年龄、职业、性别等；另一方面是填写者在海尔企业虚拟社区中的行为情况。描述性统计分析见表4-2。

表4-2　　　　　　　　　　描述性统计分析表

基本信息	分类	样本数	百分比
性别	男	624	52.16%
	女	573	47.84%
年龄	18岁及以下	20	1.67%
	19～25岁	606	50.61%
	26～35岁	407	33.93%
	36～45岁	129	10.75%
	46岁及以上	36	3.03%
学历	高中及以下	73	6.16%
	大专	353	29.46%
	大学本科	553	46.18%
	硕士研究生及以上	209	17.52%
职业	学生	474	39.58%
	公务员/事业单位员工	127	10.62%
	企业/公司员工	424	35.40%
	自由职业者	59	4.89%
	教师	67	5.55%
	个体从业者	16	1.35%
	其他	31	2.61%
加入海尔企业虚拟社区时长	1个月以下	156	13.05%
	1～6个月	423	35.31%
	6个月～1年	362	30.18%
	1～3年	210	17.50%
	3年以上	47	3.96%
每周访问次数	少于或等于1次	135	11.26%
	2～3次	303	25.33%
	4～6次	451	37.64%
	7～9次	230	19.23%
	10次及以上	79	6.55%
知识贡献行为分类	知识参与贡献行为	422	35.23%
	知识评价贡献行为	404	33.72%
	知识创作贡献行为	372	31.05%

由表4-2可知，本次调研对象的特征如下：

①性别特征：男性有624人，占比为52.16%；女性有573人，占比为47.84%，表明男女比例均匀。

②年龄特征：在19~25岁之间人数为606人，占比50.61%；在26~35岁之间人数为407人，占比33.93%。由此可知，海尔企业虚拟社区中注册用户以年轻人为主。

③教育背景：样本显示大学本科学历的人数为553人，占比46.18%；其次是大专学历，为353人，占比29.46%；高中学历及以下73人。由此可知，海尔企业虚拟社区中注册用户学历水平呈中等水平。

④职业：样本中学生人群有474人，占比39.58%；其次是企业及公司员工有424人，占比35.40%。由此可知，在海尔企业虚拟社区中，被调查者学生和企业员工占大多数，这也符合企业虚拟社区的特征。

⑤加入该社区的时间：3年以上的成员有47人，仅占3.96%；1~3年的群体有210人，占17.5%；6个月至1年的群体有362人，占比30.18%；1~6个月的成员最多，为423人，占比为35.31%。这说明该社区中多是新加入的成员，也说明该海尔社区正在广泛被熟知、接受。

⑥每周访问海尔虚拟社区的次数：每周访问4~6次为451人，占比37.64%；每周访问2~3次的为303人，占比25.33%；每周访问7~9次的为230人，占19.23%。由此可知，海尔企业虚拟社区中的大部分用户十分活跃。

⑦知识贡献行为分类：样本中知识参与贡献行为用户为422人，占比35.23%；知识评价贡献行为用户为404人，占比33.72%；知识创作贡献行为用户为372人，占比31.05%。由此可知，在该虚拟社区中，进行不同类型知识贡献行为的用户数量相当，说明该社区氛围十分活跃，社区管理得当。

4.3 用户知识参与贡献行为影响因素分析

4.3.1 研究假设

（1）知识参与贡献态度、主观规范、感知行为控制与知识参与贡献意愿

由 TPB 可知，知识参与贡献态度、主观规范、感知行为控制与知识参与贡献意愿之间存在一定的正向关系，因此本书提出以下假设：

H_1：知识参与贡献态度会显著地正向提高知识参与贡献意愿。

H_2：主观规范会显著地正向提高知识参与贡献意愿。

H_3：感知行为控制会显著地正向提高知识参与贡献意愿。

（2）信息质量、人际互动与感知行为控制

企业虚拟社区中的知识交流本质上是信息的交换，信息质量自然是不容忽视的一个重要因素[143]。Zheng 等通过实证研究发现信息质量会影响社区用户的满意度[161]。同时，陈为东等将人际互动作为知识共享行为与自我构建间的中介变量并得到实证[138]。基于此本书提出以下假设：

H_4：信息质量会显著地正向促进感知行为控制。

H_5：人际互动会显著地正向促进感知行为控制。

（3）品牌影响力、文化氛围、组织激励、认同感及知识参与贡献态度

组织激励是社区管理者为刺激社区成员进行知识贡献行为而提供的奖励，通常有物质激励及心理激励。Jiang & Xiao 对百度贴吧进行研究后发现社区用户会为得到更多的组织积分及提升自己的等级而去进行知识贡献行为[162]。企业虚拟社区与一般虚拟社区不同，企业虚拟社区是依附企业存在的，企业的形象、产品品牌的影响力都会关系到社区成员知识参与的态度，与此同时，

企业虚拟社区中的用户贡献活跃度、整体形象也都与用户进行知识贡献行为态度息息相关，基于此本书提出以下假设：

H₆：品牌影响力会显著地正向提升知识参与贡献态度。

H₇：文化氛围会显著地正向提升知识参与贡献态度。

H₈：组织激励会显著地正向提升知识参与贡献态度。

H₉：认同感会显著地正向提升知识参与贡献态度。

4.3.2 信度与效度分析

信度分析是对所收集的数据的真实性与可靠性的分析[163]。本研究采用的是Cronbach's α系数法。信度分析是为了反映测量变量的稳定性和一致性，即测量工具能稳定可靠地测量研究对象。信度的测量一般分为重测信度、复本信度、内在一致性信度等。由于客观条件限制，本研究无法进行两次重复的调查，所以，无法进行重测信度和复本信度的检验，因而，需采用检验内部一致性进行信度分析。本研究采用Cronbach's α系数作为测量标准，分别对知识参与贡献行为样本数据、知识评价贡献行为样本数据及知识创作贡献行为样本数据进行信度检验。Cronbach's α值越接近1，数据的内部一致性程度就越高。通常而言，信度系数至少要超过0.5，若达到0.7～0.8之间则处于较高的信度水平。信度系数若小于0.35，则应拒绝。

效度分析是为了检测测量工具的准确性，即测量工具在多大程度上反映了测量对象的真实情况。KMO（Kaiser-Meyer-Olkin）是用于比较变量间简单相关系数和偏相关系数的指标。探索性因子分析的目的在于识别出可以代表量表基本框架的几个公共因子，各观测变量与公共因子的相关程度也得以体现。本研究采用探索性因子分析对数据进行效度分析，通过检测KMO值和Bartlett球形检验来确定是否可以进行因子分析，也能体现出公共因子与各个观测变量之间的相关程度。KMO越接近1，结果越好，当KMO <0.5，则表明该数据不适合进行因子分析。当KMO

值大于0.5，表示变量适合做因子分析。Bartlett球形检验用于检验数据的分布，以及各个变量间的独立情况。SPSS中，如果Sig值小于0.05，则表示数据适合做因子分析。

（1）信度分析

对知识参与贡献行为的422个样本进行信度分析，结果见表4-3。各观测变量信度系数中，所有变量的Cronbach's α值均大于0.8，其中文化氛围的Cronbach's α值最低，为0.806，这说明知识参与贡献行为的测量数据有相当好的信度，量表具有较好的可靠性和内部一致性，即本量表的信度检验得以通过，各观测变量所对应的每个测量题项都予以保留，可以进行效度分析。

表4-3　　　知识参与贡献行为各观测变量信度系数表

变量	题数	Cronbach's α 值
文化氛围	5	0.806
组织激励	3	0.934
品牌影响力	3	0.850
信息质量	3	0.878
认同感	4	0.873
人际互动	3	0.854
知识参与态度	4	0.889
主观规范	3	0.909
感知行为控制	3	0.877
知识参与贡献意愿	3	0.911

（2）效度分析

①微观系统影响因素因子分析。

对海尔企业虚拟社区中用户的知识参与贡献行为的微观系统影响因素进行因子分析，主要包括知识参与态度PAT（4个指标）、主观规范PSN（3个指标）、感知行为控制PPB（3个指标）及知识参与贡献意愿PKC（3个指标）这四个变量。分析结果KMO值为0.869，Bartlett球形检验的显著概率S值为0.000，小于0.05，说明结果是显著的，数据之间具有相关性，适合因子分析。

在确定影响因素适合做因子分析的基础上，运用主成分分析法来提取因子。依据特征值大于1，并采用最大方差正交旋转法的原则来提取公因子。要求各题项的因子载荷应大于0.5，这表明题项与其潜变量之间的共同方差大于题项与误差方差之间的共同方差，即因子都是显著的。经过旋转之后，其因子载荷矩阵见表4-4。

表4-4　微观系统旋转后的因子载荷矩阵表（参与贡献）

因子	对应题项	Component			
		因子1	因子2	因子3	因子4
知识参与贡献态度PAT	PAT1	0.850	0.086	0.180	0.100
	PAT2	0.808	0.235	0.161	0.120
	PAT3	0.836	0.150	0.196	0.117
	PAT4	0.800	0.175	0.213	0.068
主观规范PSN	PSN1	0.183	0.884	0.141	0.111
	PSN2	0.179	0.901	0.185	0.112
	PSN3	0.184	0.854	0.125	0.158
感知行为控制PPB	PPB1	0.101	0.090	0.190	0.878
	PPB2	0.067	0.113	0.217	0.852
	PPB3	0.166	0.168	0.141	0.855
知识参与贡献意愿PKC	PKC1	0.246	0.181	0.854	0.225
	PKC2	0.271	0.134	0.825	0.223
	PKC3	0.211	0.179	0.862	0.187
累计解释方差变异	80.995%				

由表4-4可知，从知识参与贡献行为的微观系统层面影响因素维度的知识参与贡献态度、主观规范、感知行为控制及知识参与贡献意愿的13个题项里提取出4个公共因子，累计解释方差为80.995%，每个观测变量的题项的因子载荷均大于0.5，PAT4载荷最小，为0.800，由此可见，各题项之间的一致性较高，符合研究要求。

②外层系统。

对海尔企业虚拟社区中用户的知识参与贡献行为的外层系统影响因素进行因子分析，主要包括信息质量（3个指标）、认同感（4个指标）及人际互动（3个指标）这三个变量。分析结果KMO值为0.836，Bartlett球形检验的显著概率S值为0.000，小于0.05，说明结果是显著的，数据之间具有相关性，适合因子分析。在此基础上，运用主成分分析方法来提取因子，依据特征值大于1，并采用最大方差正交旋转法的原则来进行公因子的提取，其因子载荷矩阵见表4-5。

表4-5　外层系统旋转后的因子载荷矩阵表（参与贡献）

因子	对应题项	Component		
		因子1	因子2	因子3
信息质量 PQU	PQU1	0.095	0.896	0.102
	PQU2	0.144	0.889	0.142
	PQU3	0.107	0.851	0.163
认同感 PEP	PEP1	0.757	0.211	0.193
	PEP2	0.863	0.067	0.163
	PEP3	0.853	0.081	0.152
	PEP4	0.834	0.078	0.172
人际互动 PRE	PRE1	0.192	0.117	0.856
	PRE2	0.221	0.165	0.821
	PRE3	0.165	0.136	0.863
累计解释方差变异	76.600%			

由表4-5可知，知识参与贡献行为的外层系统层面影响因素维度的信息质量、认同感及人际互动三个变量的10个题项里提取出3个公共因子，累计解释方差为76.600%。载荷系数是变量与公因子之间的相关系数，变量与公因子的载荷系数（绝对值）越大越接近1，该变量与该公因子的关系越密切，也可理解为变量向公因子贡献了足够多的信息，一般大于0.8为良好。由表4-5可知，除了PEP1的因子载荷为0.757外，其他观测变量的题

项的因子载荷均大于0.8，因此可证明各题项之间的一致性较高，符合研究要求。

③宏观系统。

对海尔企业虚拟社区中用户的知识参与贡献行为的宏观系统影响因素进行因子分析，主要包括文化氛围PAM（5个指标）、组织激励PTN（3个指标）及品牌影响力PCP（3个指标）这三个变量。分析结果KMO值为0.849，Bartlett球形检验的显著概率S值为0.000，小于0.05，说明结果是显著的，数据之间具有相关性，适合因子分析。在此基础上，运用主成分分析方法来提取因子，依据特征值大于1，并采用最大方差正交旋转法的原则来进行公因子的提取。其因子载荷矩阵见表4-6。

表4-6　宏观系统旋转后的因子载荷矩阵表（参与贡献）

因子	对应题项	Component		
		因子1	因子2	因子3
文化氛围 PAM	PAM1	0.245	0.849	0.141
	PAM2	0.265	0.865	0.154
	PAM3	0.216	0.880	0.186
	PAM4	0.085	0.131	0.897
	PAM5	0.120	0.230	0.862
组织激励PIN	PIN1	0.906	0.264	0.142
	PIN2	0.897	0.216	0.095
	PIN3	0.900	0.216	0.174
品牌影响力 PCP	PCP1	0.121	0.200	0.880
	PCP2	0.096	0.127	0.879
	PCP3	0.165	0.117	0.867
累计解释方差变异		78.143%		

由表4-6可知，知识参与贡献行为的微观系统层面影响因素维度三个变量的11个题项里成功提取出三个公共因子，累计解释方差为78.143%，但观测变量PAM4与PAM5的题项的因子

载荷为0.131、0.230，小于0.5，这可能是因为填写者对此题项的理解与本书不同，可对其进行删除，之后重新分析，结果见表4-7。

表4-7 宏观系统旋转因子载荷表（参与贡献去除PAM4、PAM5）

因子	对应题项	Component		
		因子1	因子2	因子3
文化氛围 PAM	PAM1	0.239	0.843	0.126
	PAM2	0.215	0.862	0.147
	PAM3	0.208	0.833	0.171
组织激励PIN	PIN1	0.901	0.265	0.129
	PIN2	0.914	0.214	0.104
	PIN3	0.897	0.212	0.128
品牌影响力 PCP	PCP1	0.097	0.198	0.864
	PCP2	0.074	0.126	0.864
	PCP3	0.153	0.093	0.850
累计解释方差变异	81.496%			

由表4-7可知，删除PAM4、PAM5后，Alpha值变为0.864 > 0.806，信度水平提高；根据主成分分析法所提取的四个公因子的累计解释方差变异也由78.143%提升至81.496%，由此表明删除PAM4、PAM5后，各题项之间的一致性程度更高，更为有效。

4.3.3 模型验证性分析

（1）模型构建

验证性因子分析主要是在探索性因子分析的基础上，验证所测量的题项与潜变量之间的关系是否与理论设计相一致，往往通过结构方程建模来测试。运用AMOS20.0描绘知识参与贡献行为的理论模型如图4-2所示，其中，观察变量以长方形符号表示，潜在变量以椭圆形符号表示。

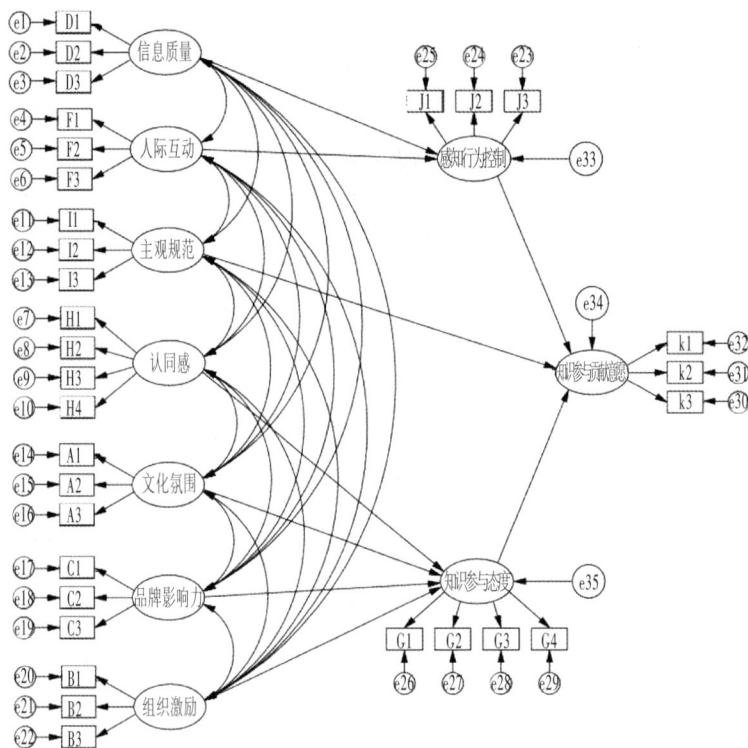

图 4-2 知识参与贡献行为影响因素模型的结构方程模型构建图

（2）模型评价

基于现有的大多文献，模型对数据的拟合程度主要通过以下统计指标来衡量：

①绝对拟合指数：

第一，χ^2，即卡方，卡方不显著，即 P>0.05 时，模型拟合效果是较好的。

第二，χ^2/df，即卡方与自由度的比值，其数值越小越好，当其值小于3时，模型拟合效果是较好的，只要其值不超过5，就认为模型是可以接受的。

第三，拟合优度指数 GFI（Goodness of Fit Index），最大值为1，大于 0.9 时拟合效度较好，介于 0.6 与 0.9 之间模型也可以接受，小于0.6则应拒绝。

第四，调整拟合优度指数AGFI（Adjusted Goodness of Fit Index），其最大值为1，当AGFI>0.9时拟合度较好，0.6<AGFI<0.9时模型也是可以接受的，AGFI<0.6则应拒绝。

第五，近似误差均方根RMSEA（Root Mean Square Error of Approximation），当0<RMSEA<0.05时，拟合效果最好，当0.05 <RMSEA<0.08时，拟合效果较好，当RMSEA > 0.10时，拟合效果不好。

②相对拟合指数：

第一，比较拟合指数CFI（Comparation Fit Index），其值大于0.9时拟合效果较好，最大值为1。

第二，规范拟合指数NFI（Normed Fit Index），其值大于0.9时，模型拟合效果较好。

第三，非规范拟合指数NNFI（Non-Normed Fit Index），是考虑模型复杂度后的NFI，其值大于0.9时模型拟合效果是较好的。

第四，增量拟合指数IFI（Incremental Fit Index），其值大于0.9时，模型拟合效果较好。

SEM模型评估用于评估研究人员提出的假设理论模型是否合适，并对理论模型进行综合评估，结构方程模型的评价是对模型基本适配指标进行的分析，常用的指标及参考值汇总见表4-8。

表4-8　　　　　　模型拟合度参考值（参与贡献）

拟合指标	可接受范围
CMIN/DF	<3
GFI	>0.9
AGFI	>0.9
RMSEA	<0.08
IFI	>0.9
NFI	>0.9
TLI(NNFI)	>0.9
CFI	>0.9

在AMOS20.0中初次运行该模型，得到拟合度指标结果见表4-9。

表4-9　　　　　　　　　　模型拟合度（参与贡献）

拟合指标	可接受范围	测量值	指标评价
χ^2/df	<3	1.423	良好
GFI	>0.9	0.918	良好
AGFI	>0.9	0.900	尚可
RMSEA	<0.08	0.032	良好
IFI	>0.9	0.979	良好
NFI	>0.9	0.934	良好
TLI(NNFI)	>0.9	0.976	良好
CFI	>0.9	0.979	良好

由表4-9可知，在整体模型适配度的检验中，各项适配指标均达到模型可接受的标准，因此从整体而言，模型与实际观察数据的适配情形良好，无须修正。

（3）模型检验

得到潜变量的路径系数见表4-10。

表4-10 知识参与贡献行为中各潜变量的路径分析及检验值

	Estimate	S.E.	C.R.	P
感知行为控制←信息质量	0.257	0.060	4.304	0.000***
感知行为控制←人际互动	0.427	0.080	5.331	0.000***
知识参与态度←认同感	0.482	0.068	7.051	0.000***
知识参与态度←文化氛围	0.162	0.067	2.427	0.015*
知识参与态度←品牌影响力	0.167	0.055	3.049	0.002**
知识参与态度←组织激励	0.163	0.046	3.512	0.000***
知识参与贡献意愿←主观规范	0.204	0.051	3.979	0.000***
知识参与贡献意愿←感知行为控制	0.352	0.047	7.498	0.000***
知识参与贡献意愿←知识参与态度	0.474	0.058	8.123	0.000***

注：*表示$p<0.05$，**表示$p<0.01$，***表示$p<0.001$（以下相同）。

由表4-10可见，初始模型进行修正以后各个指标值都达到了参考值，表明模型适配度好，最终得到知识参与贡献行为影响因素模型的结构方程模型及标准化路径系数图分别如图4-3和图4-4所示。

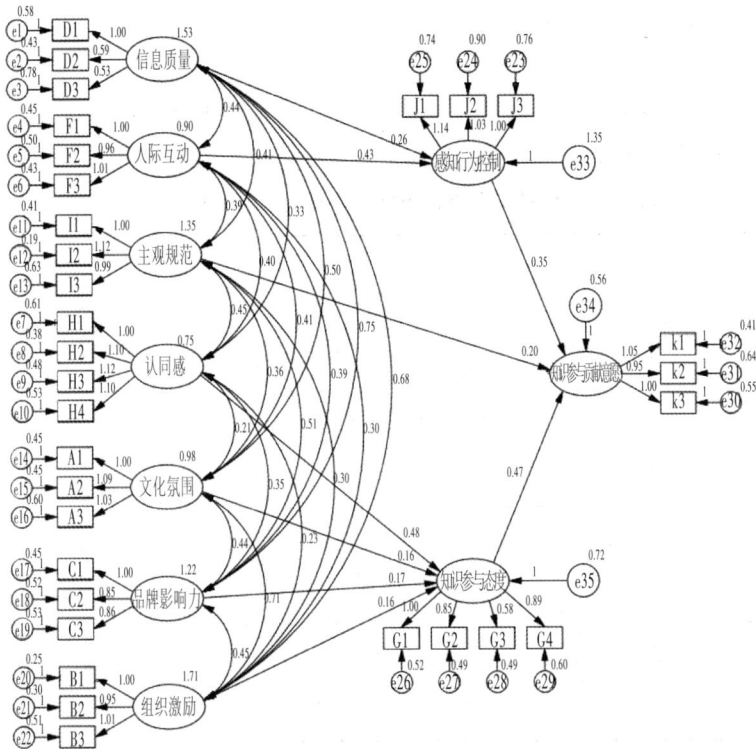

图4-3 知识参与贡献行为影响因素的最终模型

标准化系数后为:

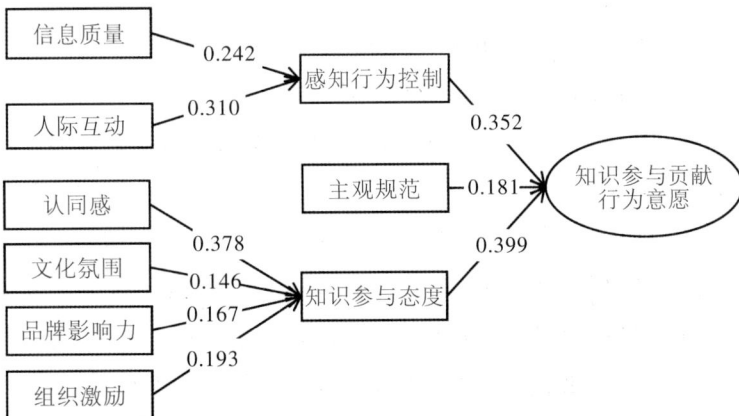

图4-4 知识参与贡献行为标准化路径系数图

4.3.4　结果讨论

基于以上研究，得出本书关于知识参与贡献行为影响因素分析的研究假设最终的结果见表4-11。

表4-11　　知识参与贡献行为结构方程模型研究结论

序号	研究假设	检验结果
H₁	知识参与贡献态度会显著地正向促进知识参与贡献意愿	成立
H₂	主观规范会显著地正向促进知识参与贡献意愿	成立
H₃	感知行为控制会显著地正向促进知识参与贡献意愿	成立
H₄	信息质量会显著地正向促进感知行为控制	成立
H₅	人际互动会显著地正向促进感知行为控制	成立
H₆	品牌影响力会显著地正向促进知识参与贡献态度	成立
H₇	文化氛围会显著地正向促进知识参与贡献态度	成立
H₈	组织激励会显著地正向促进知识参与贡献态度	成立
H₉	认同感会显著地正向促进知识参与贡献态度	成立

检验结果显示，知识参与贡献行为的九个假设在统计意义上（95%的置信水平）都是显著的，即假设成立。具体的研究结果与讨论如下：

第一，由表4-10可知，知识参与贡献行为的社区成员态度与意愿间的路径系数是0.474，CR值为8.123，假设H_1成立。主观规范与知识参与贡献意愿间的路径系数为0.204，CR值为3.979>1.96，假设H_2成立。感知行为控制与知识参与贡献意愿之间的路径系数为0.352，CR值为7.498>1.96，假设H_3成立。这与前人的研究相符合，且这三类因素知识参与贡献意愿的影响从大到小依次是：知识参与贡献态度，感知行为控制，主观规范。

第二，企业虚拟社区中的信息质量与成员的感知行为控制间的路径系数为0.257，CR值为4.304>1.96，假设H_4成立。人际互动与感知行为控制间的路径系数为0.427，CR值为5.331>1.96，

假设 H_5 成立。对比两者的路径系数大小可知人际互动对感知行为控制的影响大于信息质量。

第三，企业虚拟社区中的品牌影响力与成员的知识参与贡献态度之间的路径系数为 0.167，CR 值为 3.049>1.96，假设 H_6 成立。社区中的文化氛围与成员的知识参与贡献态度之间的路径系数为 0.162，CR 值为 2.427>1.96，假设 H_7 成立。组织激励与成员的知识参与贡献态度之间的路径系数为 0.163，CR 值为 3.512>1.96，假设 H_8 成立。社区成员的认同感与知识参与贡献态度之间的路径系数为 0.482，CR 值为 7.051>1.96，假设 H_9 成立。且对比这四个潜变量与知识参与贡献态度间的路径系数大小可知成员的认同感对知识参与贡献态度的影响最大，其他三个变量差别不大。

第四，由图 4-4 可知，对知识参与贡献意愿的影响从大到小依次是：知识参与态度、认同感、感知行为控制、人际互动、信息质量、组织激励、主观规范、品牌影响力、文化氛围。所以，企业想要增加社区成员的知识参与贡献行为，一方面应增加虚拟社区中的成员的交流互动，适当推广和丰富社区知识内容以增加成员对社区的认同感；另一方面要对社区内新增信息进行考核，及时清除错误的信息，以提高企业虚拟社区内的信息质量。

4.3.5 研究小结

第一，文化氛围、品牌影响力、组织激励正向影响着知识参与贡献态度，且影响力从大到小依次是品牌影响力、组织激励及文化氛围。

第二，认同感正向影响着知识参与贡献态度；信息质量、人际互动正向影响着用户的感知行为控制，且人际互动的影响力大于信息质量。

第三，知识参与贡献态度、主观规范、感知行为控制正向影响着知识参与贡献意愿，且影响力从大到小依次是知识参与贡献态度、感知行为控制及主观规范。

第四，对知识参与贡献意愿的影响从大到小的因素依次是：知识参与态度、认同感、感知行为控制、人际互动、信息质量、组织激励、主观规范、品牌影响力、文化氛围。

4.4 用户知识评价贡献行为影响因素分析

4.4.1 研究假设

（1）知识评价贡献态度、主观规范、感知行为控制与知识评价贡献意愿

基于知识参与贡献行为影响因素模型的假设提出知识评价贡献行为模型的假设：

H_{10}：知识评价贡献态度会显著地正向促进知识评价贡献意愿。

H_{11}：主观规范会显著地正向促进知识评价贡献意愿。

H_{12}：感知行为控制会显著地正向促进知识评价贡献意愿。

（2）自我效能、信息质量、人际互动与感知行为控制

基于知识参与贡献行为影响因素模型的假设提出知识评价贡献行为模型的假设：

H_{13}：自我效能会显著地正向促进感知行为控制。

H_{14}：信息质量会显著地正向促进感知行为控制。

H_{15}：人际互动会显著地正向促进感知行为控制。

（3）品牌影响力、文化氛围、组织激励、互惠与知识评价贡献态度

企业虚拟社区中，社区用户的知识贡献行为不只是为了社区的奖励，个体在进行贡献的时候还会因自身的贡献行为得到他人对自身的帮助与奖励，这种奖励是组织管理者所不能给予的，互惠因此而来[164]。基于此，本研究就知识评价贡献行为影响因素

模型提出假设：

H$_{16}$：品牌影响力会显著地正向促进知识评价贡献态度。

H$_{17}$：文化氛围会显著地正向促进知识评价贡献态度。

H$_{18}$：组织激励会显著地正向促进知识评价贡献态度。

H$_{19}$：互惠会显著地正向促进知识评价贡献态度。

4.4.2　信度与效度分析

（1）信度分析

对知识评价贡献行为的404个样本进行信度分析，结果见表4-12。各观测变量信度系数中，所有变量的Cronbach's α值均大于0.8，其中主观规范的Cronbach's α值最小，为0.807，表明知识评价贡献行为的测量数据有相当好的信度，量表具有较好的可靠性和内部一致性，即本量表的信度检验得以通过，各观测变量所对应的每个测量题项都予以保留，可以进行效度分析。

表4-12　　知识评价贡献行为各观测变量信度系数表

变量	题数	Cronbach's α值
文化氛围	5	0.910
组织激励	3	0.822
品牌影响力	3	0.819
信息质量	4	0.861
互惠	4	0.917
自我效能	3	0.881
人际互动	3	0.808
知识评价态度	4	0.877
主观规范	3	0.807
感知行为控制	4	0.905
知识评价贡献意愿	3	0.905

（2）效度分析

①微观系统影响因素因子分析。

对海尔企业虚拟社区中用户的知识评价贡献行为的微观系统影响因素进行因子分析，主要包括知识评价态度EAT（4个指标）、主观规范ESN（3个指标）、感知行为控制EPB（4个指标）及知识评价贡献意愿EKC（3个指标）这四个变量。分析结果KMO值为0.828，Bartlett球形检验的显著概率S值为0.000，小于0.05，说明结果是显著的，数据之间具有相关性，适合因子分析。

在适合做因子分析的基础上，运用主成分分析方法来提取因子。依据特征值大于1，并采用最大方差正交旋转法的原则来提取公因子。要求各题项的因子载荷大于0.5，这表明题项与其潜变量之间的共同方差是大于题项与误差方差之间的共同方差，即因子都是显著的。经过旋转之后，其因子载荷矩阵见表4-13。

表4-13 微观系统旋转后的因子载荷矩阵表（知识评价贡献）

因子	对应题项	Component			
		因子1	因子2	因子3	因子4
知识评价贡献态度 EAT	EAT1	0.127	0.822	0.134	0.010
	EAT2	0.132	0.831	0.177	0.062
	EAT3	0.086	0.854	0.074	0.050
	EAT4	0.079	0.851	0.083	0.032
主观规范 ESN	ESN1	0.023	0.021	0.102	0.855
	ESN2	0.033	0.094	0.060	0.857
	ESN3	0.095	0.010	0.050	0.828
感知行为控制 EPB	EPB1	0.884	0.101	0.142	0.016
	EPB2	0.888	0.093	0.097	0.033
	EPB3	0.879	0.108	0.114	0.046
	EPB4	0.825	0.127	0.067	0.044
知识评价贡献意愿 EKC	EKC1	0.072	0.150	0.893	0.144
	EKC2	0.153	0.143	0.888	0.043
	EKC3	0.158	0.140	0.896	0.057
累计解释方差变异		76.965%			

由表4-13可知，从知识评价贡献行为的微观系统层面影响因素维度的四个变量的14个题项里提取出四个公共因子，累计解释方差为76.965%，每个观测变量的题项的因子载荷均大于0.8，因此可证明各题项之间的一致性较高，符合研究要求。

②外层系统。

对海尔企业虚拟社区中用户的知识评价贡献行为的外层系统影响因素进行因子分析，主要包括信息质量（4个指标）、互惠（4个指标）、自我效能（三个指标）及人际互动（3个指标）这四个变量。分析结果KMO值为0.853，Bartlett球形检验的显著概率S值为0.000，小于0.05，说明结果是显著的，数据之间具有相关性，适合因子分析。在适合做因子分析的基础上，接着运用主成分分析方法来提取因子，依据特征值大于1，并采用最大方差正交旋转法的原则来进行公因子的提取，其因子载荷矩阵见表4-14。

表4-14　外层系统旋转后的因子载荷矩阵表（知识评价贡献）

因子	对应题项	Component			
		因子1	因子2	因子3	因子4
信息质量 EQU	EQU1	0.181	0.826	0.106	0.164
	EQU2	0.093	0.773	0.203	0.118
	EQU3	0.175	0.817	0.056	0.160
	EQU4	0.136	0.803	0.166	0.114
互惠 ERC	ERC1	0.889	0.109	0.060	0.138
	ERC2	0.866	0.150	0.051	0.117
	ERC3	0.853	0.182	0.138	0.112
	ERC4	0.872	0.154	0.111	0.102
自我效能 EEF	EEF1	0.069	0.137	0.852	0.078
	EEF2	0.094	0.161	0.916	0.078
	EEF3	0.141	0.161	0.847	0.180
人际互动 PRE	PRE1	0.154	0.203	0.127	0.751
	PRE2	0.139	0.136	0.106	0.863
	PRE3	0.095	0.132	0.203	0.841
累计解释方差变异	75.222%				

由表4-14可知，知识评价贡献行为的外层系统层面影响因素维度的信息质量、互惠、自我效能及人际互动四个变量提取出4个公共因子，每个观测变量的题项的因子载荷均大于0.5，其中PRE1的载荷最小，为0.751，由此可知各题项之间的一致性较高，符合研究要求。

③宏观系统。

对海尔企业虚拟社区中用户的知识评价贡献行为的宏观系统影响因素进行因子分析，主要包括文化氛围EAM（5个指标）、组织激励EIN（3个指标）及品牌影响力ECP（3个指标）这三个变量。分析结果KMO值为0.879，Bartlett球形检验的显著概率S值为0.000，小于0.05，说明结果是显著的，数据之间具有相关性，适合因子分析。在适合做因子分析的基础上，接着运用主成分分析方法来提取因子，其因子载荷矩阵见表4-15。

表4-15 宏观系统旋转后的因子载荷矩阵表（知识评价贡献）

因子	对应题项	Component		
		因子1	因子2	因子3
文化氛围 EAM	EAM1	0.812	0.195	0.100
	EAM2	0.865	0.122	0.155
	EAM3	0.811	0.117	0.203
	EAM4	0.849	0.054	0.185
	EAM5	0.842	0.107	0.117
组织激励 EIN	EIN1	0.122	0.824	0.214
	EIN2	0.142	0.846	0.126
	EIN3	0.128	0.831	0.145
品牌影响力 ECP	ECP1	0.132	0.181	0.841
	ECP2	0.135	0.169	0.847
	ECP3	0.280	0.148	0.773
累计解释方差变异	73.981%			

由表4-15可知，从知识评价贡献行为的宏观系统层面影响因素维度的文化氛围、组织激励及品牌影响力三个变量的11个题项里提取出三个公共因子，累计解释方差达到73.981%，除了ECP3的因子载荷为0.773，其他每个观测变量的题项的因子载荷均大于0.8，因此可证明各题项之间的一致性较高，符合研究要求。

4.4.3 模型验证性分析

（1）模型构建

运用AMOS20.0描绘知识评价贡献行为的理论模型如图4-5所示，其中，观察变量以长方形符号表示，潜在变量以椭圆形符号表示。

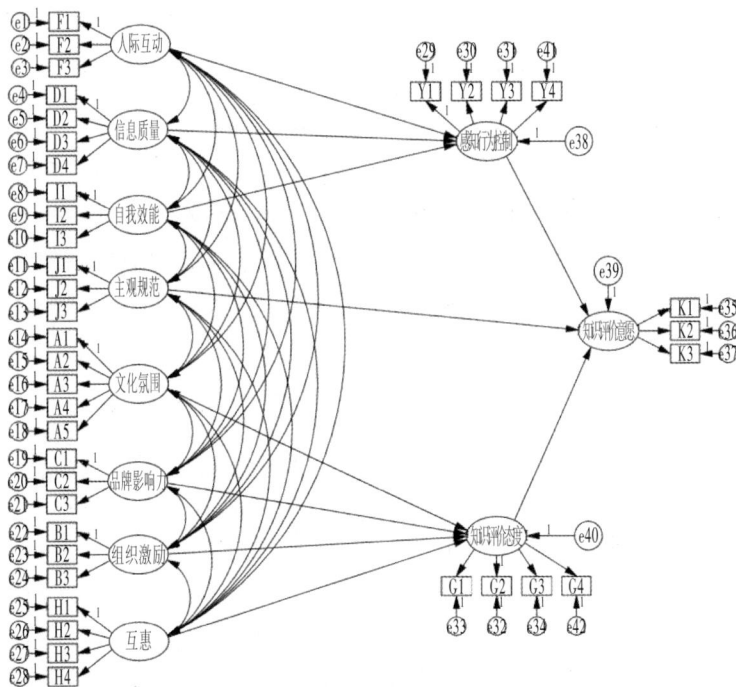

图4-5 知识评价贡献行为影响因素模型的结构方程模型初始构建图

（2）模型评价

运用AMOS20.0初次运行该模型，得到拟合度各指标结果见表4-16。

表4-16   模型拟合度（知识评价贡献）

拟合指标	可接受范围	测量值	指标评价
χ^2/df	<3	1.339	良好
GFI	>0.9	0.903	良好
AGFI	>0.9	0.886	否定
RMSEA	<0.08	0.029	良好
IFI	>0.9	0.976	良好
NFI	>0.9	0.911	良好
TLI(NNFI)	>0.9	0.973	良好
CFI	>0.9	0.976	良好

从表4-16可知，CMIN/DF为1.339，小于3，RMSEA为0.029，小于0.08，而AGFI=0.862，没有达到0.9以上的标准，因此可以认为这个模型的配适度没有达到最优标准，需要对模型进行修正优化，直至模型达到最优拟合度。

（3）模型检验

本研究对于结构方程模型的修正主要是CR修正及MI修正，CR修正是通过临界值判定是否有路径不符合统计显著性，如有就进行删除重新进行模型分析。MI修正则是将修正系数最大的两个残差项赋予相关关系，以此来提高模型拟合度。一般的修正方法是根据T值是否大于1.96或者P值是否<0.05来依次删除路径，每删除一条路径，应根据新的拟合指数值来评价模型的拟合情况，以此类推，直至再无可删除的路径，然后根据最大修正指数MI和实际情况来判断是否增加路径，以此类推，直至按照T

值和最大修正指数将不满意的路径删除或增加的假设路径调整到其拟合值达到令人满意的效果。

首先，观测初始模型运行结果中是否存在不合理路径，对其进行删除再运行模型，知识评价贡献行为影响因素模型的初始结构方程模型的路径系数及检验值见表4-17。

表4-17　知识评价贡献行为各潜变量的路径分析及检验值

潜变量	Estimate	S.E.	C.R.	P
感知行为控制←人际互动	0.361	0.112	3.234	0.001**
感知行为控制←信息质量	0.340	0.088	3.858	0.000***
感知行为控制←自我效能	0.158	0.078	2.022	0.043*
知识评价态度←互惠	0.100	0.040	2.529	0.011**
知识评价态度←文化氛围	0.286	0.066	4.337	0.000***
知识评价态度←品牌影响力	0.045	0.065	0.685	0.494
知识评价态度←组织激励	0.270	0.069	3.930	0.000***
知识评价贡献意愿←主观规范	0.248	0.082	3.026	0.002**
知识评价贡献意愿←感知行为控制	0.226	0.053	4.258	0.000***
知识评价贡献意愿←知识评价态度	0.349	0.071	4.908	0.000***

其次，对初始模型进行CR修正，由表4-17可知，品牌影响力指向知识评价态度的路径系数为0.045，CR值为0.685<1.96，且P值为0.494>0.05，说明这条路径模拟效果不显著，应对其路径进行删除。删除品牌影响力指向知识评价态度这条路径，修正后的最终模型及拟合指标如图4-6、表4-18所示。

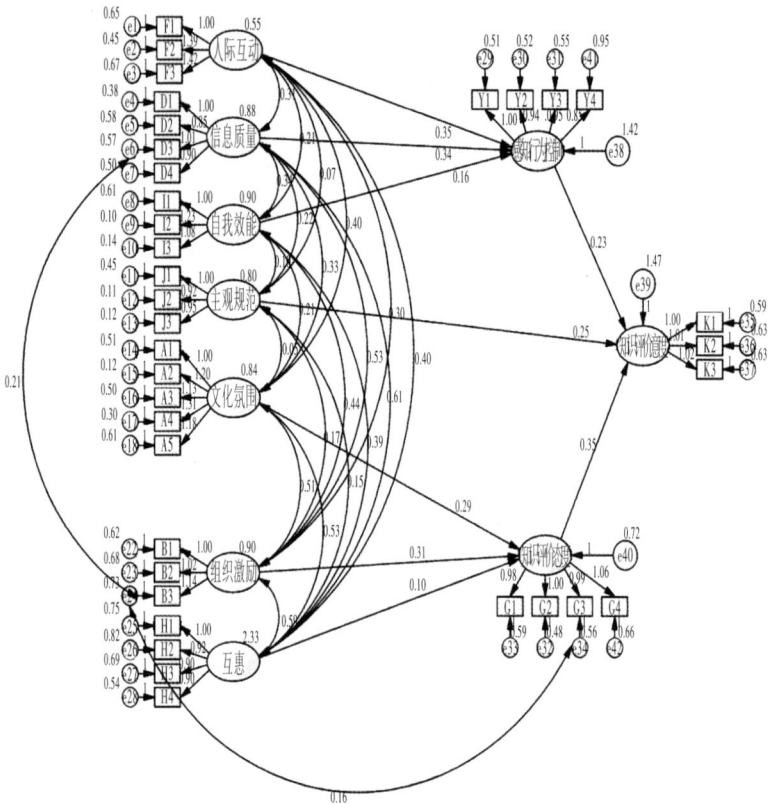

图4-6 知识评价贡献行为影响因素的最终模型

表4-18 修正后模型的拟合指标（知识评价贡献行为）

拟合指标	可接受范围	测量值	指标评价
χ^2/df	<3	1.258	良好
GFI	>0.9	0.916	良好
AGFI	>0.9	0.900	良好
RMSEA	<0.08	0.025	良好
IFI	>0.9	0.983	良好
NFI	>0.9	0.924	良好
TLI(NNFI)	>0.9	0.981	良好
CFI	>0.9	0.983	良好

由表4-18可知，第二次修正后的模型各项拟合指标均已达标，并且较修正前模型拟合指标相比均有所提高，说明模型适配度更强；在表4-19中，每个路径系数的CR值均大于1.96，P值小于0.05，说明每个路径均能显著拟合模型。

表4-19　第二次修正后各潜变量的路径分析及检验值

潜变量	Estimate	S.E.	C.R.	P
感知行为控制←人际互动	0.347	0.111	3.114	0.002**
感知行为控制←信息质量	0.343	0.089	3.848	0.000***
感知行为控制←自我效能	0.159	0.079	2.030	0.042*
知识评价态度←互惠	0.103	0.038	2.711	0.007**
知识评价态度←文化氛围	0.292	0.063	4.654	0.000***
知识评价态度←组织激励	0.311	0.065	4.772	0.000***
知识评价贡献意愿←主观规范	0.246	0.082	3.011	0.003**
知识评价贡献意愿←感知行为控制	0.225	0.053	4.242	0.000***
知识评价贡献意愿←知识评价态度	0.354	0.071	4.987	0.000***

因此得到最终的知识评价贡献行为影响因素的标准化路径系数图如图4-7所示。

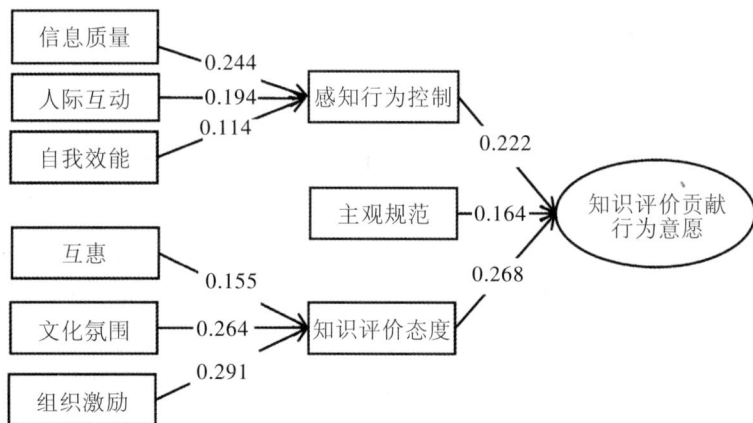

图4-7　知识评价贡献行为影响因素的标准化路径系数图

4.4.4　结果讨论

基于以上研究，得出知识评价贡献行为影响因素分析的研究假设最终的结果见表4-20。

表4-20　　　知识评价贡献行为结构方程模型研究结论

序号	研究假设	检验结果
H_{10}	知识评价贡献态度会显著地正向促进知识评价贡献意愿	成立
H_{11}	主观规范会显著地正向促进知识评价贡献意愿	成立
H_{12}	感知行为控制会显著地正向促进知识评价贡献意愿	成立
H_{13}	自我效能会显著地正向促进感知行为控制	成立
H_{14}	信息质量会显著地正向促进感知行为控制	成立
H_{15}	人际互动会显著地正向促进感知行为控制	成立
H_{16}	品牌影响力会显著地正向促进知识评价贡献态度	不成立
H_{17}	文化氛围会显著地正向促进知识评价贡献态度	成立
H_{18}	组织激励会显著地正向促进知识评价贡献态度	成立
H_{19}	互惠会显著地正向促进知识评价贡献态度	成立

检验结果显示，知识评价贡献行为的 8 个假设在统计意义上（95% 的置信水平）都是显著的，即假设成立。仅假设 H_{16} 不成立，具体的研究结果与讨论如下：

第一，由表4-19可知，社区成员的知识评价贡献态度与知识评价贡献意愿间的路径系数是 0.354，CR 值为 4.987>1.96，假设 H_{10} 成立；主观规范与知识评价贡献意愿间的路径系数为 0.246，CR 值为 3.011>1.96，假设 H_{11} 成立；感知行为控制与知识评价贡献意愿之间的路径系数为 0.225，CR 值为 4.242>1.96，假设 H_{12} 成立。这与前人的研究相符合，且这三类因素知识评价贡献意愿的影响从大到小依次是：知识评价贡献态度、主观规范、感知行为控制。

第二，社区成员的自我效能与感知行为控制间的路径系数为 0.159，CR 值为 2.030>1.96，假设 H_{13} 成立；企业虚拟社区中的信息质量与成员的感知行为控制间的路径系数为 0.343，CR 值为 3.848>1.96，假设 H_{14} 成立；人际互动与感知行为控制间的路径系数为 0.347，CR 值为 3.114>1.96，假设 H_{15} 成立；对比三者的路径系数大小可知对社区成员感知行为控制的影响从大到小的因素依次是：人际互动、信息质量、自我效能。

第三，由表4-17可知，企业虚拟社区的品牌影响力与社区成员的知识评价贡献态度间的路径系数为0.045，CR值为0.685<1.96，P值为0.494>0.05，因此假设H_{16}不成立；表4-19显示，社区中的文化氛围与成员的知识评价贡献态度之间的路径系数为0.292，CR值为4.654>1.96，假设H_{17}成立；组织激励与成员的知识评价贡献态度之间的路径系数为0.311，CR值为4.772>1.96，假设H_{18}成立；成员间的互惠与知识评价贡献态度之间的路径系数为0.103，CR值为2.711>1.96，假设H_{19}成立；对比三者的路径系数大小可知对社区成员知识评价贡献态度的影响从大到小的因素依次是：组织激励、文化氛围、互惠。

第四，由图4-7可知，对知识评价贡献意愿的影响从大到小依次是：组织激励、知识评价态度、文化氛围、信息质量、感知行为控制、人际互动、主观规范、互惠、自我效能。因此，企业想要增加社区成员的知识评价贡献行为，应多从组织激励、文化氛围及信息质量这些影响力较大的因素入手。首先，建立健全的奖赏激励制度，在对社区中贡献较大的用户给予物质奖励的同时，在虚拟社区网页首页实名表扬活跃用户。其次，可以从丰富社区信息内容及开展交流活动入手提升社区内部的文化氛围；调查不同用户对不同板块信息的爱好程度，丰富排行靠前的板块的内容，同时增加答题互动活动。最后，要求社区管理者加大对信息监管的力度，及时删除错误的信息，对高价值的知识与信息进行标星，提高社区内信息质量。

4.4.5 研究小结

第一，文化氛围、组织激励正向影响着知识评价贡献态度，且组织激励对知识评选贡献态度的影响力大于文化氛围。

第二，社区成员间的互惠正向影响着知识评价态度；信息质量、人际互动、自我效能正向影响着成员的感知行为控制，且对知识评价态度的影响力从大到小分别是人际互动、信息质量、自我效能。

第三，知识评价贡献态度、主观规范、感知行为控制正向影响着知识评价贡献意愿，且对知识评价贡献意愿的影响力从大到小依次是知识评价与贡献态度、主观规范、感知行为控制。

第四，组织激励、知识评价态度、文化氛围、信息质量、感知行为控制、人际互动、主观规范、互惠、自我效能均正向影响着知识评价贡献意愿，且对知识评价贡献意愿的影响从大到小的因素依次是：组织激励、知识评价态度、文化氛围、信息质量、感知行为控制、人际互动、主观规范、互惠、自我效能。

4.5 用户知识创作贡献行为影响因素分析

4.5.1 研究假设

（1）知识创作贡献态度、主观规范、感知行为控制与知识创作贡献意愿

基于知识参与贡献行为影响因素模型的假设提出知识创作贡献行为模型的假设：

H_{20}：知识创作贡献态度会显著地正向促进知识创作贡献意愿。

H_{21}：主观规范会显著地正向促进知识创作贡献意愿。

H_{22}：感知行为控制会显著地正向促进知识创作贡献意愿。

（2）助人乐趣、知识水平、人际互动与感知行为控制

企业虚拟社区中用户进行知识贡献不仅可以得到组织给予的激励奖励，还能得到一种无形的精神奖励，而帮助他人自己所得到的乐趣也就是无形的奖励，即助人乐趣。同时，知识创作贡献行为与知识其他两种贡献行为不同，进行知识创作并不是摘抄复制信息，对个体的知识储备水平有一定的要求，只有掌握了一定

的信息与知识才能在社区中分享有价值的信息。由此，在知识参与贡献行为影响因素模型假设基础上，就助人乐趣、知识水平和人际互动与感知行为控制提出假设：

H₂₃：助人乐趣会显著地正向促进感知行为控制。

H₂₄：知识水平会显著地正向促进感知行为控制。

H₂₅：人际互动会显著地正向促进感知行为控制。

（3）品牌影响力、文化氛围、组织激励、技术环境与知识创作贡献态度

企业虚拟社区中，与知识参与贡献及知识评价贡献行为类似，知识创作贡献态度同样受品牌影响力、社区文化氛围及组织激励的影响。但不同的是，知识创作行为需要用户在企业虚拟社区中进行更深一步的操作，发表新的知识与信息，比知识参与及评价行为的操作性强，这时技术环境往往在很大程度上影响着用户的知识创作的积极性。不同的企业虚拟社区因其技术的差异性导致贡献知识的流畅度及便利性不同，部分企业虚拟社区只支持上传文字类及图片类的信息，而部分企业虚拟社区还支持语音及视频信息的上传，且不同企业虚拟社区中知识阅读、评价、上传的流畅度也有差异，总而言之，技术环境也是影响经常进行知识创作的用户的贡献意愿的一个重要因素。基于此本研究提出知识创作贡献行为影响因素模型的以下假设：

H₂₆：品牌影响力会显著地正向促进知识创作贡献态度。

H₂₇：文化氛围会显著地正向促进知识创作贡献态度。

H₂₈：组织激励会显著地正向促进知识创作贡献态度。

H₂₉：技术环境会显著地正向促进知识创作贡献态度。

4.5.2　信度与效度分析

（1）信度分析

对知识创作贡献行为的372个样本进行信度分析，结果见表4-21。各观测变量信度系数中，仅组织激励与主观规范的Cronbach's α值小于0.8，分别为0.798、0.786；其他所有变量的Cron-bach's α值均大于0.8，表明知识创作贡献行为的测量数据有相当好的信度，量表具有较好的可靠性和内部一致性，即本量表的信度检验得以通过，各观测变量所对应的每个测量题项都予以保留，可以进行效度分析。

表4-21　　知识创作贡献行为各观测变量信度系数表

变量	题数	Cronbach's α 值
文化氛围	5	0.914
技术环境	3	0.852
组织激励	3	0.798
品牌影响力	3	0.855
知识水平	3	0.880
助人乐趣	4	0.849
人际互动	4	0.906
知识创作态度	4	0.891
主观规范	3	0.786
感知行为控制	4	0.905
知识创作贡献意愿	3	0.913

（2）效度分析

①微观系统影响因素因子分析。

对海尔企业虚拟社区中用户的知识创作贡献行为的微观系统影响因素进行因子分析，主要包括知识参与态度CAT（4个指标）、主观规范CSN（3个指标）、感知行为控制CPB（4个指标）及知识参与贡献意愿CKC（3个指标）这四个变量。分析结果KMO值为0.834，Bartlett球形检验的显著概率S值为0.000，小于0.05，说明结果是显著的，数据之间具有相关性，适合因子分析。在适合做因子分析的基础上，接着运用主成分分析方法来提取因子，依据特征值大于1，并采用最大方差正交旋转法的原则来进行公因子的提取，其因子载荷矩阵见表4-22。

表4-22 微观系统旋转后的因子载荷矩阵表（知识创作贡献行为）

因子	对应题项	Component			
		因子1	因子2	因子3	因子4
知识创作贡献态度 CAT	CAT1	0.140	0.839	0.126	0.041
	CAT2	0.121	0.863	0.161	0.022
	CAT3	0.068	0.859	0.061	0.022
	CAT4	0.081	0.857	0.090	0.030
主观规范 CSN	CSN1	0.057	0.011	0.064	0.823
	CSN2	0.045	0.051	0.114	0.869
	CSN3	0.019	0.051	0.034	0.809
感知行为控制 CPB	CPB1	0.873	0.113	0.155	0.023
	CPB2	0.888	0.086	0.120	0.007
	CPB3	0.870	0.122	0.133	0.043
	CPB4	0.839	0.092	0.074	0.074
知识创作贡献意愿 CKC	CKC1	0.105	0.151	0.904	0.109
	CKC2	0.159	0.120	0.895	0.047
	CKC3	0.177	0.134	0.893	0.090
累计解释方差变异	77.339%				

由表4-22可知，知识创作贡献行为的微观系统层面影响因素维度的4个变量提取出4个公共因子，累计解释方差为77.339%，每个观测变量的题项的因子载荷均大于0.8，因此可证明各题项之间的一致性较高，符合研究要求。

②外层系统。

对海尔企业虚拟社区中用户的知识创作贡献行为的外层系统影响因素进行因子分析，主要包括知识水平（3个指标）、助人乐趣（4个指标）及人际互动（4个指标）这三个变量。分析结果KMO值为0.852，Bartlett球形检验的显著概率S值为0.000，小于0.05，说明结果是显著的，数据之间具有相关性，适合因子分析。在适合做因子分析的基础上，接着运用主成分分析方法来提取因子，依据特征值大于1，并采用最大方差正交旋转法的原则来进行公因子的提取，其因子载荷矩阵见表4-23。

表4-23 外层系统旋转后的因子载荷矩阵表（知识创作贡献行为）

因子	对应题项	Component		
		因子1	因子2	因子3
知识水平 CKL	CKL1	0.014	0.204	0.856
	CKL2	0.124	0.142	0.895
	CKL3	0.171	0.169	0.873
助人乐趣 CHF	CHF1	0.168	0.845	0.106
	CHF2	0.065	0.750	0.208
	CHF3	0.179	0.831	0.089
	CHF4	0.165	0.787	0.194
人际互动 CRE	CRE1	0.874	0.123	0.065
	CRE2	0.881	0.158	0.067
	CRE3	0.842	0.160	0.158
	CRE4	0.868	0.143	0.075
累计解释方差变异	75.802%			

由表4-23可知，知识创作贡献行为的外层系统层面影响因素维度的知识水平、助人乐趣及人际互动3个变量提取出3个公共因子，仅CHF2、CHF4的因子载荷小于0.8，分别为0.750、0.787。其余每个观测变量的题项的因子载荷均大于0.8，因此可证明各题项之间的一致性较高，符合研究要求。

③宏观系统。

对海尔企业虚拟社区中用户的知识创作贡献行为的宏观系统影响因素进行因子分析，主要包括文化氛围CAM（5个指标）、技术环境CEV（2个指标）、组织激励CIN（3个指标）及品牌影响力CCP（3个指标）这四个变量。分析结果KMO值为0.869，Bartlett球形检验的显著概率S值为0.000，小于0.05，说明结果是显著的，数据之间具有相关性，适合因子分析。在适合做因子分析的基础上，接着运用主成分分析方法来提取因子，依据特征值大于1，并采用最大方差正交旋转法的原则来进行公因子的提取，其因子载荷矩阵见表4-24。

表4-24 宏观系统旋转后的因子载荷矩阵表（知识创作贡献行为）

因子	对应题项	Component			
		因子1	因子2	因子3	因子4
文化氛围 CAM	CAM1	0.841	0.127	0.182	0.128
	CAM2	0.869	0.125	0.117	0.125
	CAM3	0.791	0.008	0.068	0.112
	CAM4	0.850	0.073	0.149	0.117
	CAM5	0.840	0.126	0.206	0.060
技术环境 CEV	CEV1	0.129	0.827	0.144	0.171
	CEV2	0.127	0.867	0.112	0.054
	CEV3	0.062	0.868	0.066	0.186
组织激励 CIN	CIN1	0.087	0.200	0.136	0.802
	CIN2	0.117	0.123	0.257	0.794
	CIN3	0.200	0.092	0.131	0.814
品牌影响力 CCP	CCP1	0.062	0.186	0.825	0.210
	CCP2	0.264	0.073	0.844	0.185
	CCP3	0.262	0.089	0.824	0.152
累计解释方差变异		75.721%			

由表4-24可知，知识创作贡献行为的宏观系统层面影响因素维度的文化氛围、技术环境、组织激励及品牌影响力4个变量提取出4个公共因子，仅 CAM3、CIN2 的因子载荷小于0.8，分别为0.791、0.794，其他每个观测变量的题项的因子载荷均大于0.8，因此可证明各题项之间的一致性较高，符合研究要求。

为了检验变量之间的区分效度，本研究比较了潜变量 AVE 的平方根与变量之间的相关系数，结果显示各潜变量 AVE 的平方根都大于潜变量之间的相关系数，因此可以判断各潜变量之间具有较好的区分度。

（3）模型验证性分析

①模型构建。

运用 AMOS20.0 软件描绘知识创作贡献行为的理论模型如图4-8所示，其中，观察变量以长方形符号表示，潜在变量以椭圆形符号表示。

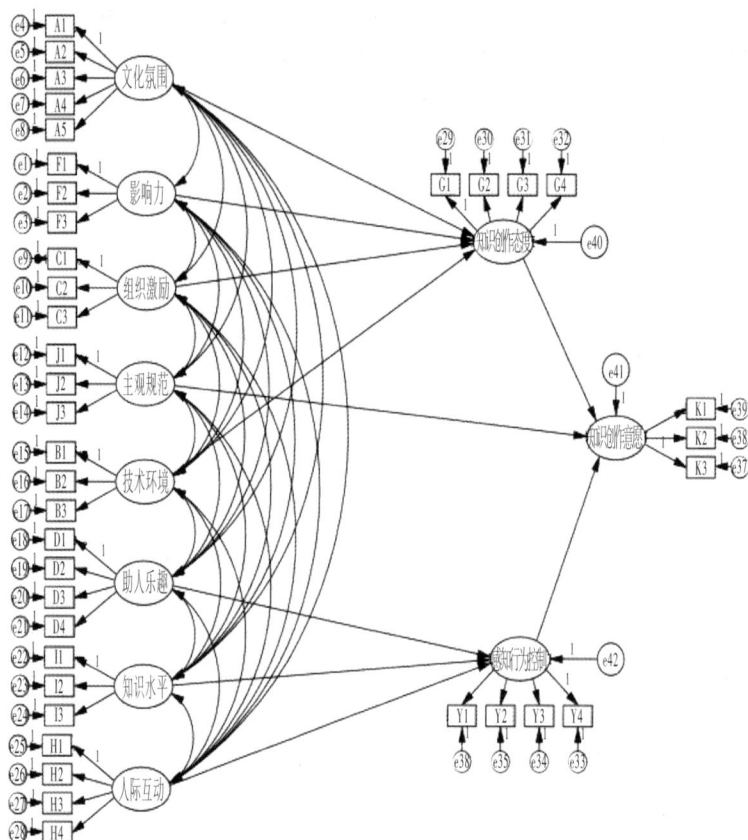

图4-8　知识创作贡献行为影响因素模型的结构方程模型构建图

②模型评价。

在 AMOS20.0 中初次运行该模型，得到拟合度指标结果见表4-25。

表4-25　　　　　模型拟合度（知识创作贡献行为）

拟合指标	可接受范围	测量值	指标评价
χ^2/df	<3	1.473	良好
GFI	>0.9	0.888	否定
AGFI	>0.9	0.868	否定
RMSEA	<0.08	0.036	良好
IFI	>0.9	0.964	良好
NFI	>0.9	0.897	良好
TLI(NNFI)	>0.9	0.960	良好
CFI	>0.9	0.964	良好

从表4-25可知，CMIN/DF为1.473，小于3，RMSEA为0.036，小于0.08，而GFI=0.888<0.9、AGFI=0.868<0.9，均没有达到标准，因此可以认为这个模型的配适度没有达到最优标准，需要对模型进行修正优化，以使模型达到最优拟合度。

③模型检验。

本研究对于结构方程模型的修正主要是CR修正及MI修正。CR修正是通过临界值判定是否有路径不符合统计显著性，如有就进行删除重新进行模型分析。MI修正则是将修正系数最大的两个残差项赋予相关关系，以此来提高模型拟合度。一般的修正方法是根据T值是否大于1.96或者P值是否小于0.05来依次删除路径，每删除一条路径，应根据新的拟合指数值来评价模型的拟合情况，以此类推，直至再无可删除的路径，然后根据最大修正指数MI和实际情况来判断是否增加路径，以此类推，直至按照T值和最大修正指数将不满意的路径删除或增加的假设路径调整到其拟合值达到令人满意的效果。

首先，观测初始模型运行结果中是否存在不合理路径，对其进行删除再运行模型，知识创作贡献行为影响因素模型的初始结构方程模型的路径系数及检验值见表4-26。

表4-26 各潜变量的路径分析及检验值（知识创作贡献行为）

潜变量	Estimate	S.E.	C.R.	P
知识创作态度←文化氛围	0.010	0.060	0.167	0.868
知识创作态度←品牌影响力	0.351	0.093	3.770	0.000***
知识创作态度←组织激励	0.214	0.077	2.790	0.005**
知识创作态度←技术环境	0.283	0.065	4.366	0.000***
感知行为控制←助人乐趣	0.266	0.084	3.171	0.002**
感知行为控制←知识水平	0.323	0.077	4.205	0.000***
感知行为控制←人际互动	0.059	0.049	1.188	0.235
知识创作贡献意愿←主观规范	0.385	0.119	3.241	0.001**
知识创作贡献意愿←知识创作态度	0.301	0.069	4.397	0.000***
知识创作贡献意愿←感知行为控制	0.319	0.066	4.866	0.000***

　　然后，对初始模型进行CR修正，文化氛围与知识创作态度的路径系数为0.010，CR值为0.167<1.96，且P值为0.868>0.05，表面该路径拟合效果不显著，不符合研究标准，应对其路径进行删除；与此同时，人际互动与感知行为控制之间的路径系数为0.059，CR值为1.188<1.96，且P值为0.235>0.05，也应对其路径进行删除。删除文化氛围指向知识创作态度与人际互动指向感知行为控制这两条路径，最终得到修正后的模型及拟合效果，见表4-27。从修正后的模型拟合结果来看，修正后的拟合指数值 χ^2/df 为1.349 <1.473（修正前的 χ^2/df 值），其数值越小越好，其他指数值都有所改善，所以模型拟合水平较于初始结构模型有所提高。同时大部分路径系数有所提高，p值也更小（初始结构模型的拟合值、路径系数、P值可参考表4-27）。修正后整个模型的拟合状态得到了优化，因此可以将修正模型确定为最终结构方程模型，如图4-9所示。

表4-27　修正后模型的拟合指标（知识创作贡献行为）

拟合指标	可接受范围	测量值	指标评价
χ^2/df	<3	1.349	良好
GFI	>0.9	0.919	良好
AGFI	>0.9	0.901	良好
RMSEA	<0.08	0.031	良好
IFI	>0.9	0.979	良好
NFI	>0.9	0.923	良好
TLI(NNFI)	>0.9	0.976	良好
CFI	>0.9	0.979	良好

　　根据表4-28中的各路径分析检验，可以看出各路径系数CR值均大于1.96，P值均小于0.05，表面所有路径拟合效果很好；同时路径系数较模型修正之前均有所提高，P值也更趋于0.00，表面模型修正后拟合效果非常好。

表4-28 修正后各潜变量的路径分析及检验值（知识创作贡献行为）

潜变量	Estimate	S.E.	C.R.	P
知识创作态度←品牌影响力	0.367	0.085	4.312	0.000***
知识创作态度←组织激励	0.194	0.074	2.614	0.009**
知识创作态度←技术环境	0.285	0.065	4.426	0.000***
感知行为控制←助人乐趣	0.301	0.079	3.800	0.000***
感知行为控制←知识水平	0.335	0.077	4.371	0.000***
知识创作贡献意愿←主观规范	0.390	0.118	3.303	0.000***
知识创作贡献意愿←知识创作态度	0.301	0.068	4.398	0.000***
知识创作贡献意愿←感知行为控制	0.318	0.065	4.856	0.000***

因此，可以得到最终的知识创作贡献行为影响因素的最终模型及标准化路径系数图，如图4-9和图4-10所示。

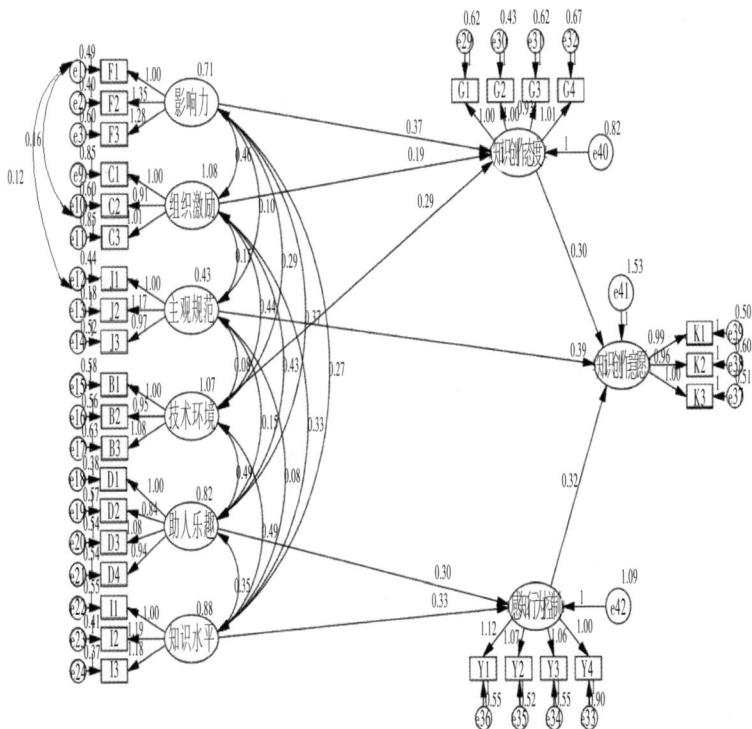

图4-9 知识创作贡献行为影响因素的最终模型

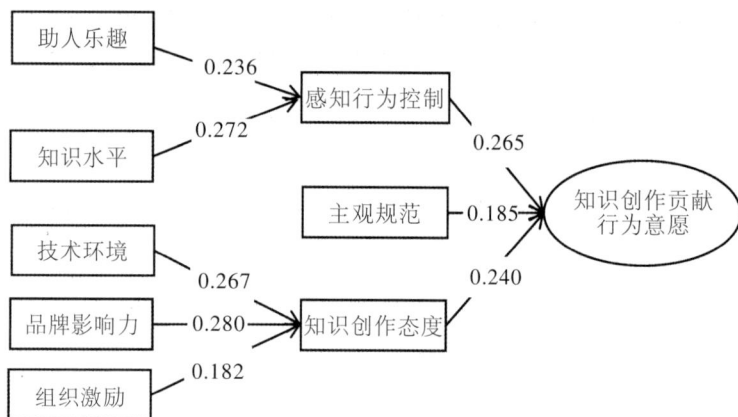

图4-10　知识创作贡献意愿影响因素模型的标准化路径系数图

4.5.3　结果讨论

基于以上研究，得出本书的知识创作贡献行为影响因素分析的研究假设最终的结果，见表4-29。

表4-29　　知识创作贡献行为结构方程模型研究结论

序号	研究假设	检验结果
H$_{20}$	知识创作贡献态度会显著地正向促进知识创作贡献意愿	成立
H$_{21}$	主观规范会显著地正向促进知识创作贡献意愿	成立
H$_{22}$	感知行为控制会显著地正向促进知识创作贡献意愿	成立
H$_{23}$	助人乐趣会显著地正向促进感知行为控制	成立
H$_{24}$	知识水平会显著地正向促进感知行为控制	成立
H$_{25}$	人际互动会显著地正向促进感知行为控制	不成立
H$_{26}$	品牌影响力会显著地正向促进知识创作贡献态度	成立
H$_{27}$	文化氛围会显著地正向促进知识创作贡献态度	不成立
H$_{28}$	组织激励会显著地正向促进知识创作贡献态度	成立
H$_{29}$	技术环境会显著地正向促进知识创作贡献态度	成立

检验结果显示，知识创作贡献行为的假设 H_{25}、H_{27} 不成立，其他 8 个假设在统计意义上（95% 的置信水平）都是显著的，即假设成立。具体的研究结果与讨论如下：

第一，由表 4-28 可知，知识创作贡献行为中的社区成员知识创作态度与贡献意愿间的路径系数是 0.301，CR 值为 4.398>1.96，假设 H_{20} 成立；主观规范与知识创作贡献意愿间的路径系数为 0.390，CR 值为 3.303>1.96，假设 H_{21} 成立；感知行为控制与知识评价贡献意愿之间的路径系数为 0.318，CR 值为 4.856>1.96，假设 H_{22} 成立。这与前人的研究相符合，且这三类因素知识创作贡献意愿的影响从大到小依次是：主观规范、感知行为控制、知识评价与贡献态度。

第二，社区成员的助人乐趣与感知行为控制间的路径系数为 0.301，CR 值为 3.800>1.96，假设 H_{23} 成立；企业虚拟社区中社区成员的知识水平与成员的感知行为控制间的路径系数为 0.335，CR 值为 4.371>1.96，假设 H_{24} 成立；由表 4-26 可知，人际互动与感知行为控制间的路径系数为 0.059，CR 值为 1.188<1.96，且 P 值为 0.235>0.05，因此假设 H_{25} 不成立；同时，对比助人乐趣与知识水平指向感知行为控制的路径系数大小可知知识水平对感知行为控制的影响大于助人乐趣。

第三，企业虚拟社区的品牌影响力与社区成员的知识创作贡献态度间的路径系数为 0.367，CR 值为 4.312>1.96，假设 H_{26} 成立；表 4-26 中显示，社区中的文化氛围与成员的知识创作贡献态度之间的路径系数为 0.010，CR 值为 0.167<1.96，且 P 值为 0.868>0.05，因此假设 H_{27} 不成立；表 4-28 表明组织激励与成员的知识创作贡献态度之间的路径系数为 0.194，CR 值为 2.614>1.96，假设 H_{28} 成立；社区中的技术环境与知识创作贡献态度之间的路径系数为 0.285，CR 值为 4.426>1.96，假设 H_{29} 成立；对比三者的路径系数大小可知对社区成员知识创作贡献态度的影响从大到小的因素依次是：品牌影响力、技术环境、组织激励。

第四，对知识创作贡献意愿的影响从大到小依次是：品牌影响力、知识水平、技术环境、感知行为控制、知识创作态度、助人乐趣、主观规范、组织激励。知识创作贡献行为是企业虚拟社区中最重要的贡献行为，应该有根据地对其采取促进措施，可从品牌影响力、技术环境及助人乐趣这些影响程度较大的因素入手。首先，企业可加大自身广告宣传力度，从而提升品牌影响力，吸引更多具有较高知识水平的成员参与到社区中来；其次，企业应该引进先进技术人才，改善企业虚拟社区内的知识贡献技术环境，如增加信息上传支持的格式、提高成员交流及浏览的流畅度，设置技术故障反馈版面以通知技术人员第一时间修补漏洞；最后，企业虚拟社区可从激励制度入手来增加成员的助人乐趣，如对解答他人疑问的成员进行嘉奖、给创作活跃的用户写感谢信，统计助人次数较多的成员名单并在该板块的首页进行公示，以增加创作用户的助人乐趣，让社区中的热心成员更加积极地贡献自身资源。

4.5.4 研究小结

第一，微观系统层面：知识创作贡献态度、主观规范、感知行为控制与知识创作贡献行为意愿之间有正向相关关系。用户在社区中知识创作的态度、他人对用户在社区知识创作行为的评价以及用户能否在社区中进行知识创作的预测，都影响着用户的知识创作贡献行为意愿。态度对于知识创作贡献行为意愿的影响要大于主观规范和感知行为控制对知识创作贡献行为意愿的影响，感知行为控制对于知识创作贡献行为意愿的影响要大于主观规范对知识创作贡献行为意愿的影响。

第二，外层系统层面：助人乐趣、知识水平与用户的感知行为控制有正向相关关系，人际互动对感知行为控制的影响不显著。用户自身拥有的品质（助人）和用户知识水平的高低，正向影响着用户能否在社区中进行知识创作的预测，社区中用户之间的互动对用户知识创作的感知影响不明显。用户的知识水平对于感知行为控制的影响要大于助人乐趣对于感知行为控制的影响。

第三，宏观系统层面：技术环境、品牌影响力、组织激励与用户的知识创作贡献态度有正向相关关系，文化氛围对知识创作贡献态度的影响不显著。社区中所拥有的技术设备、企业的品牌影响力和社区内部设置的激励方式，都正向影响着用户的知识创作贡献态度。企业品牌影响力对于知识创作贡献态度的影响要大于技术环境和组织激励对于用户知识创作贡献态度的影响，技术环境对于知识创作贡献态度的影响要大于组织激励对知识创作贡献态度的影响。

4.6 结论及启示

4.6.1 研究结论

第一，企业虚拟社区中进行知识参与贡献行为与知识评价贡献行为的用户相当，而进行知识创作贡献行为的用户稀少。

第二，从生态系统理论的宏观系统层面来看，本研究证实了品牌影响力、组织激励、文化氛围、技术环境与知识贡献态度之间的正向关系，且不同知识贡献行为存在差异。

第三，从生态系统理论的外层系统层面来看，本研究既证实了信息质量、人际互动、自我效能、助人乐趣、知识水平与感知行为控制之间的正向关系，也证实了认同感、互惠与知识贡献态度间的正向关系。

第四，从生态系统理论的微观系统层面来看，本研究证实了三类知识贡献行为影响因素模型中知识贡献态度、主观规范、感知行为控制与知识贡献意愿之间的正相关关系。

4.6.2　管理启示

（1）对知识参与贡献行为方面

①提升社区成员认同感，促进知识参与贡献行为。认同感作为企业知识参与贡献行为影响力最大的可控因素，应该被作为企业虚拟社区为增加参与用户而采取措施中的重点。第一，企业可以聘用专业人员或该行业权威人士定期在社区内发表有价值的信息，将企业最新的知识分享给社区用户，让每个用户都能随时随地地了解该企业最新行情。第二，企业管理人员可根据成员爱好在各直播平台或社区内部设置直播视频进行知识宣讲，与成员面对面沟通，提升社区内成员的好感度。第三，企业虚拟社区中可以设置用户反馈板块，及时了解成员的爱好需求及虚拟社区中各方面的缺陷，及时对不足之处进行整改。从这三点出发，同步提升社区成员对社区的认同感，促进知识参与贡献行为。

②增加好友推荐功能，促进社区内人际互动。研究得知，人际互动也是对知识参与贡献行为意愿影响较大的因素，社区内人际互动频繁，在一定程度上可以增加用户的知识参与贡献行为。数据显示，大部分知识参与用户加入社区的时间较短，社区好友不多，导致与社区成员间的互动交流甚少。对此企业管理者可以在企业虚拟社区中增添好友推荐功能，根据用户平时的浏览习惯推荐有共同兴趣爱好的社区好友，并在用户成功添加好友后发放奖励，并引导其社区好友进行更多的互动，从而增加社区内的人际互动，促进社区内知识参与贡献行为。

③丰富社区中知识内容，提升信息价值。信息质量对知识参与贡献行为的影响也不容忽视。对于知识参与贡献行为来说，信息质量更多体现在知识的丰富程度与信息的价值化上。在企业虚拟社区中，用户的知识参与贡献行为大都是反映用户对知识与信息的兴趣及评价，社区中丰富的板块知识会吸引更多用户加入其

中，企业虚拟社区想要增加知识参与用户行为，一方面要开源，即让更多用户参与其中；另一方面要节流，即减少用户的流失。因此，虚拟社区管理者要在丰富知识的同时提升信息质量，可从以下两点着手：一是调查社区中用户的兴趣集中点，并进行回访，深入了解大多数用户的爱好，结合企业产品更新情况，随时对社区内的知识进行更新；二是设置信息打分制度，有价值的信息能吸引用户对其进行点评打分，企业管理者可以根据评分高低对其出现的顺序进行排序，将评分高的信息给予标注或置顶，这样才能将社区内有价值的信息充分展示出来，从而起到促进知识参与贡献行为的作用。

（2）对知识评价贡献行为方面

①增评价奖励机制，促进知识评价贡献行为。由知识评价行为研究结论可知，对知识评价贡献行为影响最大的因素就是组织激励。组织激励的改善，会正向促进知识评价贡献行为。首先，企业应该增加虚拟社区中进行评价行为的奖励机制，一方面对有评价行为的用户进行奖励，如提高等级、赠送企业虚拟货币等；另一方面，对表现较好的社员用户给予不同称号，根据其活跃度与贡献度进行排序。其次，在激励评价用户的同时，可以将更多的参与用户发展成评价用户，对此企业可以向社区内的参与用户发送相关推文，告知进行评价行为后可以获得的奖励，引导其进行评价行为。

②开展知识交流活动，营造活跃的社区氛围。文化氛围是对知识评价贡献意愿影响程度第二大的可控因素，改善社区内文化氛围可正向促进知识评价贡献行为。提升社区内部的文化氛围可以从丰富社区信息内容及开展交流活动入手。首先，企业可调查不同用户对不同板块信息的爱好程度，选取排行靠前的板块对其进行重点重整，丰富内容的同时增加答题互动活动。其次，企业管理者可以开展知识交流活动，邀请有权威的专业人士进行知识讲解与传授，让更多的用户参加进来，并可直接在线有奖互动，

营造活跃的社区氛围，促进知识评价贡献行为。

③加大信息监管力度，保证信息的正确性。对于企业虚拟社区中的知识评价用户来说，信息质量不同于知识参与行为，更多的体现在信息的正确性方面。因此，企业可加大对信息的监管力度，一方面，增派社区管理者进行信息核查，严格执行，及时删除错误的信息；另一方面，对高价值的信息与知识标星，将高价值的信息排序在前以供更多用户查阅。与此同时，设置用户反馈板块，因为企业虚拟社区每时每刻都会出现新的信息与知识，社区管理者并不能确保每条信息都准确无误，所以需要广大用户互相监督。对于社区管理者没有删除的错误的信息，用户可以在该板块中反馈，社区管理者应及时关注该板块并对错误的信息进行修正或删除，同时给予反馈的用户一定的奖励，以保证社区内信息的正确性，促进知识评价贡献行为。

（3）对知识创作贡献行为方面

①增强品牌影响力，促进用户知识创作贡献。研究得知，企业虚拟社区中的品牌影响力正向影响知识创作贡献用户的知识创作态度，从而正向影响着社区成员的知识创作贡献行为意愿。增强企业品牌影响力可从以下四个方面进行：第一，保证企业产品的质量，让用户信赖企业品牌；第二，加大企业产品的宣传力度，让更多人了解该企业品牌；第三，注重品牌创新，将科技感注入产品设计中，增加产品吸引力；第四，企业应该在兼顾产品创新及推广的同时，做好售后服务。产品并不是卖出去就可以，好的口碑需要经历时间的检验，只有顾客真的用得好，感受到企业热情和负责的态度，才能真正认同该企业品牌。从这四点出发，将企业的品牌做大做好，才能从根本上增强品牌影响力，促进用户知识创作贡献行为。

②拓宽企业市场、增加知识储备用户。由上文可知，知识水平是影响知识创作贡献行为的第二大可控因素，提高社区内用户整体的知识水平能正向促进知识创作贡献行为。而知识水平是用

户自身的知识储备能力，企业并不能对其进行宏观调控，但是可以引入更多的用户参与，这样知识水平高的用户自然就增加了。因此企业一方面可以拓宽市场，增加用户人群；另一方面可以引进一些知识水平较高的专业人士管理企业虚拟社区中的板块，定期发布新知识，引领社区用户进行知识创作。

③积极引进专业人才，改善社区内技术环境。品牌影响力、知识水平及技术环境是对知识创作贡献行为意愿影响最大的三个因素。品牌影响力、知识水平的改善在前文已经进行阐述，社区内成熟的技术环境能正向促进用户的知识贡献意愿，因此企业虚拟社区应该积极引进专业人才，改善社区内的技术环境。现如今很多社区有上传文件格式的限制、上传信息卡顿、帖子无故被删、不支持语音及视频上传等技术障碍，这在一定程度上会影响用户知识贡献的积极性，因此企业应该引进专业性技术人才，克服技术上的困难。与此同时，社区管理者应该设置反馈版面，因为社区板块、信息、帖子数量大，有些出现故障的地方不能及时被技术人员发现，用户就可以在反馈版面进行告知，管理者应在第一时间进行回复并修复，以免因技术故障影响用户知识贡献的积极性。

（4）对企业虚拟社区宏观方面

①合理分配企业资源，侧重评价及创作行为。企业在企业虚拟社区中的资源是有限的，对有限的资源要合理分配利用，发挥其最大价值。在用户的知识贡献行为中，知识评价贡献行为可以促进知识的有序化、促进有价值知识的发现，而知识创作贡献行为可以促进企业虚拟社区中知识的创新，可以说知识评价行为及知识创作行为比知识参与行为对企业的贡献更大，因此企业可以根据自身资源情况，在知识贡献行为改善措施资源配置上侧重评价及创作行为。

②建立有效的激励机制。通过上述研究中指出，组织激励能正向影响知识参与贡献行为、知识评价贡献行为及知识创作贡献

性态度，从而正向影响知识贡献意愿。企业激励分为物质激励和精神激励。其中，物质激励主要通过物质奖励或地位激励来实现，物质激励可按照进行评论或创作的用户根据其贡献程度的大小赠送企业虚拟货币或积分，虚拟货币可用来在虚拟社区中的商场中购买企业产品；地位激励包括对积极参与评论或创作的用户给予特殊称号、制定成员权限晋升制度、发布社区贡献明星榜等。精神激励一方面可根据贡献度将活跃用户晋升为社区的明星用户，对其发送邮件表示感谢；另一方面要对社区内其他用户进行调查，将知识参与贡献用户发展成知识评价或创作贡献用户，将知识评价贡献用户发展成知识创作贡献用户；与此同时，企业虚拟社区管理者要定期挖掘贡献用户的期望，以免贡献用户的流失。

③营造良好的社区文化氛围。研究证明，文化氛围会正向影响知识参与贡献态度与知识评价贡献态度，从而正向影响知识参与及评价意愿。良好的企业虚拟社区的文化氛围可以使社区内部形成一种"畅所欲言"的发言机制，且积极活跃的氛围及丰富多彩的社区内容会吸引用户进行知识贡献，促进知识贡献意愿。要提升文化氛围，首先，企业应对虚拟社区的界面及信息板块进行相应的调整，让界面亲民化，同时增加社区内信息的种类；其次企业社区管理者应多展开相应的活动，活跃社区的互动氛围；此外，企业虚拟社区内的信任氛围也是文化氛围中最关键的一部分，在社区中进行知识贡献的用户自身的信誉状况也会对其他成员产生一定的影响。因此，社区内部可根据用户的信誉状况建立诚信评分制度，对以往评价及评分较好的用户授予不同的标识，同时，信誉评价制度也能促进成员为保证自身信誉评分而遵从社区内的规章制度，帮助企业管理者一起营造良好的社区文化氛围。

④强化信息质量管理，提高社区内信息质量。通过以上研究可知，信息质量对知识贡献行为有正向促进作用。信息质量作为

知识贡献行为意愿的一个重要影响因素必须受到企业的重视。提高信息质量可从以下三点来实施：其一，强化企业虚拟社区各板块版主的审核力度，对社区中新发布的信息与知识进行详细的考核，及时删除不正确的信息，以免用户浏览到有误的知识；其二，设定信息价值评分制度，由用户根据所浏览的信息的效用及实用性进行打分，将高价值的信息区分出来，并放在各个板块的置顶部分以供更多用户浏览；其三，设置专栏专门供社区内用户举报错误或价值观歪曲的信息，社区管理者要及时查看并核实，对有不良影响的信息进行删除并对其发布者给予一定的警告，对多次违规者可限制其发布信息的权限，并对反馈者给予一定的奖励。如此才能提高企业虚拟社区中的信息质量，促进知识贡献行为。

4.6.3　不足和展望

以上是本章对企业虚拟社区研究的内容，并提出了相应的建议，但还存在一些不足之处：

第一，本研究的数据均来自海尔企业虚拟社区，样本具有局限性，不同的企业虚拟社区因其特点与文化的不同，对不同因素的影响自然存在差异。

第二，本研究将生态系统理论与计划行为理论相结合，提出知识贡献行为的影响因素，因个人能力有限，可能概括不够全面。在后续的研究中可更加深入地进行分析。

第三，在企业虚拟社区中进行知识贡献行为的除了该社区的注册会员，还有企业自身员工，如社区版主、管理者等，但在本书中没有区分考虑企业内外部员工对知识贡献行为的影响。

对于上述三点不足之处，可以从以下几点进行改进与完善：

第一，在后续研究中，可多选取几个企业虚拟社区作为研究对象，对不同的类型的企业虚拟社区进行比较研究。

第二，结合最新研究，对本书中概括的影响因素进行丰富扩充，全方面考虑企业虚拟社区中影响知识贡献行为的因素。

第三，在未来研究中，在收集数据时区分调查企业内外部员工，研究其各自对知识贡献行为的影响。

第5章 平台治理机制对用户知识贡献行为的影响

5.1 引言

随着外部环境的迅速发展，企业对知识和创意的需求越来越大，仅仅依靠公司内部的员工是远远不够的。由于虚拟社区汇聚了来自不同领域、不同地域的人群，因此可以很好地促进各行各业间的知识共享和知识碰撞，从而创造出更多新的知识财富。而知识作为虚拟社区最宝贵的资源，必然会受到各大企业的青睐。目前国内很多大型企业建立了自己的虚拟社区，其目的在于从用户的交流互动中获取用户的反馈意见和产品创意等，以促进企业的产品创新，节约企业的产品服务成本，最终为企业创造更多的价值。然而很多虚拟社区都存在用户贡献积极性不高的现象，只有极少数的用户进行知识贡献行为，而多数用户仅在社区中浏览。如果不能及时解决这些问题，社区将会流失越来越多的用户，也就很难发挥其应有的作用，更不能为企业创造价值。因此，用户的知识贡献行为是企业虚拟社区持续发展的关键。

学者们基于不同理论和研究视角，对用户知识贡献行为的影响因素进行了大量研究。然而现有研究中有以下几点不足：①从针对的对象来说，专门针对企业虚拟社区这一特定环境进行研究的文章非常少。由于不同的虚拟社区的用户群体、环境特征、贡献动机以及贡献行为都存在着较大差异，因此知识贡献行为的影响因素也不尽相同，相同变量的影响程度也有所差别。②现有研究过多关注于个体动机对知识贡献行为的影响，而对于环境因素对知识贡献行为影响的研究相对较少。③在虚拟社区中，用户的知识贡献行为有很多种表现形式，以往学者很少对用户知识贡献行为进行分类研究，进而分析不同知识贡献行为的影响因素之间的差异。④研究视角不足。企业虚拟社区的管理者是企业，企业管理者为了达到自己的战略目标，会对企业虚拟社区进行合理的治理，引导用户积极贡献知识。然而对社区平台的治理与用户知识贡献行为之间的作用关系的研究十分缺乏，这导致企业无法制定合理有效的治理方案来引导用户的知识贡献行为。

基于以往研究的局限和不足，本章针对企业虚拟社区这一具体环境，探讨社区平台治理机制如何通过影响个体动机，进而对用户不同类型知识贡献行为产生影响，并选取我国具有代表性的华为、小米企业虚拟社区作为研究对象，收集247份有效问卷进行实证分析，检验所提假设。研究结合企业虚拟社区的环境，在现有研究基础上，将企业虚拟社区中用户的知识贡献行为分为知识参与贡献行为、知识评价贡献行为、知识创作贡献行为三个方面，进一步探讨平台治理机制对其的作用影响；并从平台治理的角度出发，以社区感知为中介变量，探讨平台治理如何通过感知价值和感知信任对不同知识贡献行为进行影响的作用机理。综上，本研究细化了平台治理机制对用户知识贡献行为的研究维度，进一步丰富了虚拟社区领域对用户知识贡献影响因素的相关研究，对提高社区用户知识贡献度有一定参考价值。

5.2 企业虚拟社区的平台治理机制

虚拟社区治理以构建治理机制为核心[165]，通过科学合理的平台治理方案有效协调用户和平台的利益，减少潜在的风险，促进用户积极地进行知识贡献行为。平台治理机制以企业的创新目标为导向，以合理的管理和制度为基础，目的是促进社区用户的知识贡献行为，来保证社区持续健康发展的动态过程。平台治理目标是通过鼓励用户进行知识贡献的积极性，减少社区中的投机和不良行为，在维护老用户的同时，也不断吸引新用户加入，促进社区持续健康发展。因此治理机制一直都是平台治理研究的主要内容。平台治理机制根据出发点的不同有多种划分形式：根据治理的正式程度可以将其划分为正式治理和非正式治理[90]；根据治理内容可以将其划分为网络形成和维护机制、共享机制和互动机制[166]；根据治理的途径可以将其划分为技术治理、关系治理、文化治理以及法规及行政治理[87]；根据治理机制的作用方向可将治理机制分为促进式治理和约束式治理等。

基于以往学者对治理机制的划分方式，本书根据平台治理的作用方向将治理机制划分为促进式治理和约束式治理，其中促进式治理机制包括鼓励互动、激励机制、声誉机制，约束式治理机制包括社区规范和监督机制。下面对各治理机制的职能和作用进行说明：

（1）鼓励互动

平台管理者通过不断完善社区中的相关服务，鼓励成员之间的互动交流，帮助成员建立广泛的社交联系，引导用户间形成信任、互惠的社区氛围，最终形成共同的语言和价值观，即个体能够理解和认可其他成员所贡献的知识，确保在以后的活动中公平互惠，从而增强用户的知识贡献动机。

（2）激励机制

平台管理者通过提供物质或非物质的奖励方案来调动社区用户知识贡献的积极性，如完成什么样的任务就会得到积分、礼品或现金等奖励。现有研究发现在社区中当用户认同程度较低时，一定的外部奖励可以促进用户的知识贡献。企业可将提供奖励作为对用户完成某一项具体任务的肯定，从而提高用户知识贡献的积极性。

（3）声誉机制

声誉机制是平台制定的一套科学的用户评价体系。声誉的建立是一个长期的过程，不仅需要付出巨大的时间成本，还需要长期有效的知识贡献作为支持。然而声誉可以提升用户在社区平台中的影响力和公信力，所以声誉对于创新参与者来说，是最宝贵的无形资产。

（4）社区规范

它是指社区平台努力为社区参与者们营造和谐、友善、互惠的社区氛围。企业通过完善社区各项服务以及规范社区环境所做出的努力，可以有效保证社区活动围绕新创意、新想法等话题展开。

（5）监督机制

企业管理者对社区中投机或恶性行为的有效监督和处理，可以抑制社区中的机会主义行为发生，减少用户对社区环境的感知风险，从而增强用户间的信任。不仅如此，有效的监督还能为社区的规范性以及内容质量提供保障，使用户更加放心地投入到社区的知识共创当中。

5.3 研究假设和模型

5.3.1 理论模型

本书通过对虚拟社区中知识贡献行为的影响因素相关文献的梳理，发现学者们大都针对的是学术型虚拟社区、社交型虚拟社区、问答型虚拟社区等，而专门针对企业虚拟社区的研究比较少，并且大多研究用户的个人动机对知识贡献行为或意愿的影响，较少考虑平台环境因素对个体动机产生的影响。另外以往学者对知识贡献行为的研究时，较少将知识贡献行为进行细分研究。基于以上几点，本书尝试从平台内部治理的角度出发，结合企业虚拟社区环境特点，梳理平台治理机制体系，并将知识贡献行为进行分类，探索企业虚拟社区平台治理机制对不同知识贡献行为影响的作用机理。

感知价值理论作为消费者行为研究中的理论知识，近些年已被部分学者引入到虚拟社区知识共享的研究当中，也取得了一定的成果，如龚主杰曾指出感知价值是虚拟社区成员在知识共享活动中所形成价值的主观认知和综合评价[167]。由于感知价值的涉及维度广泛，其定义涵盖了许多关于知识共享行为影响因素研究模型当中的关键变量，如社会交换理论中的互惠、利他，期望确认模型中的感知有用性和期望确认，使用满足理论中的娱乐满足、社交满足、信息满足等。另外信任是产生企业成员自愿共享资源的前提条件，同时也是网络平台的重要治理形式[168]。综上所述，本书将感知价值和感知信任作为治理机制和知识贡献行为的中间变量进行构建模型。

本书从社区治理的视角出发，根据平台治理机制的作用方向，先将治理机制划分为促进式治理机制和约束式治理机制两大类，并根据企业虚拟社区环境特点又将促进式治理机制细分为鼓

励互动、激励机制和声誉机制，将约束式治理机制细分为规范机
制和监督机制。在知识贡献行为维度方面，结合企业虚拟社区知
识贡献行为特点，将知识贡献行为细分为知识参与贡献行为、知
识评价贡献行为和知识创作贡献行为。将感知价值和感知信任作
为中间变量进行构建模型。

结合上述研究思路，本书以社会认知理论为基本框架，将知
识贡献行为作为因变量，社区治理机制作为环境变量以及感知价
值和感知信任作为中间变量构建模型，如图5-1所示。

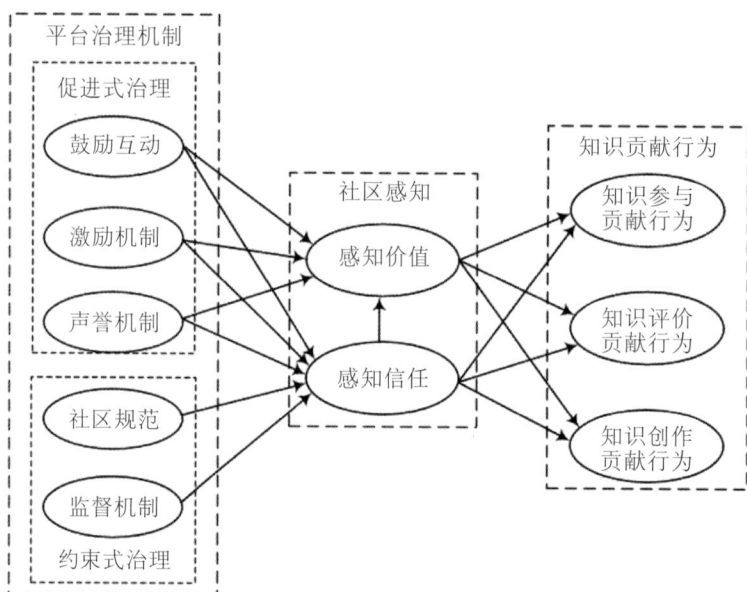

图5-1 本书的概念模型

5.3.2 研究假设

（1）促进式治理机制对感知价值的影响

虚拟社区成员加入社区的主要动因是可以与其他用户进行互
动和交流，这也是用户进行知识贡献的前提条件[147]。平台管理
者提供一定的奖励用来肯定社区中积极贡献知识的用户，这会鼓
励并引导用户间形成互惠、信任的良好氛围，从而增强用户的参

与动机[169]。从另一方面来说，奖励本身也是对用户时间和精力等成本的弥补[170]。每个社区都有自己的声誉体系，声誉可提升用户在社区平台的影响力和公信力，声誉对于知识贡献者而言，是最有价值的无形资产[171]。综上所述，提出如下假设：

H_{1a}：鼓励互动对感知价值具有正向影响；

H_{1b}：激励机制对感知价值具有正向影响；

H_{1c}：声誉机制对感知价值具有正向影响。

（2）促进式治理机制对感知信任的影响

主办企业通过鼓励社区成员间的互动交流，帮助社区成员建立广泛的社交联系，有利于促使形成共同的语言和价值观，即个体能够理解和认可其他成员所贡献的知识，从而增强用户之间的信任。通过奖励措施鼓励积极进行知识贡献的用户，可以鼓励和引导用户间形成相互信任的社区氛围[172]。声誉机制的建立，可以为社区成员在进行知识获取等其他行为时提供一定的参考。综上所述，提出如下假设：

H_{2a}：鼓励互动对感知信任具有正向影响；

H_{2b}：激励机制对感知信任具有正向影响；

H_{2c}：声誉机制对感知信任具有正向影响。

（3）约束式治理机制对感知信任的影响

在规范和监督机制方面，可采用投诉处理、监督等方式来保障社区平台规范运行，保证用户参与知识创造过程的公平性，预防侵权等投机行为的发生，这将有效提升用户对社区的感知信任水平。原因如下：通过明确的管理规范和监督条例为社区平台营造良好的文化氛围，增强用户对社区的信任感；对平台中不规范的行为进行严肃处理，可以减少社区中成员的机会主义行为，增强社区成员间的信任；有效规范和监督制度能提升用户体验，使用户更好地投入到知识创造当中。综上所述，提出如下研究假设：

H_{2d}：规范机制对感知信任具有正向影响；

H_{2e}：监督机制对感知信任具有正向影响。

（4）感知价值对知识贡献行为的影响

Zeitnaml[123]在消费者行为研究中曾指出，感知价值是消费者在产品使用中对付出与回报进行比较的结果，是指产品整个使用过程中感知收益与感知成本之间的整体评估。通过实证分析，R. S. Achrol 等发现消费者在消费产品时最关注的是自己支付的金钱与获得的效用之间的比较，比较的结果将会直接影响是否进行下一次购买[172]；在虚拟社区中，用户积极贡献知识的目的是得到各式各样的回报，如社区积分、礼品奖励、荣誉奖励等。赵文军等通过对 SNS 社区中用户知识贡献行为的影响因素进行研究，发现社区用户会对自己在社区中知识贡献的付出与回报进行比较，从而决定自己是否会进行下一次贡献行为[173]。综上所述，提出如下假设：

H$_{3a}$：感知价值对知识参与贡献行为具有正向影响；

H$_{3b}$：感知价值对知识评价贡献行为具有正向影响；

H$_{3c}$：感知价值对知识创作贡献行为具有正向影响。

（5）感知信任对知识贡献行为的影响

虚拟社区中没有用户间连接的通用规则和过程，用户之间缺乏面对面的交流和法律保护，使其共享行为存在一定困难。因此，用户之间的信任是影响知识贡献的重要因素[3]。用户之间的相互信任主要表现在用户的创造能力上，即个体用户解决其他用户的疑虑，以及对用户具有的与产品相关的技能和知识的感知，这将影响用户的知识贡献意愿。此外，合理有效的社区管理，不仅可以鼓励用户积极地参与创新活动，还可以对用户行为进行规范，确保社区论坛以产品和服务创新等话题为中心，预防不相关或恶意的言论出现。一个良好、和谐以及信任的社区可以促进用户的知识贡献行为[32]。综上所述，提出如下假设：

H$_{4a}$：感知信任对知识参与贡献行为具有正向影响；

H$_{4b}$：感知信任对知识评价贡献行为具有正向影响；

H$_{4c}$：感知信任对知识创作贡献行为具有正向影响。

（6）感知信任对感知价值的影响

信任是一种默认的信念，在与他人共事时，确信彼此不会利用对方的弱点，因此信任是用户进行知识贡献的重要影响因素[174]。在网络交易过程中，由于双方无法进行面对面的交流，顾客的权益不能得到良好的保障，这增加了交易的难度，此时用户间的信任远比线下交易更重要。用户的信任可以有效减少交易的时间、精力等非经济成本，还能够降低感知风险，因此用户的感知信任可以有效提高感知价值[175]。综上所述，笔者认为在虚拟社区的大环境中，用户对平台环境以及其他用户的信任程度越高时，用户对知识贡献的价值感知也会越高。因此，提出如下假设：

H_5：感知信任对感知价值具有正向影响。

5.4 研究设计

结合研究的实际情况，调查样本选取企业虚拟社区中的用户为对象，在华为企业互动社区、华为心声社区、小米社区等社区向注册用户发放附有小额红包的问卷链接，并私信部分活跃用户邀请其填写问卷，设置每个ID仅填写一次，避免问卷的重复性。问卷收集时间为2019年5月1日至2019年6月15日，共收集问卷316份，剔除无效问卷后得到有效问卷247份，问卷有效回收率为78.16%。

5.4.1 问卷变量测量

问卷内容主要包括三个部分：第一部分为问卷导语，对被调查者能在繁忙之余填写问卷表示感谢，同时告知问卷调查目的，以及会保护个人隐私，并且采集数据仅用于学术研究。第二部分是采集被调查者的一些基本背景情况，其中包括对性别、年龄、学历、社龄、使用频率和使用时长的调查。第三部分是在现有研究的基础上，结合研究的实际情况并采用学者们已经使用过的量表作为问卷题项，问卷采用李克特7级量表邀请被调查者根据在社区中的真实感受作答。本研究主要涉及鼓励互动、激励机制、声誉机制、社区规范、监督机制、感知价值、感知信任、知识参与贡献行为、知识评价贡献行为、知识创作贡献行为。

（1）治理机制

沿用以往学者对治理机制的分类方式，将治理机制分为促进式治理机制和约束式治理机制，下面是两种治理机制各维度的问卷题项以及参考来源。

促进式治理机制包括鼓励互动、激励机制、声誉机制，旨在通过完善用户间互动交流的相关服务和激励系统等促进用户进行知识共享行为，具体维度测量题项见表5-1。

表5-1　　　　促进式治理机制的测量量表

编号	问卷题项	参考来源
促进式治理——鼓励互动（Encourage Interaction）		
EI1	企业提供在线社区及相关服务以促进用户之间的互动	刘海鑫等[7]
EI2	企业提供在线社区及相关服务以促进用户之间的信息共享	
EI3	企业提供在线社区及相关服务以促进不同成员贡献知识	
EI4	总体来说，企业会积极促进成员之间的互动	
促进式治理——激励机制（Excitation Mechanism）		
EM1	该企业提供了可以用于商城商品兑换的积分，以奖励那些贡献知识的用户	刘海鑫等[7]、顾美玲等[176]
EM2	在该社区中，积极贡献的用户可获得更高的权力权限奖励	Zhao等[177]
EM3	在该社区中，积极贡献的用户可获得产品或者其他物质奖励	
EM4	当用户每天在该社区中签到，可获得一定的积分或论坛币等虚拟奖励	
促进式治理——声誉机制（Reputation Mechanism）		
RM1	在该社区中，积极贡献的用户可获得更高的声望	刘海鑫等[7]
RM2	信息或知识的贡献能够提升用户在该社区成员之中的形象，让用户获得其他成员的尊敬	
RM3	信息或知识的贡献会提高用户在该社区成员之中的声誉地位	
RM4	该社区提供了虚拟荣誉以奖励那些积极贡献知识的用户	

约束式治理机制包括社区规范和监督机制两个维度，规范机制旨在构建规范的社区管理和投诉制度，为平台提供良好的社区管理模式；监督机制旨在确保在线用户行为的合法性、合规性，确保社区良性发展。具体维度的测量题项见表5-2。

表5-2　　　　　　　约束式治理机制的测量量表

编号	问卷题项	参考来源
约束式治理——社区规范（Community Norm）		
CN1	社区论坛管理员很尽责地规范社区环境	秦敏等[178]
CN2	社区产品创意活动管理很规范合理	
CN3	社区论坛内容编排得很清晰	
CN4	社区注重保护成员的个人隐私	
约束式治理——监督机制（Monitoring Mechanism）		
MM1	该社区管理者会监督整个社区，以免一些用户发生投机行为	Grewal等[179]、顾美玲等[176]
MM2	对于投机或损害他人利益的投诉，社区管理者都会严肃处理	
MM3	社区管理者最重要的一个角色就是监督和管理社区环境	
MM4	维护社区秩序对于社区管理者来说，是非常重要的	

（2）社区感知

本研究将社区感知划分为感知价值和感知信任两个维度，感知价值是虚拟社区成员在知识共享活动中所形成价值的主观认知和综合评价，感知信任是用户对社区平台环境的主观信任程度。具体测量题项和参考来源见表5-3。

表5-3   **社区感知的测量量表**

编号	问卷题项	参考来源
社区感知——感知价值（Perceived Value）		
PV1	相比付出时间而言，在该社区进行知识贡献是值得的	方爱华等[180]
PV2	相比付出精力而言，在该社区进行知识贡献是值得的	
PV3	总的来说，在该社区进行知识共享给我带来了很好的价值	
社区感知——感知信任（Perceived Trust）		
PT1	我相信社区成员能够真诚地对待其他成员	Rotter[181]
PT2	我相信社区成员贡献的知识是真实可靠的	
PT3	该社区不会在未经成员授权时将个人信息用于其他目的	
PT4	该虚拟社区的管理员能够及时地删除虚假或错误的信息	

（3）知识贡献行为

本研究将知识贡献行为划分为知识参与贡献行为、知识评价贡献行为和知识创作贡献行为。知识参与贡献行为主要指在社区中的签到、浏览信息、点赞、关注和分享等行为；知识评价贡献行为主要指用户对其发帖者的问题解答、创意评论等行为；知识创作贡献行为指用户自发地提出产品或服务体验、想法、创意等行为。具体问卷测量题项和参考来源见表5-4。

表5-4 　　　　　　　　　　知识贡献行为的测量量表

编号	问卷题项	参考来源
知识贡献——知识参与贡献行为（Knowledge Participation Contribution Behavior）		
KP1	我经常在社区打卡或签到	顾美玲等[176]、结合研究设计修改
KP2	我经常在社区浏览自己感兴趣的信息	
KP3	我经常被有趣的内容或创意所吸引，并进行点赞或分享给朋友	
知识贡献——知识评价贡献行为（Knowledge Evaluation Contribution Behavior）		
KE1	我经常参与他人提出的各类产品话题的讨论	顾美玲等[176]
KE2	我经常就他人产品的建议方案，提出自己的意见和想法	
KE3	我经常被提出的主题内容或创意所吸引，进行评论	
知识贡献——知识创作贡献行为（Knowledge Creation Contribution Behavior）		
KC1	我经常发表产品的使用经验与体会，并和其他用户分享	顾美玲等[176]
KC2	我经常发表对现有产品的改进建议或解决方案	
KC3	我经常发表对产品的新想法和创意，以期公司能够重视采纳	

5.4.2　问卷前测

（1）问卷前测样本的描述性统计分析

本研究使用网上问卷收集的方法，发放电子问卷进行前测样本的收集。电子问卷不仅灵活方便，而且可以保证问卷的完整性。通过问卷星生成电子问卷，并将问卷链接发放到华为企业互动社区，共回收问卷62份，然后剔除部分无效问卷，共得到53份有效问卷，回收率达到85%。前测样本的描述性统计分析结果见表5-5。

表5-5 前测样本的描述性统计

变量	类别	人数	比重
性别	男	30	56.6%
	女	23	43.4%
年龄	16~25岁	15	28.3%
	26~35岁	31	58.5%
	36~45岁	6	11.3%
	45岁以上	1	1.9%
学历	高中及以下	5	9.4%
	大专	13	24.5%
	本科	25	47.1%
	硕士研究生及以上	10	18.9%
社龄	6个月以下	19	35.8%
	6~12月	11	20.8%
	1~2年	13	24.5%
	2年以上	10	18.9%
频率	每天至少一次	13	24.5%
	每周2~3次	15	28.3%
	平均每周1次	11	20.8%
	每月2~3次	8	15.1%
	每月1次或更少	6	11.3%
时长	半小时以内	24	45.3%
	半小时到1小时	19	35.8%
	1~2小时	8	15.1%
	2小时以上	2	3.8%

（2）问卷前测信度与效度分析

①信度分析。

信度是样本数据可靠性的一种指标，是在测量样本数据过程中其结果的一致性和稳定性。一致性是指通过采用相同的技术对同一类对象进行检测时，所得结果的一致程度。程度越高则说明数据的一致性较高，反之则说明一致性较低。稳定性是指在不同时间和地点采用相同技术手段对同一个目标进行多次测量结果的可靠性系数。如果每次结果之间的差异越小则表明数据具有越高的稳定性，反之则说明稳定性低。当 Cronbach's α 值大于 0.7 时，即可以认为数据具有良好的可信度，由表 5-6 的数据可看出所有潜变量的 Cronbach's α 均大于 0.7，所以可认为该问卷信度良好。

表 5-6   前测样本信度检验

潜变量	题目数量	Cronbach's α
鼓励互动	4	0.847
激励机制	4	0.950
声誉机制	4	0.964
社区规范	4	0.826
监督机制	4	0.792
感知价值	3	0.857
感知信任	4	0.843
知识参与贡献行为	3	0.932
知识评价贡献行为	3	0.911
知识创作贡献行为	3	0.825

②效度分析。

采用探索性因子分析对样本数据进行效度检验，能够体现出公因子与各变量之间的相关程度，见表 5-7。首先进行 KMO 与 Bartlett 检验，当 KMO 值越接近 1 时，表明变量间的相关性越强，反之则表明相关性弱。当 KMO>0.7 时，说明该数据适合进行因子分析。

表 5-7   各潜变量因子分析表

变量	KMO检验	Bartlett的球形检验	累计方差贡献率（%）
社区治理机制	0.918	2741.796***	77.277
社区感知	0.922	763.921***	88.621
知识贡献行为	0.930	1150.888***	92.095

通过对前测样本数据的KMO与Bartlett检验结果来看，各维度的KMO值均大于0.7，并且均通过了显著性水平为0.05的Bartlett球形检验，说明变量间具有较强的相关性，因此，可以认为各变量具有较好的内容效度。

第一，治理机制的探索性因子分析。从表5-8可以看出，通过因子分析共提取出了5个公因子，并且与维度划分一致，每个题项的因子载荷值均大于0.5，累计方差贡献率为77.28%，说明治理机制量表具有较高的收敛效度。另外，通过因子载荷也可以看出，治理机制量表具有比较高的区别效度。

表5-8　　　　　旋转后的社区治理因子负荷表

题项编号	成分				
	因子1	因子2	因子3	因子4	因子5
鼓励互动1	0.342	0.774	0.285	0.279	−0.118
鼓励互动2	0.316	0.832	0.263	0.228	−0.210
鼓励互动3	0.203	0.728	0.381	0.378	0.101
鼓励互动4	0.315	0.839	0.260	0.116	0.164
激励机制1	0.277	0.319	0.802	0.295	−0.024
激励机制2	0.334	0.319	0.753	0.364	−0.056
激励机制3	0.265	0.275	0.797	0.366	0.322
激励机制4	0.334	0.417	0.680	0.334	0.240
声誉机制1	0.265	0.357	0.370	0.724	0.059
声誉机制2	0.148	0.249	0.436	0.748	0.355
声誉机制3	0.372	0.290	0.412	0.761	0.072
声誉机制4	0.344	0.249	0.422	0.756	0.320
社区规范1	0.820	0.272	0.135	0.286	0.372
社区规范2	0.810	0.198	0.209	0.241	0.098
社区规范3	0.775	0.280	0.114	0.371	−0.121
社区规范4	0.774	0.183	0.201	0.377	0.410
监督机制1	0.009	0.243	0.179	0.203	0.885
监督机制2	−0.141	0.208	0.256	0.084	0.873
监督机制3	−0.103	0.233	0.245	0.195	0.876
监督机制4	0.015	0.211	0.235	0.187	0.836
特征值	8.547	4.319	2.755	2.312	1.151
解释方差比例（%）	37.734%	15.596%	10.773%	8.162%	5.012%
累积解释方差比例（%）	37.734%	53.330%	64.103%	72.265%	77.277%

第二，社区感知的探索性因子分析。同样使用主成分分析法，并采取最大方差旋转法进行分析解释，提取特征值大于1的因子，结果见表5-9。

表5-9 旋转后的社区感知因子负荷表

题项编号	成分	
	因子1	因子2
感知价值1	0.871	0.387
感知价值2	0.859	0.417
感知价值3	0.859	0.430
感知信任1	0.315	0.699
感知信任2	0.353	0.651
感知信任3	0.432	0.908
感知信任4	0.444	0.725
特征值	4.729	1.483
解释方差比例（%）	71.721%	16.900%
累积解释方差比例（%）	71.721%	88.621%

通过因子分析共提取出了2个公因子，并且与维度划分一致，每个题项的因子载荷值均大于0.5，累计方差贡献率为88.621%，说明治理机制量表具有较高的收敛效度。另外，通过因子载荷也可以看出，社区感知量表具有比较高的区别效度。

第三，知识贡献行为的探索性因子分析。同样使用主成分分析法，并采取最大方差旋转法进行分析解释，提取特征值大于1的因子，结果见表5-10。

表5-10 旋转后的知识贡献行为因子负荷表

题项	成分		
	因子1	因子2	因子3
知识参与贡献行为1	0.371	0.864	0.214
知识参与贡献行为2	0.358	0.829	0.310
知识参与贡献行为3	0.409	0.797	0.420
知识评价贡献行为1	0.853	0.415	0.148
知识评价贡献行为2	0.827	0.410	0.300
知识评价贡献行为3	0.791	0.410	0.277
知识创作贡献行为1	0.203	0.299	0.880
知识创作贡献行为2	0.364	0.319	0.843
知识创作贡献行为3	0.389	0.270	0.821
特征值	5.222	1.722	1.345
解释方差比例（%）	60.239%	18.017%	13.839%
累积解释方差比例（%）	60.239%	78.256%	92.095%

　　通过因子分析共提取出了3个公因子，并且与之前的维度划分一致，每个题项的因子载荷值均大于0.5，累计方差贡献率为92.095%，说明治理机制量表具有较高的收敛效度。另外，通过因子载荷也可以看出，治理机制量表具有比较高的区别效度。

　　综上可知，预测试的数据较适合进行因子分析，问卷的内容效度和结构效度基本合格，可以开展后续的研究。

5.5　数据分析

5.5.1　样本描述性统计分析

　　对样本数据进行描述性统计分析，主要是对调查对象的基本信息进行统计分析，基本信息包括性别、年龄、学历、社龄、使用频率以及每次使用时长，具体分析结果见表5-11。

表5-11　　　　　　　　描述性统计分析

变量	类别	人数	比重
性别	男	133	53.8%
	女	114	46.2%
年龄	19～25岁	64	25.9%
	26～35岁	143	57.9%
	36～45岁	36	14.6%
	45岁以上	4	1.9%
学历	高中及以下	23	9.3%
	大专	59	23.9%
	本科	116	47.0%
	硕士研究生及以上	49	19.8%
社龄	6个月以下	85	34.4%
	6～12月	61	24.7%
	1～2年	56	22.7%
	2年以上	45	18.2%
频率	每天至少一次	52	21.1%
	每周2～3次	71	28.7%
	平均每周1次	58	23.5%
	每月2～3次	31	12.6%
	每月1次或更少	35	14.2%
时长	半小时以内	106	42.9%
	半小时到1小时	83	33.6%
	1～2小时	43	17.4%
	2小时以上	15	6.1%

由表 5-11 中的统计结果，调查对象具有如下特征：

①性别特征：男性 133 人，占比 53.8%；女性 114 人，占比 46.2%，表明男女比例基本均衡。

②年龄特征：在 19～25 岁之间有 64 人，占比 25.9%；26～35 岁之间有 143 人，占比 57.9%，由此可知社区用户较为年轻化。

③学历特征：从受教育程度情况来看，调查对象中将近一半的用户最高学历为本科，另外专科和硕士研究生及以上的人数各占 20% 左右。可以看出企业虚拟社区中的用户受教育程度比较高。

④社龄特点：从调查者的社龄来看，6 个月以下有 85 人，占比 34.4%，人数最多；6～12 个月有 61 人，占比 24.7%，可以间接看出社区新增用户较多特点。

⑤使用频率：从调查者对所在社区的使用程度来看，每天至少登录一次的用户有 52 人，占比 21.1%；每周 2～3 次的最多，有 71 人，占比 28.7%，由此可以看出社区成员相对活跃。

⑥每次使用时长：每次登录使用时长在半小时以内的有 106 人，占比 42.9%，半小时到 1 小时的有 83 人，占比 33.6%，可以看出，大多数用户每次使用时长在 1 小时以内。

从样本整体特征来看，知识型中青年是企业虚拟社区的主要用户群。

5.5.2 信度与效度分析

（1）信度分析

对正式调查问卷的结果进行信度分析，结果表明，所有潜变量的 Cronbach's α 系数均在 0.779～0.943 之间，见表 5-12，可认为该问卷信度良好。

表5-12   **样本的信度检验**

潜变量	题目数量	Cronbach's α
鼓励互动	4	0.891
激励机制	4	0.846
声誉机制	4	0.850
社区规范	4	0.880
监督机制	4	0.779
感知价值	3	0.812
感知信任	4	0.864
知识参与贡献行为	3	0.943
知识评价贡献行为	3	0.820
知识创作贡献行为	3	0.812

（2）效度分析

同样采用探索性因子分析对样本数据进行效度检验，见表5-13，首先进行KMO与Bartlett检验，当KMO值越接近1时，表明变量间的相关性越强，反之则表明相关性弱。当KMO>0.7时，说明该数据适合进行因子分析。

表5-13   **各潜变量因子分析表**

变量	KMO检验	Bartlett的球形检验	累计方差贡献率（%）
社区治理机制	0.912	2 316.059***	77.685
社区感知	0.912	651.790***	88.250
知识贡献行为	0.925	1 004.991***	91.935

注：***表示显著性水平为1%。

通过样本数据的KMO与Bartlett检验结果来看，各维度的KMO值均大于0.7，并且均通过了显著性水平为0.05的Bartlett球形检验，说明变量间具有较强的相关性，因此，可以认为各变量具有较好的内容效度。

①治理机制的探索性因子分析。从表5-14可以看出，通过因子分析共提取出了5个公因子，与前测样本的维度划分一致，每个题项的因子载荷值均大于0.5，累计方差贡献率为77.685%，

说明治理机制量表具有较高的收敛效度。另外，通过因子载荷也可以看出，治理机制量表具有比较高的区别效度。

表5-14 　　　　　　旋转后的社区治理因子负荷表

题项编号	成分				
	因子1	因子2	因子3	因子4	因子5
鼓励互动1	0.267	0.294	0.811	0.282	−0.040
鼓励互动2	0.295	0.266	0.844	0.216	−0.311
鼓励互动3	0.175	0.396	0.711	0.376	0.067
鼓励互动4	0.301	0.248	0.853	0.099	0.131
激励机制1	0.244	0.819	0.318	0.271	−0.040
激励机制2	0.272	0.788	0.303	0.355	−0.056
激励机制3	0.239	0.827	0.248	0.344	−0.009
激励机制4	0.100	0.678	0.403	0.330	0.049
声誉机制1	0.328	0.372	0.341	0.745	0.179
声誉机制2	0.345	0.445	0.243	0.754	0.072
声誉机制3	0.302	0.420	0.275	0.768	0.013
声誉机制4	0.327	0.429	0.243	0.779	0.098
社区规范1	0.801	0.123	0.243	0.259	0.030
社区规范2	0.780	0.204	0.192	0.201	0.421
社区规范3	0.753	0.084	0.276	0.361	0.478
社区规范4	0.781	0.180	0.133	0.395	0.209
监督机制1	0.058	0.130	0.227	0.198	0.895
监督机制2	−0.088	0.238	0.164	0.048	0.885
监督机制3	−0.077	0.217	0.196	0.182	0.895
监督机制4	−0.029	0.191	0.215	0.176	0.839
特征值	9.547	3.704	2.275	1.312	0.998
解释方差比例（%）	40.123%	20.519%	10.377%	4.565%	2.101%
累积解释方差比例（%）	40.123%	60.642%	71.019%	75.584%	77.685%

②社区感知的探索性因子分析。从表5-15可以看出，通过因子分析共提取出了2个公因子，与前测样本的维度划分一致，每个题项的因子载荷值均大于0.5，累计方差贡献率为88.250%，说明治理机制量表具有较高的收敛效度。另外，通过因子载荷也可以看出，社区感知量表具有比较高的区别效度。

表 5-15 旋转后的社区感知因子负荷表

题项编号	成分	
	因子 1	因子 2
感知价值 1	0.870	0.384
感知价值 2	0.866	0.396
感知价值 3	0.876	0.400
感知信任 1	0.322	0.697
感知信任 2	0.410	0.627
感知信任 3	0.297	0.917
感知信任 4	0.310	0.700
特征值	5.664	1.513
解释方差比例（%）	70.917%	17.333%
累积解释方差比例（%）	70.917%	88.250%

③知识贡献行为的探索性因子分析。从表 5-16 可以看出，通过因子分析共提取出了 3 个公因子，与前测样本的维度划分一致，每个题项的因子载荷值均大于 0.5，累计方差贡献率为 91.935%，说明知识贡献行为量表具有较高的收敛效度。另外，通过因子载荷也可以看出，治理机制量表具有比较高的区别效度。

表 5-16 旋转后的知识贡献行为因子负荷表

题项	成分		
	因子 1	因子 2	因子 3
知识参与贡献行为 1	0.374	0.854	0.238
知识参与贡献行为 2	0.379	0.794	0.323
知识参与贡献行为 3	0.387	0.807	0.807
知识评价贡献行为 1	0.855	0.412	0.156
知识评价贡献行为 2	0.769	0.435	0.321
知识评价贡献行为 3	0.873	0.448	0.289
知识创作贡献行为 1	0.206	0.311	0.873
知识创作贡献行为 2	0.405	0.318	0.826
知识创作贡献行为 3	0.406	0.279	0.811
特征值	4.262	1.662	1.350
解释方差比例（%）	60.691%	17.359%	13.885%
累积解释方差比例（%）	60.691%	78.050%	91.935%

接下来，本书进一步检验量表的收敛效度和判别效度，利用平均方差抽取量（AVE）来测量量表的收敛效度，通过比较AVE值的平方根与相关系数的大小来检验量表的判别效度，见表5-17。所有变量的AVE值在0.724～0.937之间，均在0.5以上，说明各测量题项具有较高的收敛效度。观察表5-18可以看出每个变量的AVE值的平方根均大于该变量与其他变量的相关系数，说明各变量具有较高的判别效度。

表5-17 　　　　　　　　　　　验证性因子分析结果表

潜变量	AVE	潜变量	AVE
鼓励互动	0.820	感知价值	0.823
激励机制	0.828	感知信任	0.790
声誉机制	0.743	知识参与贡献行为	0.752
社区规范	0.724	知识评价贡献行为	0.937
监督机制	0.692	知识创作贡献行为	0.837

表5-18 各变量 AVE 平方根与各变量之间相关系数矩阵

	EI	EM	RM	CN	MM	PV	PT	KP	KT	KE
EI	0.906									
EM	0.638	0.910								
RM	0.641	0.718	0.862							
CN	0.676	0.701	0.648	0.851						
MM	0.158	0.038	0.218	0.213	0.832					
PV	0.559	0.675	0.650	0.737	0.722	0.907				
PT	0.518	0.617	0.712	0.675	0.056	0.657	0.889			
KP	0.412	0.415	0.518	0.430	0.443	0.599	0.792	0.867		
KT	0.493	0.554	0.441	0.727	0.821	0.727	0.741	0.779	0.968	
KE	0.427	0.311	0.424	0.717	0.689	0.707	0.749	0.732	0.881	0.915

注：对角线上的数字为AVE的平方根，对角线下方是各潜在变量间的相关系数。

5.5.3 假设性检验

本模块主要通过 SPSS 23.0 统计软件进行回归分析，对治理机制、社区感知、知识贡献行为之间的相关假设进行检验。

（1）治理机制对社区感知的影响检验

通过软件分析得到表5-19中的结果。

表5-19 自变量对中间变量的假设检验结果

模型	结果变量	前因变量	标准化回归系数	SE	t	R^2	F
1	感知价值					0.703	61.497
	H_{1a}	鼓励互动	0.237	0.110	2.569*		
	H_{1b}	激励机制	0.261	0.120	2.288*		
	H_{1c}	声誉机制	0.420	0.114	3.890***		
2	感知信任					0.748	45.026
	H_{2a}	鼓励互动	0.181	0.092	2.733*		
	H_{2b}	激励机制	0.276	0.100	2.698**		
	H_{2c}	声誉机制	0.467	0.106	4.045***		
	H_{2d}	社区规范	0.344	0.165	2.346*		
	H_{2e}	监督机制	0.132	0.144	2.231*		

注：***、**、*分别表示在1%、5%、10%的水平上显著。

由表5-19可知，鼓励互动、激励机制、声誉机制对感知价值有正向影响，鼓励互动、激励机制、声誉机制、社区规范、监督机制对感知信任有正向影响，其中声誉机制对感知价值和感知信任的影响最大，基于上述分析结果，验证 H_{1a}、H_{1b}、H_{1c}、H_{2a}、H_{2b}、H_{2c}、H_{2d}、H_{2e} 假设成立。

在感知价值方面，促进式治理机制各维度能显著提升社区成员的感知价值，这表明企业对鼓励成员互动进行的努力能够有效提升社区成员的感知价值；企业设置一定的奖励措施能有效提升社区成员的感知价值；企业构建完善的声誉体系能有效提升社区成员的感知价值。其中声誉机制对感知价值的影响最大，这说明社区成员参与社区互动以及分享知识，更多的是为社区地位以及自我价值等精神层面的追求，这也印证了声誉对于知识贡献者而言，是最有价值的无形资产。

在感知信任方面，促进式治理机制和约束式治理机制各维度都能有效提升社区成员的感知信任，这验证了本书的研究假设，也比较符合现实意义。无论企业采取促进成员间的互动、提供有效的奖励措施、构建完善的声誉体系等促进式的治理方案都能从一定程度上提高用户对社区平台的信任感，另外加强社区规范建设、对社区进行有效的管理和监督等约束式的治理措施也能提高社区成员对社区环境的信任感。另外，声誉机制对感知信任的影响程度最大，而监督机制对感知信任的影响程度最小。在社区中浏览知识时，我们会对有良好声誉用户的发帖内容有较高的信任感，并且社区完善的声誉体系也会提高我们对该社区的信任程度。社区管理者的监督行为，主要是为了减少机会主义行为和恶性行为等，然而管理者的这些行为很难被社区用户直观感受到，这可能是影响系数较小的原因。以上总结见表5-20。

表5-20　　　　治理机制对社区感知的影响程度

治理机制	感知价值	感知信任
鼓励互动	弱	弱
激励机制	中	中
声誉机制	强	强
社区规范	—	中
监督机制	—	最弱

（2）社区感知对知识贡献行为的影响

通过软件分析得到表5-21中的结果。

表 5-21　　　　中间变量对因变量的假设检验结果

模型	结果变量	前因变量	标准化回归系数	SE	t	R^2	F
1	知识参与贡献行为					0.432	30.050
	H_{3a}	感知价值	0.463	0.115	3.599***		
	H_{4a}	感知信任	0.451	0.107	2.260*		
2	知识评论贡献行为					0.336	19.999
	H_{3b}	感知价值	0.612	0.179	2.899***		
	H_{4b}	感知信任	0.536	0.169	2.171**		
3	知识创作贡献行为					0.352	21.475
	H_{3c}	感知价值	0.672	0.184	3.223**		
	H_{4c}	感知信任	0.389	0.174	2.426**		

注：***、**、*分别表示在1%、5%、10%的水平上显著。

由表 5-21 可知，对于感知价值和感知信任正向影响三种知识贡献行为，比较每个模型中感知价值和感知信任的标准化系数可以发现，感知价值均大于感知信任，由此可知感知价值对知识贡献行为的影响大于感知信任对知识贡献行为的影响，此外感知信任对知识贡献行为中知识创作贡献行为的影响最小。综上分析，验证 H_{3a}、H_{3b}、H_{3c}、H_{4a}、H_{4b}、H_{4c} 假设成立。

在感知价值方面，社区成员的感知价值能有效促进用户的知识贡献行为，这表明用户在社区进行浏览知识、参与社区互动、分享知识等过程中的感知价值越高，越能有效提高自己在社区进行学习、参与社区评论以及自我知识分享的积极性。另外这也与消费者行为研究当中顾客感知价值显著影响购买行为的观点有相似的作用机理。通过观察回归系数发现，感知价值对知识评价贡献行为和知识创作贡献行为的影响都比较大，而对知识参与贡献行为的影响相对小一些。这是因为无论是知识评价还是知识创作都能够在帮助别人的同时使自己收益，这种收益包括自身心情的愉悦（情感价值）、社区声誉的提升（社会价值）、收到平台的奖励（实用价值）以及在以后别人也会帮助自己（互惠价值），而知识参与行为仅仅可以收获知识和平台少量的积分奖励（实用价值），因此感知价值对知识参与贡献行为的影响较小。

表5-22　　　　感知信任对感知价值的假设检验结果

模型	结果变量	前因变量	标准化回归系数	SE	t	R^2	F
1	感知价值					0.727	216.918
	H_5	感知信任	0.355	0.067	14.728***		

注：***表示在1%的水平上显著。

由表5-22假设检验结果可知，感知信任正向影响感知价值的提升，说明信任感能提高用户的感知价值，验证 H_5 假设成立。

在感知信任方面，社区成员的感知信任能有效促进用户的知识贡献行为，这表明用户对平台环境比较信任时，会更加愿意并积极地在社区获取知识、参与互动、发表言论以及提出创意。其中感知信任对知识评价贡献行为的影响最大，其次是知识参与贡献行为，影响最小的是知识创作贡献行为，这说明当社区成员对社区平台环境的信任感提升时，会更加愿意对别人提出的问题或创意给予回复或分享自己的观点；而对于进行知识创作的成员来说，他们对平台环境已有较高的信任，信任的提升对知识创作行为的影响会被减弱，这也比较符合现实。

对图 5-2 中各变量间回归系数进行比较可以发现，在促进式治理机制中对感知价值影响最大的是声誉机制，其次是激励机制，最后是鼓励互动，这说明大多数用户更加看重声誉方面的提升。从治理机制对感知信任的影响程度来看，促进式治理机制中影响最大的是声誉机制，约束式治理机制中影响最大的是社区规范，可见完善的声誉体系和良好的社区环境是使用户对社区环境产生信任的主要影响因素。从中介对知识贡献行为的影响程度来看，感知价值对三种知识贡献行为的影响均大于感知信任，说明感知价值才是用户进行知识贡献行为的主要原动力，而感知信任也可在一定程度上提高感知价值。从感知价值和感知信任对三种知识贡献行为的影响大小来看，在进行更加复杂的知识贡献行为时，感知价值的影响程度也越来越大。感知信任对知识评价贡献行为的影响最大，对知识创作贡献行为的影响最小，这可能是因为对别人的观点或提问进行评价或回复行为时需要对该用户及其发表的内容具有足够的信任才行。

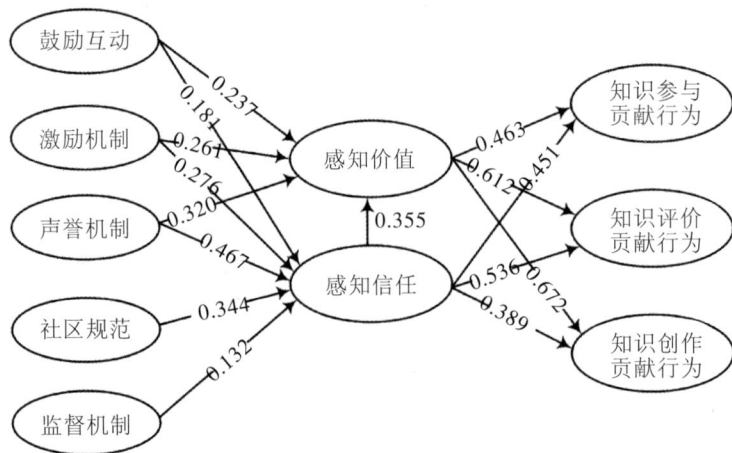

图 5-2　模型回归系数

5.5.4　中介效应分析

（1）感知价值的中介效应分析

根据 Baron 和 Kenny[182]提出的中介效应的检验方法和过程，分析前利用软件对数据进行中心化处理。由表 5-23 的检验结果可知：鼓励互动、激励机制和声誉机制对三种知识贡献行为均有正向影响；鼓励互动、激励机制和声誉机制对感知价值均有正向影响；鼓励互动、激励机制、声誉机制和感知价值均对知识参与贡献行为有正向影响，说明感知价值在其中发挥了部分中介作用；激励机制、声誉机制和感知价值均对知识评价贡献行为有正向影响，说明感知价值在激励机制、声誉机制和知识评价贡献行为之间发挥了部分中介作用，且在鼓励互动和知识评价贡献行为之间发挥了完全中介作用；激励机制、声誉机制和感知价值均对知识创作行为有正向影响，说明感知价值在激励机制、声誉机制和知识创作行为之间的关系中发挥了部分中介作用，且在鼓励互动和知识创作行为之间发挥了完全中介作用。

本研究使用 Bootstrap 程序进一步检验感知价值的中介效应。根据 Preacher 等的研究，如果 95% 置信区间（CI）在 0.05 水平上不包括 0，间接效应将是显著的。结果同样表明，感知价值分别中介了鼓励互动、激励机制、声誉机制对知识参与贡献行为的影响，间接效应分别为 0.247（95%CI［0.163，0.332］）、0.382（95%CI［0.245，0.534］）、0.283（95%CI［0.181，0.392］）；感知价值分别中介了鼓励互动、激励机制、声誉机制对知识评价贡献行为的影响，间接效应分别为 0.143（95%CI［0.071，0.223］）、0.402（95%CI［0.245，0.573］）、0.253（95%CI［0.134，0.374］）；感知价值分别中介了鼓励互动、激励机制、声誉机制对知识创作贡献行为的影响，间接效应分别为 0.167（95%CI［0.094，0.241］）、0.452（95%CI［0.315，0.592］）、0.233（95%CI［0.129，0.348］）。

表 5-23　　　　　　　　　　感知价值的中介效应检验

	步骤1：自变量→因变量			步骤2：自变量→中介变量	步骤3：自变量+中介变量→因变量		
	知识参与	知识评价	知识创作	感知价值	知识参与	知识评价	知识创作
感知价值					0.463***	0.612***	0.672***
鼓励互动	0.265*	0.223*	0.208*	0.237*	0.209*	0.122	0.141
激励机制	0.307*	0.483***	0.479**	0.261*	0.266*	0.273**	0.298*
声誉机制	0.377**	0.298*	0.263*	0.320***	0.298*	0.234*	0.212*
F	40.494	35.865	27.023	61.497	37.674	47.881	36.258
Ad-R²	0.594	0.564	0.491	0.703	0.644	0.698	0.635

注：***、**、*分别表示在1%、5%、10%的水平上显著。

通过分析结果可知：在对知识参与贡献行为影响的研究中，感知价值在鼓励互动、激励机制、声誉机制与知识参与行为之间发挥了部分中介作用；在对知识评价贡献行为影响的研究中，感知价值在激励机制、声誉机制和知识评价贡献行为之间发挥了部分中介作用，且在鼓励互动和知识评价贡献行为之间发挥了完全中介作用；在对知识创作贡献行为影响的研究中，感知价值在激励机制、声誉机制和知识创作行为之间的关系中发挥了部分中介作用，且在鼓励互动和知识创作行为之间的关系中发挥了完全中介作用。上述结果说明，感知价值在促进式治理机制与知识贡献行为之间起到了一定的中介作用，即促进式治理机制对知识贡献行为的作用路径有两条，一个是直接影响知识贡献行为，另一个是通过影响感知价值间接影响知识贡献行为。此外，感知价值在鼓励互动与知识评价、知识创作两种贡献行为间发挥了完全中介的作用，探究其背后的原因，知识评价和知识创作两种贡献行为付出成本较大，都需要耗费一定的时间和精力，因此单纯的鼓励互动不能直接促进知识贡献行为的产生，而可以通过提高用户的感知价值间接促进知识贡献行为的产生，见表5-24。

表5-24 　　　　　　　　　**感知价值的中介作用**

治理机制	知识参与贡献行为	知识评价贡献行为	知识创作贡献行为
鼓励互动	部分中介	完全中介	完全中介
激励机制	部分中介	部分中介	部分中介
声誉机制	部分中介	部分中介	部分中介

（2）感知信任的中介效应分析

感知信任的中介效应检验见表5-25，由检验结果可知：鼓励互动、激励机制、声誉机制、社区规范对知识参与贡献行为有正向影响；鼓励互动、激励机制、声誉机制、社区规范和监督机制对感知信任均有正向影响；鼓励互动、激励机制、社区规范和感知信任对知识参与贡献行为有正向影响，说明感知信任在鼓励互动、激励制度和社区规范与知识参与贡献行为之间发挥了部分中介作用，且在声誉机制与知识参与贡献行为之间发挥了完全中介作用；鼓励互动、激励机制、社区规范对知识评价贡献行为有正向影响；鼓励互动、激励机制、声誉机制、社区规范和监督机制对感知信任均有正向影响；鼓励互动、激励机制、社区规范和感知信任对知识评价贡献行为有正向影响，说明感知信任在鼓励互动、激励机制和社区规范与知识评价贡献行为之间发挥了部分中介作用；鼓励互动、激励机制、社区规范对知识创作贡献行为有正向影响；鼓励互动、激励机制、声誉机制、社区规范和监督机制对感知信任均有正向影响；鼓励互动、激励机制、社区规范和感知信任对知识创作贡献行为有正向影响，说明感知信任在激励制度和社区规范与知识创作贡献行为之间发挥了部分中介作用，且在鼓励互动与知识创作贡献行为中起完全中介的作用。

表5-25 感知信任的中介效应检验

	步骤1:自变量→因变量			步骤2:自变量→中介变量	步骤3:自变量+中介变量→因变量		
	知识参与	知识评价	知识创作	感知信任	知识参与	知识评价	知识创作
感知信任					0.451***	0.536***	0.389***
鼓励互动	0.389*	0.310**	0.269*	0.181*	0.246*	0.296*	0.213
激励机制	0.367**	0.531***	0.553***	0.276**	0.333**	0.481***	0.505***
声誉机制	0.288*	0.152	0.149	0.467***	0.196	0.121	0.101
社区规范	0.360**	0.496**	0.384**	0.344*	0.309*	0.304*	0.379*
监督机制	0.089	0.076	0.093	0.132*	0.022	0.055	0.063
F	28.054	23.051	19.333	45.026	28.985	30.512	24.175
Ad-R^2	0.649	0.603	0.560	0.748	0.699	0.709	0.659

注:***、**、*分别表示在1%、5%、10%的水平上显著。

本研究使用 Bootstrap 程序进一步检验感知信任的中介效应。根据 Preacher 等的研究,如果 95% 置信区间(CI)在 0.05 水平上不包括 0,间接效应将是显著的。结果同样表明,感知信任分别中介了鼓励互动、激励机制、声誉机制、声誉规范对知识参与贡献行为的影响,间接效应分别为 0.243(95%CI [0.173, 0.321])、0.372(95%CI [0.245, 0.507])、0.203(95%CI [0.112, 0.311])、0.334(95%CI [0.181, 0.394]);感知信任分别中介了鼓励互动、激励机制、社区规范对知识评价贡献行为的影响,间接效应分别为 0.267(95%CI [0.152, 0.374])、0.491(95%CI [0.348, 0.631])、0.328(95%CI [0.149, 0.406]);感知信任分别中介了鼓励互动、激励机制、社区规范对知识创作贡献行为的影响,间接效应分别为 0.148(95%CI [0.073, 0.215])、0.512(95% [0.375, 0.652])、0.393(95% [0.238, 0.549])。

通过分析结果可知:对于鼓励互动机制,感知信任在鼓励互动与知识评价贡献行为和知识创作贡献行为之间发挥了部分中介作用，在鼓励互动与知识创作贡献行为之间发挥了完全中介作用。企业可以通过鼓励成员间的互动直接促进用户的点赞、分享、评论等行为发生，也能够通过提升用户间的信任程度促进用户产生这些行为。而知识创作行为是个人独立进行的，因此鼓励互动不能直接影响知识创作行为，只能通过提升用户间的信任形成互惠的社区氛围，间接促进知识创作贡献行为的发生。对于激励机制和社区规范两种治理机制，一种是通过物质或非物质的刺激，另一种是通过规范社区环境，两种治理机制都能够给用户一定的直观感受，因此可以直接影响用户的知识贡献行为。另外两种治理机制也能够增强用户对社区环境的信任度，从而自发地进行知识贡献行为。对于声誉机制而言，感知信任在声誉机制与知识参与贡献行为之间起完全中介的作用，声誉体系的治理可提升用户的信任感，并吸引用户进行知识参与行为，然而对于知识贡献难度相对较高的评价和创作行为，这种信任感不足以促进用户进行这些耗时、耗力的行为，因此感知信任在声誉机制和知识评价、知识创作行为之间没有中介作用。对于监督机制而言，它可以被理解为企业的暗箱操作，对社区中的不良行为进行及时制止和处理，并且它为社区健康发展提供了保障。然而多数用户对其具体行动感知甚少，因而对感知信任的影响程度也比较小，可能不足以间接影响用户进行知识贡献行为，见表5-26。

表5-26 感知信任的中介作用

治理机制	知识参与贡献行为	知识评价贡献行为	知识创作贡献行为
鼓励互动	部分中介	部分中介	完全中介
激励机制	部分中介	部分中介	部分中介
声誉机制	完全中介	没有中介	没有中介
社区规范	部分中介	部分中介	部分中介
监督机制	没有中介	没有中介	没有中介

5.6　结论及启示

5.6.1　研究结论

从社区平台治理的视角出发，引入感知价值和感知信任作为中介变量以考察企业虚拟社区的两种治理机制（促进式治理机制和约束式治理机制）对用户三种知识贡献行为的跨层次影响，并通过实证分析得出以下主要结论：

第一，促进式治理机制正向显著影响感知价值和感知信任，其中声誉机制对感知价值和感知信任的影响程度最大，激励机制次之，鼓励互动对感知价值和感知信任的影响程度最小。约束式治理机制正向显著影响感知信任，其中社区规范对感知信任的影响程度较大，而监督机制对感知信任的影响程度相对较小。结果表明，社区适当提升对平台治理机制的实施力度，能够提高用户对社区的信任感和满足感，促使用户提高知识贡献的意愿，从而增强社区的活跃度。

第二，感知价值和感知信任均正向显著影响三种知识贡献行为。其中感知价值对知识参与、知识评价、知识创作贡献行为的影响程度逐渐增强；感知信任对知识评价贡献行为的影响最大，对知识参与贡献行为的影响次之，对知识创作贡献行为的影响最小。而且感知价值对三种知识贡献行为的影响程度均高于感知信任。感知价值和感知信任是从用户视角进行探索研究，相关研究表明用户意愿会对用户行为产生一定的影响，用户对平台环境以及其他用户的信任程度越高时，用户对知识贡献的价值感知也会越高。

第三，感知价值在促进式治理机制与知识贡献行为之间起一定的中介作用。在知识参与贡献行为中，感知价值在促进式治理机制与知识参与贡献行为间起部分中介作用。在知识评价贡献行为中，感知价值在鼓励互动与知识评价贡献行为间起完全中介作用，在激励机制、声誉机制与知识评价贡献行为间起部分中介作用。在知识创作贡献行为中，感知价值在鼓励互动与知识创作贡献行为间起完全中介作用，在激励机制、声誉机制与知识创作贡献行为间起部分中介作用。在企业虚拟社区中，适当的激励与鼓励会对用户的感知价值起促进作用，提高用户对企业虚拟社区所具有的特定认知，从而刺激用户的知识贡献意愿，最终对用户知识贡献行为起正向促进作用。

第四，感知信任在促进式和约束式两种治理机制与三种知识贡献行为之间起一定的中介作用。在知识参与贡献行为中，感知信任在鼓励互动、激励机制、社区规范与知识参与贡献行为间起部分中介作用，在声誉机制与知识参与贡献行为间起完全中介作用。在知识评价贡献行为中，感知信任在鼓励互动、激励机制、社区规范与知识评价贡献行为间起部分中介作用。在知识创作贡献行为中，感知信任在鼓励互动与知识创作贡献行为间起完全中介作用，在激励机制、社区规范与知识创作贡献行为间起部分中介作用。感知信任与环境密切相关，用户感知信任较高时，会提升用户对企业虚拟社区的满意度；企业虚拟社区使用平台治理机制，适当地鼓励和激励用户参与知识贡献，同时出台相关社区规范条例，以提高用户认同感，激发用户的社区归属意识，扩大社区影响力和号召力，从而对用户知识贡献行为产生一定影响。

5.6.2 管理启示

（1）积极鼓励互动以提升用户的感知价值和感知信任

企业虚拟社区中大多数用户加入社区的时间较短，社区中的好友并不多，因此与社区成员间的互动较少。对此，企业可以通过组织线上和线下活动以及增加好友推荐功能等更多形式鼓励成员互动，帮助社区成员建立广泛的社交联系。同时也可以在社区中添加好友推荐功能，根据用户平时的浏览习惯，将拥有共同兴趣爱好的社区成员推送给用户，并在用户成功添加好友后给予一定的奖励，引导其与好友互动。

（2）完善社区奖励机制和声誉机制以提升用户感知价值

通过实证研究结果发现，感知价值的影响因素中激励机制和声誉机制是影响最大的两个变量，企业应结合社区环境特点对平台的激励机制和声誉机制不断进行完善。平台管理者可提供一定的奖励作为对在社区中积极贡献知识的用户的肯定，从而增强用户的参与动机。声誉可提升用户在社区平台的影响力和公信力，对于知识贡献者而言，是最有价值的无形资产。例如企业可评选出"创意达人"等，对积极贡献的用户给予现金、折扣券或抵用券等物质奖励，为表现出众的用户提供企业岗位等。

（3）加强社区规范与监督机制建设

社区规范是平台努力为用户和社区参与者们创造和谐友善的社区氛围的保障；监督机制可采用投诉处理、监督等方式来维持社区平台运行质量，保证用户参与知识创造过程的公平性，预防侵权等投机行为的发生。一方面，社区平台管理者需要注重对社区环境的管理和监督，在用户进行注册时说明社区中可能存在的纠纷的处理措施、知识产权归属、不良行为监管等内容，从而减少用户在社区进行知识贡献时的担忧；另一方面，可围绕提高用户感知信任角度进行社区规范和监督机制的设计。

（4）针对不同知识贡献行为的需求情况，侧重选择不同的治理机制

对于促进社区中的知识参与，企业管理者应侧重于鼓励成员互动、激励机制和社区规范方面的治理，尤其是激励机制的设计更要关注社区中知识参与积极度不高的人群，降低难度；对于提高社区中的知识评价，企业应侧重于激励机制、声誉机制和社区规范方面的治理，尤其是激励机制和社区规范方面的治理。此外评价行为的产生受用户感知信任的影响较大，想要促进社区知识创作行为的发生，企业应侧重于激励机制和声誉机制的

治理，因为产生该行为的群体对社区的信任程度已经很高，而感知信任对该行为的影响最低，感知价值对知识创作贡献行为的影响最高。

5.6.3　不足与展望

第一，本书仅采用三家比较成熟的企业虚拟社区作为样本采集点，研究结果可能具有一定的局限性，希望在未来的研究中可以选取多个企业虚拟社区平台，对比分析在不同社区中平台治理机制对知识贡献行为的影响机制。

第二，本书选择感知价值和感知信任作为本研究的中介变量，没有加入调节变量，未来可以引入可能的调节变量到模型中，不断充实和完善模型，如内外倾人格，外倾人格可能比内倾人格更加容易被平台环境所影响。另外将感知价值理论应用到虚拟社区行为研究的文献还相对较少，未来还需要不断探索。

第三，本书没有对两种治理机制之间可能存在的联系做深入探讨，未来研究可对两种治理机制之间的作用关系进行探索。

第6章 企业虚拟社区知识共享对产品创新的影响

6.1 引言

　　"互联网+"的不断发展促进了传统行业的优化升级，实现了传统行业的"新变革"，众多企业也借此契机，依托互联网搭建企业虚拟社区平台。企业虚拟社区的建立与发展扩大了与产品相关的知识共享活动范围，使得与产品相关的知识共享活动跨越人际关系圈、跨越区域、跨越学科，在兴趣相投的人员间实现分享，同时也帮助企业从用户的知识共享活动中获取想法、创意，最终推动产品创新[183]。用户的知识共享在企业的创新中扮演着至关重要的角色[184][185]，而从用户知识共享到产品创新的跃迁是企业虚拟社区存续的核心。

　　现有学者研究证实了用户的知识共享行为对企业创新的积极

作用，但依然存在两点不足：一是大部分研究均从用户总体出发，忽略了不同用户间的差异。不同类型的用户由于其动机和需求的不同，其知识共享行为的表现也存在差异，如有些用户期望通过获得个人的发展，有些用户期望获得互惠性的帮助，而另外一些则希望获得精神或物质的奖励，且创造力因拥有创造力主体的不同而有所不同，不同主体的差异化行为产生的影响也有所区别[37]。二是现有研究大都是从知识共享的属性出发，如研究知识共享数量与质量、显性还是隐性等对产品创新产生的影响，然而鲜有依据用户参与动机区分知识共享行为，并探究不同动机下用户知识共享与产品创新之间的关系。三是学者们多将前因与后效分开来研究用户知识共享行为，缺乏从前因→过程行为→效果的完整路径来探讨用户在社区中通过知识共享推动产品创新的全过程。

因此，本研究将根据社区用户知识行为对用户类型进行划分，在此基础上，从外部环境（氛围、激励、信任）→知识共享行为（不同动机的行为）→产品创新（结果）的全过程出发，分析和比较不同类型用户受外界影响产生的知识共享行为与产品创新之间的关系，厘清社区不同类型用户的关注点，为企业有针对性地制定相关管理措施，发挥各类用户的优势和特点，促进知识共享，为产品创新的跃迁提出相应的启示和建议。

6.2 企业虚拟社区用户的分类

6.2.1 社区用户的行为特征

企业虚拟社区用户是凭借对企业产品的兴趣、了解而通过注册账号的方式参与到企业虚拟社区当中的，进入社区后根据企业虚拟社区的表达方式，以发帖子的形式表达观点、看法，以文字的形式对其他用户的帖子进行评价、反馈，从而促进知识共享活动不断进行，用户在社区中的活动流程如图6-1所示。

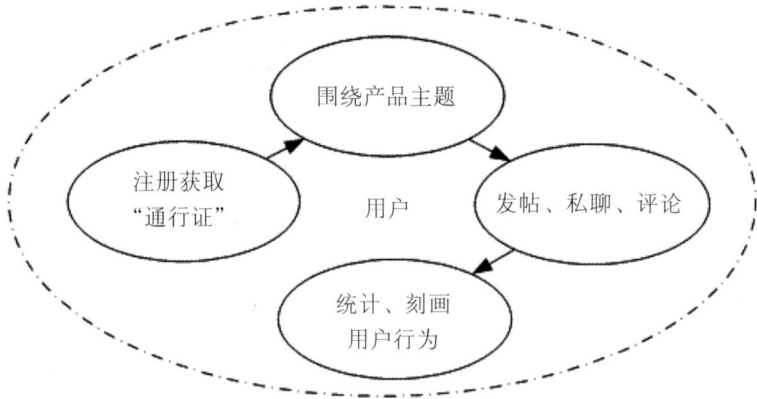

图6-1 用户活动流程

根据用户在企业虚拟社区中的活动，总结出虚拟社区用户活动的特征，主要包含五点。

（1）知识共享的主题明确

当用户选择加入社区后，用户将围绕与产品相关的内容分享观点和想法，并进行争论、评价等，因此，用户分享的主题是明确的，即必须围绕此企业的产品，这与微博、知乎等虚拟社区中的知识共享是不同的，即企业虚拟社区知识共享的主题是明确的、单一的，而微博、知乎的内容则是不确定的、丰富多样的。

（2）分享、互动形式固定

观察社区中的活动可以发现社区内的用户发表观点的方式有两种，一是用户发帖表达观点；二是在别人的帖子下方评论发表观点。总体而言，平台中的知识分享形式仅限于此。互动形式表现为用户间的互相回帖。综合来看，用户分享、互动形式固定且仅限于线上。

（3）用户专业性参差不齐

参与到社区中的用户只需要注册账号，便可凭借"通行证"参与社区活动，社区对成员的专业性无确定性的门槛要求，只需拥有加入的意愿即可，这使得社区中的人员专业水平参差不齐，既可能是与企业产品相关的领域专家，也可能是对产品了解甚少的领域新成员。

（4）用户活动均被相应的指标刻画

用户在社区中的活动被平台用相应的指标进行客观的刻画，如用户的发帖数是用来刻画用户发帖子数量的多少，注册时间是用来刻画用户加入社区的时间长短，在线时长是用来刻画用户在社区活动的真实时间，贡献是刻画用户通过活动对社区产生贡献的多少，好友数是刻画用户在企业虚拟社区拥有好友的数量。总之，这些指标均会依据用户的行为实现动态更新，且此类信息均为公开信息。

（5）帖子具有详细的刻画指标

社区交流以帖子为单位，同时针对帖子设定了相应的指标进行记录，即每个帖子的浏览数量以及它的评论数量。浏览数量是此帖子被其他人点开查看的数量的反映，评论数量是用户对某个帖子表达自己观点、看法的数量的反映。

6.2.2 社区用户的分类指标

（1）关于社区用户分类的研究

关于用户分类的研究已是众多学者广泛研究的主题[186]。谷斌从知识共享的中心度、用户价值的大小出发将人大经济论坛的用户分为核心用户、咨询者、信息获取者及边缘用户[187]。Yuan从用户活跃度、社区影响力、用户关系等特征出发，将用户分为主要用户与非主要用户[188]。Toral将出度、中间中心度作为分类指标，将用户划分成外围用户、正式用户、核心用户[189]。沈波和胡云发以行为的频率、贡献程度、互动积极性为指标，将社区用户分为核心、主动贡献、被动贡献、社交、信息获取、沉默等多种用户[190]。宋恩梅和左慧慧将人气粉丝数、博文转发数、博文评论数、相互关注、共同关注等作为核心用户的识别指标对新浪微博中的核心用户进行识别[191]。陈耀华和杨现民以维基百科为例根据用户的协作模式将用户分为领导者、领域专家、词条的贡献用户、词条维护者、边缘用户[49]。Meng提出结合社交网络分析和K-means聚类算法的模型，将用户分为活跃用户、积极用户、消极用户、旁观者、创意贡献者、忠实支持者、游客、新参与者[192]。彭希羡和朱庆华选取关注数、粉丝量、微文数作为分类指标将微博用户分为8类并进行命名[193]。Guo基于平台中一项全球共同创新的项目，从用户贡献形式、质量出发将用户分为项目负责人、主动设计师、通才、沟通者、被动设计师、观察员[194]。Valck选取访问频率、访问持续时间、信息检索、信息提供、参与讨论作为分类指标，将用户分为核心成员、交谈者、信息搜索者、功能主义者、机会主义者[195]。刘伟和丁志慧从近度、频度、值度三个行为维度将用户分为重要用户、浏览者、沉默用户[196]。将各学者对虚拟社区用户分类的研究进行汇总，具体见表6-1。

表6-1　　　　　　　虚拟社区用户分类研究汇总

分类指标	用户分类	文献来源
知识共享中心度（回帖数、发帖数）、用户价值（等级、近度、专业贡献）	核心用户、咨询者、信息获取者、边缘用户	谷斌等[187]
用户活跃度、社区影响力、用户关系	主要用户、非主要用户	Yuan[188]
出度、中间中心度	外围用户、正式用户、核心用户	Toral[189]
行为频率、贡献度、互动积极性	核心用户、主动贡献用户、被动贡献用户、社交用户、信息获取用户、沉默用户	沈波和胡云发[190]
人气粉丝数、博文转发数、博文评论数、相互关注、共同关注	核心用户、非核心用户	宋恩梅和左慧慧[191]

续表

分类指标	用户分类	文献来源
词条平均贡献、词条参与数量	领导者、领域专家、词条贡献者、词条维护者、边缘用户	陈耀华和杨现民[38]
出度、入度、贡献行为数量	活跃用户、积极用户、消极用户、旁观者、创意贡献者、忠实支持者、游客、新参与者	Meng[192]
关注数、粉丝量、微文数	分为8类	彭希羡和朱庆华[193]
用户贡献形式和质量	项目负责人、主动设计师、通才、沟通者、被动设计师、观察员	Guo[194]
访问频率、访问持续时间、信息检索、信息提供、参与讨论	核心成员、交谈者、信息搜索者、功能主义者、机会主义者	Valck[195]
近度、频度、值度	重要成员、浏览者、沉默用户	刘伟和丁志慧[196]

综上可知，虚拟社区用户分类指标主要囊括了发帖的数量、活跃的程度、好友的数量、互动的积极程度等，少数研究者依据研究内容将用户贡献的形式、质量作为用户分类指标，主要借助社会网络分析、K-means等方法实现用户的分类，并依据用户在各指标的表现进行命名。

（2）用户分类指标体系的构建

从表6-1中的已有研究发现，现有研究主要考虑用户贡献方面的如发帖数、活跃度、回帖数等指标，以及社会网络关系角度的点度中心度和中介中心度指标。而企业虚拟社区主要以企业产品为主题，用户对产品相关知识的掌握程度是一个重要因素。因此本书在以往虚拟社区用户分类研究指标体系的基础之上，结合企业虚拟社区用户的特征，从用户专业素养、贡献程度、用户关系三个方面构建了用户分类的指标体系。用户的专业素养使用专

业词汇数进行衡量；用户贡献程度使用平均评论数、平均浏览
数、发帖数、活跃度来衡量；用户关系使用点度中心性、中介中
心性来衡量。各指标具体含义见表6-2。

表6-2 **用户分类指标含义**

指标名称	含义
专业词汇数（ZY）	单个用户所发帖子内容中包含的专业词语的数量，衡量用户的专业程度
平均评论数（DPL）	反映用户对某个帖子表达自己观点、看法的数量
平均浏览数（DLL）	反映其他用户对帖子感兴趣程度
发帖数（FT）	反映用户在社区中进行知识共享活动的真实情况
活跃度（HY）	用户在社区中的活跃程度，使用用户在线时长度量
点度中心性（DD）	反映用户拥有好友数量
中介中心性（ZJ）	用户担任其他两个用户节点之间最短路的桥梁的次数

下面分别对各项指标的计算进行解释：

①专业词汇数。对社区中用户发布的所有帖子中的专业词汇
进行计数，具体计算公式如下：

$$ZY_i = Z_{i1} + Z_{i2} + \cdots + Z_{in} \tag{6-1}$$

其中：ZY_i代表单个用户专业词汇数，Z_{i1}代表用户i使用专业
词汇数1的数量。

②平均评论数。

$$DPL_i = {ZPL_i}\big/{FT_i} \tag{6-2}$$

其中：DPL_i为单个用户平均评论数，ZPL_i为单个用户所发帖
子的评论总数，FT_i为单个用户帖子总数。

③平均浏览数。

$$DLL_i = ZLL_i \Big/ FT_i \tag{6-3}$$

其中：DLL_i 为单个用户平均浏览数，ZLL_i 为单个用户所发帖子的浏览总数，FT_i 为单个用户帖子总数。

④点度中心性和中介中心性。根据用户之间的关系构造用户关系矩阵，具体如式（6-4）：

$$\begin{bmatrix} 用户1 & 用户2 & \cdots & 用户a \\ 用户2 & 用户3 & \cdots & 用户b \\ \vdots & \vdots & \cdots & 用户c \\ 用户n & 用户e & \cdots & 用户d \end{bmatrix} \tag{6-4}$$

使用 R 语言将用户关系矩阵转化为邻接矩阵，具体如式（6-5）：

$$\begin{bmatrix} 0 & 1 & \cdots & 1 \\ 1 & 0 & \cdots & 0 \\ \vdots & \vdots & \cdots & 1 \\ 0 & 1 & \cdots & 0 \end{bmatrix} \tag{6-5}$$

其中：0 代表两个用户之间不存在关系，1 代表两个用户之间存在关系。

然后借助相关软件求出每位用户的点度中心性和中介中心性指标。

6.2.3　社区用户的聚类过程

K-means 聚类适用于连续数据的样本分类，它具有收敛速度快、模型可解释性强、聚类效果好等优点。因此，本书选取 K-means 聚类分析方法来进行分类。

①将衡量用户专业程度、用户贡献程度、用户关系的指标数据导入 R 语言中，并进行标准化以解决各变量单位不统一的问题。

②寻找最合适的聚类数 K，并用 MANOVA 检验测量聚类的性能。

③输出 K-means 聚类的结果，并对各用户进行类别标记。

④根据聚类结果确定不同类型的用户，对每类用户的特征进行总结分析。

6.3 研究设计

6.3.1 研究变量及设计

目前，已有很多学者对知识共享行为的影响因素的研究进行了总结与评述，主要包括用户个人和环境两方面[26]。刺激－反应论认为，环境中的任何事物都可以成为激发行为的刺激，并决定他的行为。虚拟社区中用户会受到社区氛围、用户信任[197]、激励制度[198]等环境因素的影响，从而进行知识共享行为。

根据动机理论，用户由于自身动机的不同，其知识共享行为的表现也有所不同。知识共享的动机主要有获取知识（学习、自我提高、自我发展）、奖励（外部奖励、外部回报）、互惠、社交（联系、关系）、娱乐（寻求乐趣）、利他、乐助、情绪发泄、自我唯一性等。而依据用户参与动机对知识共享行为进行分类是一个新的视角，且不同研究者的划分结果是根据具体的研究对象以及研究内容决定的，如 Yang 等在研究制造业企业虚拟社区时就将动机分为学习、享乐和综合等[199]。因此在综合本书研究主题和企业虚拟社区特征的基础上，将知识共享划分为发展性知识共享、互惠性知识共享、奖励性知识共享三类。

许多企业纷纷成立企业虚拟社区，希望通过社区集合用户，带动企业产品创新。如海尔集团的虚拟社区平台在知识创新中担当着重要角色，充分调动众多用户的外部知识资源，为海尔的产品创新提供源源不断的新鲜血液[200]。在虚拟社区中，用户知识共享对产品创新的影响主要体现在产品创意与产品测试两个阶段。产品创意阶段是指用户在社区中针对产品提出新的创意或者改善建议；产品测试是指用户在社区中参加企业举办的产品测试活动并针对测试结果进行反馈。

综上，本研究将社区氛围、用户信任、激励制度、发展性知识共享、互惠性知识共享、奖励性知识共享、产品创意、产品测试作为研究变量，并参考已有文献设计了测度量表，见表6-3。所有量表均采用李氏七级量表，1~7表示从"非常不同意"到"非常同意"。

表6-3 调查问卷指标体系

一级变量	二级变量	来源
社区氛围 （SF）	我感受到该社区中的氛围是积极的	李金阳[53] Liou等[197]
	我在该社区中有良好的互动体验	
	我感受到该社区中的和谐气氛	
激励制度 （JZ）	我了解社区中存在相应的激励制度	黄凤和洪 建中[198]
	我曾在社区中获得虚拟币、积分等奖励	
	我曾在社区中获得管理者的称赞或荣誉称号	
用户信任 （YX）	我认为其他用户分享的知识是可靠的	霍明奎 等[201]
	我相信其他用户不会随意使用社区中的创意	
	我相信其他用户对帖子的评论是自身真实的观点	
发展性知 识共享 （FZX）	我会讨论一些对产品的观点和想法，帮助我发散思维	Yang等[199]
	我会分享一些产品的相关知识，帮助我整合知识	
	我会探讨一些新技术的发展与应用，帮助我理解和吸收新知识	
互惠性知 识共享 （HHX）	我会积极评论他人的帖子，促使他人评论我的帖子	
	我会耐心帮助他人解决问题，促使他人帮助我	
	我会转发他人优质帖，促使他人转发我的分享	
奖励性知 识共享 （JLX）	我会分享改进产品的原创想法，帮助我获得相应的荣誉奖励	李贺等[202]
	我会积极攻克产品开发遇到的难题，帮助我获得虚拟币	
	我会报名参加产品测试活动，帮助我获得产品奖励	
产品创意 （CC）	总体而言，关于产品的改进，我产生创意的数量较多	郑健等[203] Fuller等[204]
	总体而言，我产生的创意获得了较多用户的赞赏	
	总体而言，我产生的创意多次被企业采纳	
产品测试 （CT）	总体而言，我参与产品测试的次数较多	Kuncoro &Suriani[205] 沈波[65]
	总体而言，我反馈的产品测试的相关问题得到企业的认可	
	总体而言，我为测试问题提出的解决方案多次被企业应用	

6.3.2 研究假设及模型

（1）社区氛围与知识共享

社区氛围是指社区用户在社区进行活动时，感受到社区中的氛围、气氛，是一种环境外力。群体动力理论认为人的行为是在环境外力的作用下被唤醒的。良好的氛围会对用户的情感、态度产生影响，也会对用户的知识共享行为起到感染、熏陶的作用。如陈君将线上社区的氛围作为用户共享评论信息行为的前因变量，证实了氛围会影响用户参与度，进而提高用户在虚拟社区进行在线评论信息分享的意愿[206]。因此，本书提出以下假设：

H$_{1a}$：社区氛围正向影响发展性知识共享。

H$_{1b}$：社区氛围正向影响互惠性知识共享。

H$_{1c}$：社区氛围正向影响奖励性知识共享。

（2）激励制度与知识共享

激励制度是指由企业社区管理者制定，旨在通过提供物质或非物质的奖励方案来调动社区用户知识共享的积极性，如完成任务就会得到积分、礼品或现金等奖励。现有研究发现当社区中用户认同程度较低时，通过平台的激励制度可以促进用户进行知识共享[207]。谭春辉借助演化博弈论也证明了激励机制对虚拟学术社区科研人员的合作行为产生的积极影响[208]。综上，激励制度对企业虚拟社区知识共享行为存在积极的正向影响，因此提出以下假设：

H$_{2a}$：激励制度正向影响发展性知识共享。

H$_{2b}$：激励制度正向影响互惠性知识共享。

H$_{2c}$：激励制度正向影响奖励性知识共享。

（3）用户信任与知识共享

用户信任具体指用户对社区成员与成员之间的信任的感受。承诺信任理论借助用户信任以及承诺解释个体的行为[209]。在虚拟社区中，当用户的信任程度加深则用户会更积极参与知识共享。例如霍明奎针对新浪微博用户参与度进行研究发现，用户之间信任越深，用户参与度越高[219]。此外，有些学者从不信任的角度出发，发现人际间的不信任会促进用户知识的隐藏行为，阻碍用户的知识共享行为[210]。综上，用户在虚拟社区中的知识共享行为受到用户信任的正向影响，用户信任增强时用户的知识共享行为也会强化。因此提出以下假设：

H_{3a}：用户信任正向影响发展性知识共享。

H_{3b}：用户信任正向影响互惠性知识共享。

H_{3c}：用户信任正向影响奖励性知识共享。

（4）知识共享与产品创新

用户的知识共享不仅是虚拟社区持续发展的关键，而且是促进用户创新的动力。知识共享行为可以通过跃迁实现企业创新[191]；当知识共享的宽度加大时，企业开放式创新的绩效会得到提升[211]。张洁基于顾客参与理论，证实了知识共享、新产品开发之间的作用机理是正向的和直接的[212]。因此，企业虚拟社区用户的知识共享、产品创新之间是正向的、积极的作用关系。

发展性知识共享指社区用户在社区中通过知识共享来探索新知识，实现发展、提升自我的目的。当用户在探索新知的过程中，会避免思维定式、功能固着等的影响，引入自身领域的知识，用新的视角去解决问题。这种积极的思维方式和共享行为有利于产生新的产品创意，解决产品测试中遇到的问题。由此可见，发展性的知识共享对产品创新存在积极的影响，因此提出以下假设：

H_{4a}：发展性知识共享正向影响产品创意。

H_{4b}：发展性知识共享正向影响产品测试。

互惠性知识共享指社区用户以互惠、互助为目的知识共享行为。用户在社区中进行知识共享帮助他人时，其他用户也会在他遇到问题时给予帮助和回应。这种双向、互惠、动态的知识共享，会在碰撞中产生火花，催生关于产品创意和测试方面的新主意和新办法。由此可见，互惠性的知识共享对产品创新存在积极的影响，因此提出以下假设：

H_{5a}：互惠性知识共享正向影响产品创意。

H_{5b}：互惠性知识共享正向影响产品测试。

奖励性知识共享具体指社区用户期望通过分享知识来获得荣誉、物质、虚拟币等方式的奖励。由于奖励的作用，用户的知识共享的积极性将被充分调动，他们会自发地去分析和解决与产品相关的问题，为产品测试反馈的问题提出有价值的解决方案，也为产品创意提供一些新颖和实用的想法。因此，奖励性的知识共享对产品创新存在积极的影响，提出以下假设：

H_{6a}：奖励性知识共享正向影响产品创意。

H_{6b}：奖励性知识共享正向影响产品测试。

根据以上假设，基于刺激－反应理论和动机理论，提出用户受社区氛围、激励制度与信任关系的刺激产生基于不同动机的发展性知识共享、互惠性知识共享和奖励性知识共享行为，进而对产品创新产生影响。据此构建企业虚拟社区用户知识共享对产品创新的研究模型，具体如图6-2所示。

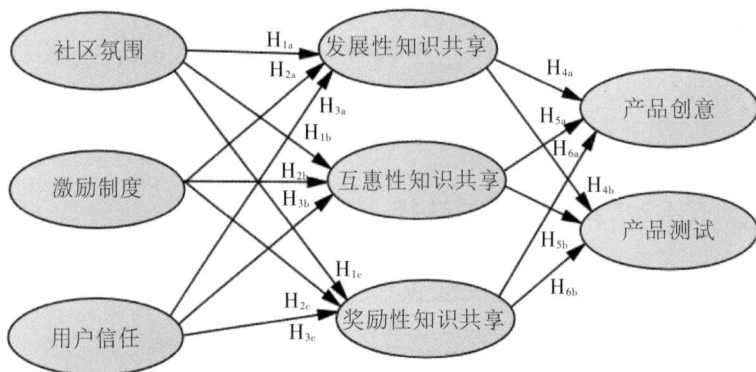

图6-2　研究模型

6.4 实证分析

6.4.1 实证分析流程

实证分析沿着图6-3所述流程进行展开。首先通过对企业虚拟社区的调查,筛选和确定目标社区;然后,爬取社区中的用户行为数据,根据设计的用户聚类指标,对数据进行清洗、转换和处理,采用K-means算法进行聚类分析,并得到用户的聚类结果并解释。最后,根据用户聚类结果获取用户信息,对这些用户采用私聊、发放红包或礼品等方式发放调查问卷,收集问卷数据,进行信效度检验和结构方程模型验证分析。

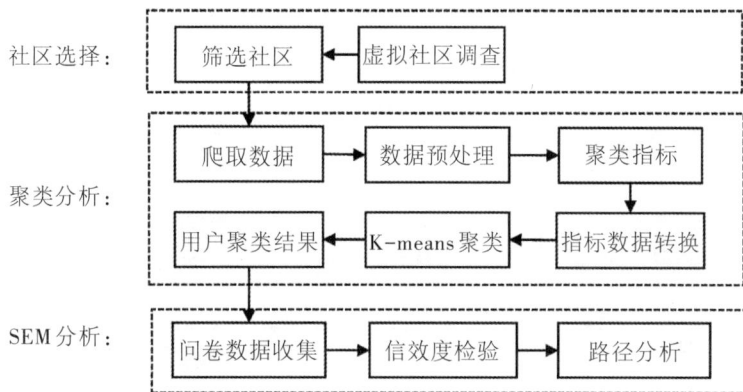

图6-3 实证分析流程

6.4.2 实证社区的选择

由于企业虚拟社区知识共享具有为产品创新带来新活力、降低创新成本的优势,目前已有众多企业建立了企业虚拟社区,如华为产品定义社区、小米MIUI论坛、努比亚牛仔俱乐部等,目前这些企业虚拟社区已有大量用户加入其中并针对产品进行了知识共享活动,这为企业创新做出了一定的贡献。

由于本章是针对企业虚拟社区知识共享对产品创新影响的研究，因此研究对象需要满足企业虚拟社区、以产品为知识共享活动中心两个关键条件。"华为产品定义社区"是目前国内较为典型的企业虚拟社区，既是产品相关知识的分享平台，又是用户的互动交流平台，其创建目的是让众多用户来定义华为的下一个产品，且该社区成立时间长、用户基数大（截至目前，已超过33万用户）、发帖量多（社区中帖子数量已超过17万个），社区对华为的产品创新产生了一定影响，因此选取华为产品定义社区为实证研究对象。华为产品定义社区圈子板块的网页截图如图6-4所示。

图6-4 华为产品定义社区圈子板块的网页截图

资料来源：华为产品定义社区圈子板块：https://forum.huawei.com/jdc/group.

6.4.3 用户聚类分析

（1）爬虫数据采集与预处理

借助八爪鱼爬虫软件对华为产品定义社区中用户的评论数、浏览数、发帖数等数据进行爬取和收集。用户专业素养和中心性等指标不能直接采集，需要进行人工处理，然后借助上一章的公式进行计算。

　　针对获取的数据进行预处理，第一步是缺失数据处理，针对个案数据的缺失问题，先打开网页查看是否存在，存在则进行补充，不存在则删除个案；第二步是重复数据的处理，针对内容重复的帖子进行删除处理，依据唯一的ID针对用户数据进行重复数据判断和删除；第三步是数据格式的处理，将在线时间的数据单位删除并转化为数值型数据。

　　根据用户分类指标体系的计算方法，针对用户专业素养、用户贡献程度、用户关系的各项指标进行计算。

　　①用户专业素养

　　第一，确定专业词汇。根据华为的主要业务、产品定义社区中帖子的内容以及查阅相关资料确定专业词汇，具体见表6-4。

表6-4　　　　　　　　　　专业词汇表

专业词汇名称	专业词汇名称	专业词汇名称
应用程序接口/API	短消息中心/SMC	操作台/WS
基站/BS	密钥序列号/CKSN	消息路由/MRT
网络控制/NC	指示/IND	站点/SITE
域名服务器/DNS	码变换器/TRAU	相移键控/PSK
文件传输/FTAM	连接请求/CR	惩罚时间/PT
光接口板/FBI	时隙/TS	上行链路状态标识/USF
文件传输协议/FTP	控制信道/CCH	双音多频/DTMF
端对端协议/PPP	下行链路/DL	操作与维护/OM
网络管理/NM	异步传输模式/ATM	移动终端/MT
互联网协议/IP	网站地址/URL	终端服务程序/ISR
协议处理板/LAP	数字信号处理器/DSP	误码率/BER
操作系统/OS	帧号/FN	常见问题/FAQ
位置区/LA	数字数据网/DDN	即时信息/IM
Pb接口/Pb	信令转接点/STP	无线资源/RR
消息分配/MDC	信令/SIG	网络子系统/NSS
基站色码/BCC	服务接入点/SAP	关口局/GMSC
基站控制器/BSC	节点通信板/GNOD	局域网/LAN
随时存储内存/RAM	射频/RF	接收/RX
同步数字系列/SDH	中央处理器/CPU	超文本传输协议/HTTP
业务数据单元/SDU	点对点/PTP	超文本链接语言/HTML
网关/Gateway	无线应用协议/WAP	

第二，借助 R 语言中的计数函数，针对每位用户所发帖子中的每个专业词汇的中文、英文进行计数。

第三，依据式（6-1）计算每位用户总共使用的专业词汇数，具体结果见表6-5。

表6-5 用户专业词汇数

用户昵称	专业词汇数	用户昵称	专业词汇数	用户昵称	专业词汇数
eifinito	0	技术钻研者	3	漫步云间	16
共祝愿祖国好	1	京天动地	3	天天	16
jinly11	0	txt	0	but	17
jntoSQH	0	哔哩哗啦	6	ldc	17
likui_215	0	虎添翼	6	华强	18
尕旗部诺	1	雪兔	6	启明星在发光	18
meinv	0	夜观天象	6	二师兄小哥哥	19
MeinvXX	0	阿妹	8	骄傲与渺小	19
s00253165	0	肥罡	8	老虎不吃肉	19
shi_wenxiu	0	最帅的那个又	13	L晨曦	20
sniperkang	0	坐墙头	13	user_3294585	20
stqwchao	0	firestar1	14	尘凡	60
user_3473137	0	user_3474213	0	user_3287577	0
user_3294519	0	xiongxiongst	0		

②用户贡献程度

第一，发帖数。发帖数是用户在社区中进行知识共享活动数量的表征，企业虚拟社区中的个人空间对每位用户的发帖数都有统计，因此直接采用社区对用户发帖数的记录表示用户的发帖数。

第二，活跃度。活跃度采用用户个人空间中的在线时间来刻画，用户个人空间记录的时间越长，说明用户在社区中的活动时间越长，这也进一步表明用户越活跃；反之用户个人空间记录的时间越短，说明用户在社区中的活动时间越短，这也进一步表明用户活跃度较低。

第三，平均浏览数、平均评论数。根据前述的式（6-2）、式（6-3）分别对企业虚拟社区中每个用户在社区中所发帖子的平均浏览数、平均评论数进行计算，最终各用户具体的计算结果见表6-6。

表6-6　　　用户帖子的平均浏览数、平均评论数

昵称	平均浏览数	平均评论数
52SK	239.00	14.67
ahmay	22.22	3.66
A小鱼儿A	16.92	3.00
bessie4022	66.00	5.00
cctjq	98.80	1.60
chenyx8	15.49	2.39
chenzg17	72.00	4.00
davidflying	158.00	9.25
davidwei123	92.47	5.96
dhthongbin	75.55	3.50
eifinito	24.00	6.00
firestar1	23.00	3.33
Garfee	18.00	3.50
gfnnw9888	13.00	4.00
gjq	291.00	13.00
GRACE早	38.00	8.00
Guoqiang	26.19	4.65
hill1224	54.33	14.00

③用户关系

第一，根据用户个人空间的好友关系以及式（6-4）构造用户关系矩阵，具体见表6-7。

表 6-7   用户的关系矩阵

用户昵称	与用户存在关系的用户昵称				
but	NARI_WU	呲花	—	—	—
Q米洛斯Q	king	花不语	会飞的熊	—	—
changchun	小雨点点	king	呲花	—	—
chaoyangpo	小雨点点	jianping	呲花	—	—
chenzg17	春天花会开	king	NARI_WU	—	—
cctjq	Jh_guo	s00253165	TTT	嘟嘟飞	—
bessie4022	davidflying	NARI_WU	曹小河	建赟	—
Coobby	king	wjx	呲花	风之力	建赟
ahmay	duan...	king	txt	wjx	...
A小鱼儿A	duan...	L晨曦	LRC	zsd	...

第二，使用 R 语言将用户关系矩阵转化为邻接矩阵，具体见表 6-8。

表 6-8   邻接矩阵

用户昵称	风之力	duan...	北方苍狼	春风夏雨	小雨点点	firestar1
风之力	0	0	1	1	0	1
duan...	0	0	1	1	0	1
北方苍狼	1	1	0	1	1	1
春风夏雨	1	1	1	0	0	0
小雨点点	0	0	1	0	0	1
firestar1	1	1	1	0	1	0
jun_gaoj	1	1	1	0	0	1
king	1	1	1	1	0	1
txt	1	1	1	1	1	1

注：0代表两个用户之间不存在关系，1代表两个用户之间存在关系。

第三，借助相关软件求出每位用户的点度中心性和中介中心性，结果见表6-9。

表6-9　　　　　　　用户的点度中心性、中介中心性

昵称	点度中心性	中介中心性
宝鼎波波	5	48.802
SHS	12	28.044
justme	20	890.441
davidwei123	41	483.258
user_3275435	13	99.167
Guoqiang	12	17.229
Mylovetubo	6	6.691
dhthongbin	49	556.167
NARI_WU	12	64.648
zsd	2	5.445

根据以上步骤，删除一些数据较少和存在较多缺失数据的用户，并筛选掉发放问卷时联系不上的用户数据，最终整理出750个用户的数据。

（2）聚类分析

基于预处理好的750个用户数据，选取的K-means聚类分析方法对用户进行分类，首先借助R语言软件对用户的指标数据进行标准化处理，以解决各指标单位不一致的问题，再借助Gap Statistic确定用户的最优聚类数以保证聚类效果的良好，经过分析发现用户最优聚类数为3，具体如图6-5所示。这与以往用户分类的类别数是存在差距的，这可能是由于本研究的对象是在社区中具有活动的用户，比如参与过发帖、评论等活动，最终的分类结果见表6-10。

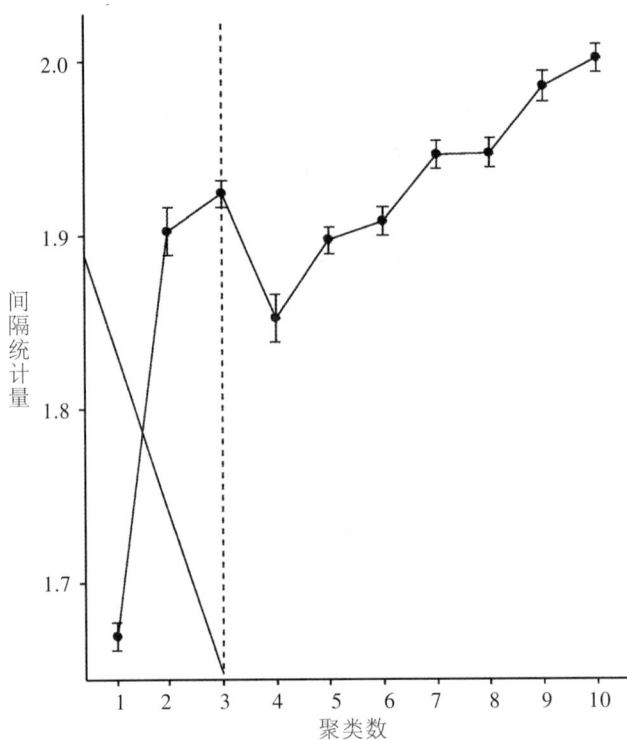

图6-5 最优聚类数

表6-10 用户分为三类的结果

用户类别	数量	百分比
用户聚类1	33	4.40%
用户聚类2	225	30.00%
用户聚类3	492	65.60%

借助MANOVA检验发现P值小于0.01，因此拒绝原假设，说明聚类性能良好。整理用户的分类结果可知，昵称为user_3473137、user_3474213、xiongxiongst、user_3287577、user_3294519等用户被划分到用户聚类1，12345678、52SK、ahmay、anping、A小鱼儿A、bessie4022、cctjq、changchun、chaoyangpo等用户被划分到用户聚类2，Cola_5338533、DandyLee、fade、gsyeye、hisong、HShixian、huchunqing、Huzhuang、JCX、Jude-

Wang等用户被划分到用户聚类3。

（3）聚类特征描述

根据上述用户的类别，挖掘各类用户的特征，此处借助K-means结果中的聚类中心进行分析，具体情况见表6-11所示。

表6-11　　　　　K-means聚类结果特征

用户类型	数量	专业词汇数	平均评论数	平均浏览数	发帖数	活跃度	点度中心性	中介中心性
用户聚类1	33	0.13	0.09	0.12	0.15	0.20	2.05	2.34
用户聚类2	225	0.55	0.79	1.35	1.09	0.73	0.33	0.23
用户聚类3	492	0.20	0.20	0.35	0.39	0.33	1.45	1.21

从表6-11可以看出，用户聚类1的数量较少，考虑后续研究的可行性与意义，可将用户聚类1合并至用户聚类2或者用户聚类3，通过相关统计检验发现用户聚类1与用户聚类3是相似的，并且两类用户的用户关系指标表现良好，用户贡献、用户专业素养指标表现较差，因此将用户聚类1与用户聚类3归类为"第二类"用户。根据表6-12指标的特征将用户命名为专业贡献型用户与积极社交型用户。因此本书最终确定为针对积极社交型用户与专业贡献型用户知识共享对产品创新影响的比较。

表6-12　　　　　最终聚类特征

用户类型	数量	专业词汇数	平均评论数	平均浏览数	发帖数	活跃度	点度中心性	中介中心性
专业贡献型用户	225	0.55	0.79	1.35	1.09	0.73	0.33	0.23
积极社交型用户	525	0.20	0.19	0.34	0.37	0.32	1.49	1.28

根据表6-12最终聚类的结果与特征，对两种类型用户特征进行总结。

专业贡献型用户的特征为具有较强的专业素养，重视"自我"，擅长发帖引发讨论，此类用户是社区中进行知识贡献以及引发用户积极讨论的主力，在社区中具有较强的贡献能力，因此将此类用户命名为专业贡献型用户。该类用户在社区中经常使用专业词汇通过发帖的形式进行知识共享活动，分享的帖子不仅能吸引较多用户来浏览、学习，而且使他们参与到帖子的讨论中去。同时，此类用户在社区中的在线时间较长，这说明此类用户一旦进入社区，便沉溺于其中，但在点度中心性、中介中心性方面均较低，这与他们花费大量时间专心撰写帖子是分不开的，也与本社区未设置关注以及粉丝相关。总而言之，此类用户是社区中知识贡献以及引发用户积极讨论的主力。

积极社交型用户的特征为用户专业素养相对较低，重视"关系"，在社区中的点度中心性、中介中心性表现良好，此类用户不仅是知识贡献的积极参与者，也是关系建立的主动者和其他关系建立的桥梁，其在社区中具有较强的传播能力和积极性，因此将此类用户命名为积极社交型用户。该类用户在社区中的点度中心性、中介中心性表现良好，这是因为其在进行知识共享的同时也积极与其他用户建立关系，此类用户在社区中经常通过积极评论他人帖子等方式与其他用户积极建立好友关系，并凭借积极建立的好友关系为其他用户之间的关系搭桥引线。总而言之，此类用户不仅是知识贡献的积极参与者，也是关系建立的主动者和其他关系建立的桥梁，其在社区中具有较强的传播能力和积极性，同时这些积极性也影响着其他用户的活动。

6.4.4 模型构建与分析

（1）问卷数据收集及信效度检验

问卷的收集过程分为预调研和正式调研。预调研是先在小范围进行问卷前测，对调查数据进行信效度分析，并根据用户和专家意见进行核实修改；然后进行问卷发放和正式调研。问卷收集主要根据爬虫获取的用户昵称，有针对性地与这些用户私聊，并发送红包、礼品奖励进行问卷收集，经过5个月共收集到750份问卷，其中有效问卷为700份，回收率约93%。

选用Cronbach's α系数、因子分析中的KMO和Bartlett值测量问卷的信效度，根据表6-13结果可知各构面的Cronbach's α系数基本都超过0.7，问卷信度良好。同时，KMO值为0.929，P=0.000<0.05；所有构面的组成信度均超过0.7，且AVE值都在0.514～0.853之间，均超过了0.5的最低门槛要求，以上信息显示量表具有较好的效度。

表6-13   信效度检验

变量	项数	Cronbach's α	CR	AVE
用户信任	3	0.882	0.909	0.769
社区氛围	3	0.932	0.860	0.673
激励制度	3	0.725	0.842	0.640
发展性知识共享	3	0.959	0.946	0.853
互惠性知识共享	3	0.737	0.728	0.536
奖励性知识共享	3	0.853	0.855	0.673
产品创意	3	0.923	0.897	0.744
产品测试	3	0.714	0.702	0.514

（2）用户的描述性分析

描述性分析是针对企业虚拟社区中用户问卷第一部分（基本信息）获取的数据进行整理与探究。依照专业贡献型用户、积极社交型用户的分类分别对两类用户的基础信息进行描述性分析。

针对专业贡献型用户获取的数据，借助SPSS软件进行描述性分析，具体情况见表6-14。

表6-14 专业贡献型用户的描述性分析

特征变量		频数	百分比
性别	男	129	64.5%
	女	71	35.5%
学历	初中及以下	4	2.0%
	高中及中专	4	2.0%
	大专	31	15.5%
	本科	77	38.5%
	硕士研究生	65	32.5%
	博士研究生	19	9.5%
加入华为社区的时间	1年	21	10.5%
	2年	46	23.0%
	3年	67	33.5%
	4年	45	22.5%
	5年	21	10.5%

由表6-14专业贡献型用户的描述性分析可知，在性别特征中，男性有129人，女性有71人，女性占总人数的值为35.5%，这显示出专业贡献型用户中男性数量较大，占比较高，女性数量较小，占比较低；在学历特征中，初中及以下的人数最少，这部分仅占总数的2%，其中博士研究生学历的人数也较少，仅有7人，这与社会中拥有博士研究生学历的人数较少相契合，其中拥有本科和硕士研究生学历的人较多，占到总数的38.5%和32.5%，这说明拥有本科、硕士研究生学历者是专业贡献型用户的主力军；关于加入华为社区的时间，加入社区5年的人数最少，占比为10.5%，加入社区1年的人数也较少，而加入社区2年、3年以及4年的人数的占比均达到20%以上，3年和4年的用户占到总数的60%左右，这说明专业贡献型用户加入社区的时长大部分都在3到4年，正是因为对社区的产品及内容较感兴趣，选择加入社区的时间较早，这使得专业贡献型用户更加了解

社区中的产品，为社区做出更多的贡献。

针对积极社交型用户获取的数据，借助SPSS软件针对问卷的第一部分内容进行描述性分析，具体情况见表6-15。

表6-15　　　　　积极社交型用户的描述性分析

特征变量		频数	百分比
性别	男	241	48.2%
	女	259	51.8%
学历	初中及以下	88	17.6%
	高中及中专	134	26.8%
	大专	179	35.8%
	本科	43	8.6%
	硕士研究生	54	10.8%
	博士研究生	2	0.4%
加入华为社区的时间	1年	113	22.6%
	2年	143	28.6%
	3年	129	25.8%
	4年	79	15.8%
	5年	36	7.2%

从问卷数据的特征来看，在积极社交型用户中，从性别特征看，男性占48%，女性占52%，男女比例大致均衡，女性积极社交型用户较多一些；从学历特征看，高中及以下和大专学历分别占46.4%与35.8%，说明大专以下学历用户是积极社交型用户的主力军。从加入华为社区的时间看，加入社区5年的人数最少，仅占7.2%，而加入社区1年、2年、3年的人数占比均达到20%以上。

（3）模型验证与比较

借助AMOS 20.0描绘出各变量之间的关系，选择两种类型用户的数据分别进行模型验证，两种类型用户结构方程模型的CMIN/DF、CFI、TLI、IFI、PCFI、RMSEA等指标的具体情况见表6-16，说明两类用户的模型都可以接受。

表 6-16　　　　　　　　　　模型适配度检验表

用户类型	绝对适配指数		增值适配指数			简约适配指数		
	RMSEA	GFI	IFI	TLI	CFI	CMIN/DF	PCFI	PNFI
专业贡献型用户	0.079	0.841	0.902	0.884	0.901	2.387	0.774	0.723
	理想	接受	理想	接受	理想	理想	理想	理想
积极社交型用户	0.084	0.850	0.896	0.878	0.895	4.672	0.769	0.748
	接受	接受	接受	接受	接受	接受	理想	理想

　　根据结构方程模型的检验结果整理积极社交型用户与专业贡献型用户研究假设的验证情况，具体见表 6-17。

表 6-17　　　　　　　　　结构方程模型研究结论

研究假设	专业贡献型用户	积极社交型用户
社区氛围对发展性知识共享存在正向影响	成立	成立
社区氛围对互惠性知识共享存在正向影响	成立	成立
社区氛围对奖励性知识共享存在正向影响	成立	成立
激励制度对发展性知识共享存在正向影响	成立	成立
激励制度对互惠性知识共享存在正向影响	成立	成立
激励制度对奖励性知识共享存在正向影响	成立	成立
用户信任对发展性知识共享存在正向影响	成立	不成立
用户信任对互惠性知识共享存在正向影响	不成立	不成立
用户信任对奖励性知识共享存在正向影响	不成立	不成立
奖励性知识共享对产品创意存在正向影响	成立	成立
奖励性知识共享对产品测试存在正向影响	成立	成立
互惠性知识共享对产品创意存在正向影响	成立	成立
互惠性知识共享对产品测试存在正向影响	成立	成立
发展性知识共享对产品创意存在正向影响	不成立	成立
发展性知识共享对产品测试存在正向影响	成立	成立

　　根据模型验证发现，大部分假设都得到了验证，社区氛围和激励制度正向影响用户的发展性知识共享、互惠性知识共享与奖励性共享。其中用户信任对互惠性和奖励性知识共享影响不显著，可能由于用户信任考察的是用户对社区知识的可靠性、正确性的态度，而互惠性和奖励性知识共享主要受社区管理的影响，因此影响不显著。积极社交型用户更重视结交更多的朋友以及帮助他人建立关系，其专业素养不高，因此对发展性知识共享影响不显著。

　　值得注意的是，无论是专业贡献型还是积极社交型用户，他们的奖励性知识共享、互惠性知识共享和发展性知识共享都会正向影响产品创新，说明知识共享对产品创新起到积极的推进作用。而专业贡献型用户的发展性知识共享对产品创意的影响不显著，主要原因在于专业贡献用户本身拥有的知识体系较为丰富，通过社区学习知识实现提升自我的难度较大，因此发展性知识共享对产品创意产生的影响不显著。

　　根据模型调整和验证，最终得到模型如图6-6所示。

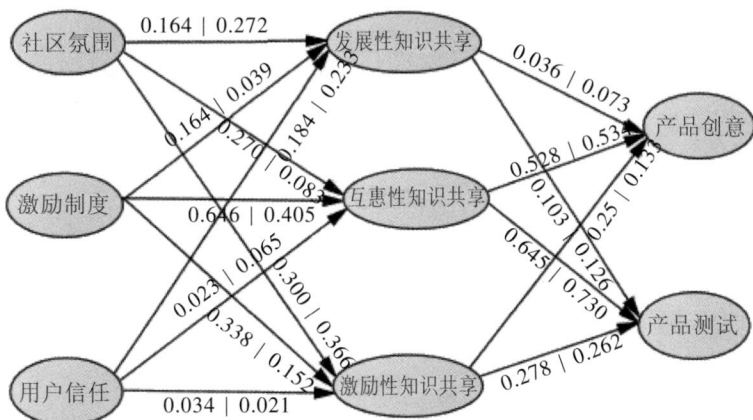

图 6-6　最终不同类型用户对产品创新的影响模型

注：｜前为专业贡献型用户，｜后为积极社交型用户。

　　对专业贡献型用户与积极社交型用户知识共享各变量对产品

创新影响的标准化系数进行比较，具体情况见表6-18。

表6-18　　　　　　　　两类用户各变量之间的关系

变量之间的关系	专业贡献型用户	积极社交型用户
互惠性知识共享←社区氛围	0.270	0.483
互惠性知识共享←激励制度	0.646	0.405
互惠性知识共享←用户信任	0.023	0.065
奖励性知识共享←社区氛围	0.300	0.366
奖励性知识共享←激励制度	0.338	0.192
奖励性知识共享←用户信任	0.034	0.021
发展性知识共享←社区氛围	0.164	0.272
发展性知识共享←激励制度	0.164	0.039
发展性知识共享←用户信任	0.184	0.233
产品测试←奖励性知识共享	0.278	0.262
产品创意←奖励性知识共享	0.255	0.193
产品测试←互惠性知识共享	0.645	0.730
产品创意←互惠性知识共享	0.528	0.534
产品测试←发展性知识共享	0.103	0.126
产品创意←发展性知识共享	0.036	0.073

通过比较可以发现：

第一，行为动机方面：专业贡献型用户与积极社交型用户对社区氛围、激励制度、用户信任的感知存在差异，专业贡献用户对激励制度更加敏感，而积极社交型用户对社区氛围的感知较强。

第二，行为结果方面：专业贡献型用户的奖励性知识共享对产品创意、产品测试的影响较大，这说明专业贡献型用户的奖励性知识共享更有利于促进产品创新，而互惠性、发展性知识共享的促进度较低。积极社交型用户互惠性知识共享、发展性知识共享对产品创意、产品测试的影响较大，说明积极社交型用户互惠性、发展性知识共享更有利于促进用户的产品创新，而奖励性知识共享的促进度较低。

6.5 结论及启示

6.5.1 研究结论

根据华为产品定义社区的实证分析，主要发现以下结论：

（1）用户互惠性知识共享和奖励性知识共享是产品创新的主要来源

不论专业贡献型用户还是积极社交型用户，互惠性知识共享对产品创意和产品测试的影响较高，表明用户积极获取与交换知识行为可以极大地促进企业产品创新。奖励性知识共享对产品创新也存在显著影响，说明用户因受物质或者荣誉等奖励的激励而参与的知识共享活动也会对产品创新产生一定积极影响。相对来说，发展性知识共享对产品创新影响较小，说明社区用户出于自身发展的知识共享会较少地影响产品创新，原因是用户可能会选择隐藏或保留优质知识，以获得竞争优势而更利于自身的发展。

（2）积极的社区激励制度与社区氛围有助于用户知识共享和产品创新

所有用户的互惠性知识共享与奖励性知识共享都受到社区激励制度与氛围的正向影响。良好、和谐的社区氛围与积极、有效的激励制度，会对社区用户的知识共享行为产生正向影响，从而吸引社区用户积极参与各种类型的知识共享行为，并促进企业的产品创新。

（3）不同类型用户知识共享对产品创新的影响机制有所不同

根据实证分析的结果，华为产品定义社区用户可以划分专业贡献型和积极社交型用户。专业贡献型用户是社区知识共享和产品创新的主力，他们对社区激励制度比较敏感；积极的激励制度可以促进其互惠性知识共享行为和奖励性知识共享行为。此外，由于专业贡献型用户专业知识水平较高，他们的互惠性知识共享行为更有利于优质知识的交流和创新，能对产品创新产生较大的影响。积极社交型用户占社区用户的大多数，该类型用户社交特性较强，对社区氛围的感知高于专业贡献型用户，更易受社区氛围的影响，导致其知识共享行为的变化，进而影响产品创新；通过营造良好的社区氛围，可以提升该类用户对产品创新的影响。

6.5.2 理论贡献

第一，本研究基于刺激-反应和动机理论，从外部环境-动机反应-创新结果的完整路径分析了企业虚拟社区中用户知识共享对产品创新的作用机制，补充和验证了虚拟社区用户知识共享与产品创新的相关理论。

第二，本研究分析和比较了不同类型用户知识共享的动机、行为及产生的结果，发现了专业贡献型用户与积极社交型用户的知识共享行为及产品创新影响的差异，丰富了以往将所有用户视为一类的研究成果。

第三，本研究区别以往对社区用户分类的方法，通过爬取社区网站的行为数据，设计聚类指标，采取K-Mean方法实现用户的自动聚类，根据聚类结果将用户划分为专业贡献型用户和积极社交型用户，更符合社区的现实情况和需要，为社区用户细分和用户知识共享研究提供方法和思路。

6.5.3 管理启示

现实情况与本书中的实证案例类似，大部分企业虚拟社区中都存在少量的专业贡献型用户与大量的社交型用户，应根据不同类型用户对产品创新的影响机理，采取不同的管理措施，来促进用户的知识共享行为，为企业的产品创新提供帮助。

（1）针对专业贡献型用户

对专业贡献型用户而言，激励制度是重要影响因素。企业可以从激励的实现方式、形式、频次等方面入手丰富激励制度，提升专业贡献型用户的作用。如增加奖励活动的次数，在平台建立日期、产品发布日期等时段开展奖励活动，吸引专业贡献型用户的注意力；增加机会奖励，多给该类用户与企业员工沟通和交流的机会，并提供一定的项目和资金机会；丰富社区奖励的形式，对获奖用户的方案进行应用和展示，在增强获奖用户荣誉感的同时也可以激发其他用户的参与兴趣。

（2）针对积极社交型用户

对积极社交型用户来说，良好的社区氛围可提升积极社交型用户的知识共享与产品创新的积极性。因此，社区管理者应主动积极引导、创造条件和机会来营造积极的社区氛围，提升该类用户的参与积极性。如定期举办各种类型的线上和线下交流活动，为引导社交型用户创造交流和联系的机会，保持社区的活跃度；丰富社区网站的相关功能，如添加点赞、收藏、打赏等功能，增加用户之间的交流互动方式，使用户在交流中享受乐趣，进而增强交流的主动性。

6.5.4 不足和展望

本研究以华为产品定义社区为例进行实证分析，不同类型社区存在有很大不同，如用户的聚类划分结果及对产品创新的影响机制等都可能存在差别。在后续研究中，将以某个行业的产品社区为研究对象，来挖掘某一个行业社区的共性。此外，不同类型用户之间也会有角色的转变，如社交型用户在社区中不断汲取、学习知识后，可能会转化为专业贡献型用户，今后可以对社区用户转换机理进行讨论。

第7章 企业虚拟社区中用户知识的评价筛选

7.1 引言

随着企业虚拟社区的不断发展，社区中用户共享的知识不断增加，出现了大量的"知识泡沫""知识垃圾"。一方面，在企业持续激励的大力推动下，用户会积极主动地分享知识，但也会产生很多低价值甚至无价值的知识和重复的知识，造成企业虚拟社区中充斥着"知识泡沫"；另一方面，随着组织业务的发展和技术的进步，知识社区中很多知识会不断过时，价值变小，成为"垃圾知识"，这些"垃圾知识"，若不被及时剔除，就会越积越多，形成大量的"知识垃圾"。如果上述问题不得到解决，将导致用户使用社区的热情下降，从而减少了对新知识的创造和分享，最终使企业虚拟社区成为摆设。

对知识进行筛选和排序可以降低企业虚拟社区中知识的无序化程度，有序的知识储备可以促进用户积极分享和使用知识社区，并进行知识应用与创新，吸引用户创作更多新的高质量知识。因此，本章研究企业虚拟社区中的知识筛选和排序问题，构建大众网络协同的知识筛选模型，并提出一种基于大众网络协同的用户知识动态评价筛选方法。

7.2 知识评价筛选和排序方法的相关研究

目前存在的一些知识筛选和排序方法，大多数应用于学术界的科研项目、学术论文的评价和筛选，以同行评议和文献计量评价方法为主，但这两种方法应用在企业虚拟社区中，都存在一定缺陷。

同行评议法理论上是一种可靠、理想的评价方法，其评价结果准确性高、权威性高、可信度高，但是专家难找，且评价周期长，所花费的资源比较大，实施难度也比较大。基于文献计量学分析的筛选方法是一种客观的间接统计方法，通过知识的载体（即文献）的外在特征指标的统计分析进行评价筛选，比较客观，并可以实现自动筛选，但是其准确性受评价指标体系完整程度的影响，结果不全面。而且，同行评议法和文献计量评价方法虽然在文献、学术、科研项目中广泛使用，而企业虚拟社区中的知识形式多样，难以适用。

目前还有以 Almind 和 Ingwersen 提出的网络计量学为基础的网络统计分析评价和筛选方法[213]，其中一个主要成功的应用就是对互联网中网页价值的评价。如基于网页链接统计分析的评价方法，以 PageRank[214]、HITS[215]、EigenRumor[216]等方法为代表，它们利用网页之间的链接（表示支持）或者网络用户的评分行为来对网页、博客的价值进行排序评价。然而，此类方法都只是考虑网页或文档直接的静态链接关系，而没有考虑企业虚拟社区的用户与知识之间的相互影响。此外，Perim 提出 altmetrics（替代计量学）构建全面影响力评价指标体系，来替代传统片面依靠引文指标的定量科研评价体系，并考虑研究成果受到的网络关注程度，进而全面、快速地反映科研知识的影响力[217]。替代计量学在社交网络环境下更多地考虑知识的网络影响力，这是未来学术评价的一个方向，并且已有研究学者期望通过用户的知识行为对知识的影响价值进行评价，如王凌峰、陈松青提出通过在线阅读、点击以及下载等学术虚拟社区行为的统计分析，实现低成本、快速、高质量的学术传播与学术影响评价[218]；乐承毅和顾新建引入用户行为分析方法，对知识的实际被使用行为进行统计分析，实现了基于用户行为统计分析的知识自动评价方法[219]。但此类方法大多只考虑用户的简单知识行为，可靠性不高，需要分析大量的用户行为数据才能得到比较满意的结果。

综上，从已有的研究来看，现有的知识筛选方法大多应用于学术界，而对虚拟社区特别是企业虚拟社区中的知识筛选方法的研究非常少。同行评议、文献计量学的方法用到企业虚拟社区的知识筛选中来都有相应的缺陷，需要根据企业知识的特点有针对性地设计相应的知识动态筛选方法。

7.3 企业虚拟社区大众网络协同的知识评价筛选模型

目前论文评价和筛选方法以传统的同行评议和文献或者网络计量方法为主，但两种方法都存在相对的缺陷。同行评议方法虽然具有可靠和科学的优点，但又有同行专家搜寻难和评价成本高的缺点。网络计量学中基于网页链接统计分析的筛选方法利用分享经济和 Web2.0 的核心特征——大众用户的智慧，来对网页（知识）进行统计，具有效率高、成本低的优点；但该方法相对可靠性不是很强，而且他们没有综合考虑人与知识之间的相互影响的关系。

因此，本研究综合同行评议方法与网络计量学的优点，从评分人、知识、行为（知识发布与评分）三种对象之间的互相影响关系着手，针对企业虚拟社区中知识文档比较散乱、不统一、用户群体多的特点，构建大众网络协同的知识动态筛选模型，如图7-1所示。

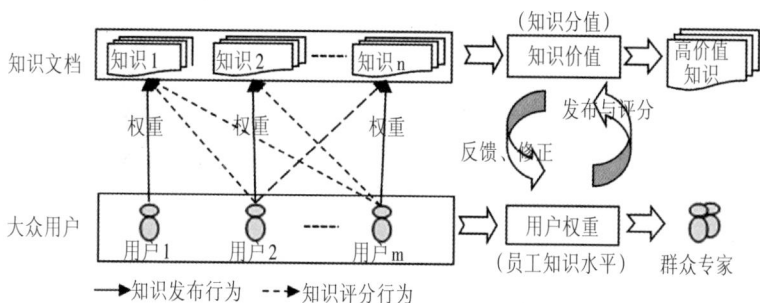

图7-1 大众网络协同的知识动态筛选模型

第一，在企业虚拟社区中，用户对自己感兴趣和擅长的相关知识发布或者评分；知识社区平台记录用户发布与评分数据。

第二，企业虚拟社区根据用户对知识文档的发布与评分行为数据，统计知识文档被评分的情况，结合考虑评价用户的权重，综合计算得到知识文档的知识分值。知识分值随着用户的行为动态变化。

第三，企业虚拟社区根据用户发布与评分数据以及知识文档的分值，分析每个用户在社区中所发布知识的价值（通过评价得到的知识分值）和所评分知识的准确性（评价意见在知识评分中的作用），综合计算得到每个用户相应的专业权重。用户权重也随着其知识发布与评分的行为，在不断动态更新。

在这个过程中，用户权重与知识分值将不断相互影响，对知识分值和用户权重不断进行反馈、修正。知识价值和用户权重的结果可以帮助社区管理者发现高价值知识和群众专家，并促进知识的使用与创新。

7.4　大众网络协同的知识动态评价筛选方法

根据大众网络协同的知识筛选模型，结合 EigenRumor[217]人与博客互相影响作用的原理，社区中知识的合理评分主要决定于用户对该领域的熟悉程度，并且用户的知识行为可以分为知识发布与知识评分，但用户的权重可以统一用权重（专业知识水平）表示，发布原创知识更能证明用户的专业水平。方法原理演化如图 7-2 所示。

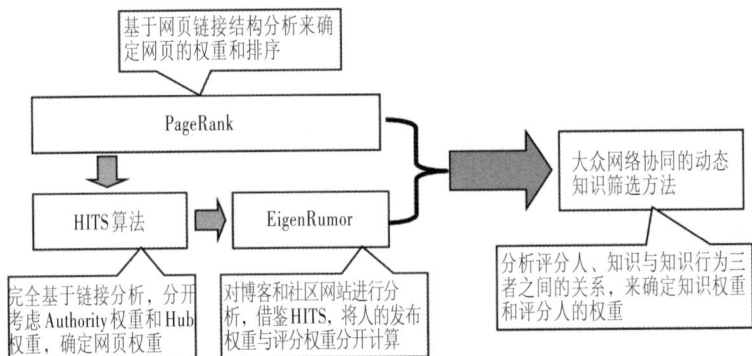

图 7-2　大众网络协同的知识动态筛选方法原理演化

7.4.1　社区知识及用户知识行为

为便于分析，本章忽略知识的粒度或属性差别，认为企业虚拟社区中任何一个不同表现形式（文档、视频、流程图等）的知识，都是一个知识文档（K）。为方便理解和表述，特对以下概念进行定义。

定义一：K 为企业虚拟社区中所有知识文档的集合，$K_j(j=1,\cdots,n)$ 为第 j 个知识文档。

定义二：用户 i 的权重 a_i，对于 m 个用户，有 $a_i(i=1,\cdots,m)$。a_i 表示用户 i 所掌握的知识水平程度。权重值越高，则表示该用户掌握的知识水平越高，影响力也就越高。

定义三：知识文档j的分值s_j，对于n个知识文档，有$s_j(j=1,\cdots,n)$。s_j表示知识文档j获得用户的价值认可程度。分值越高，意味着知识文档被大众认为的价值越高，有用度越高。

假设企业虚拟社区中有m个用户和n个知识文档。当用户i提交了一个知识文档j，则一个从i到j的知识提交行为建立。采用提交行为矩阵$P=[p_{ij}]$（$i=1,\cdots,m,j=1,\cdots,n$）来代表所有的提交行为。$p_{ij}=1$表示$i$提交了$j$；反之，若$p_{ij}=0$则表示没有提交。当用户$i$对已经存在的知识文档$j$的价值进行打分$e_{ij}$，则一个由$i$到$j$的评分行为产生。这里用评分矩阵$E=[e_{ij}]$（$i=1,\cdots,m,j=1,\cdots,n$）来代表所有的评分行为（如图7-3所示）。评分行为分配了一个分值e_{ij}来表示i对j的支持。假定e_{ij}的取值范围在[0，1]变动，高分值表示比较强的支持。

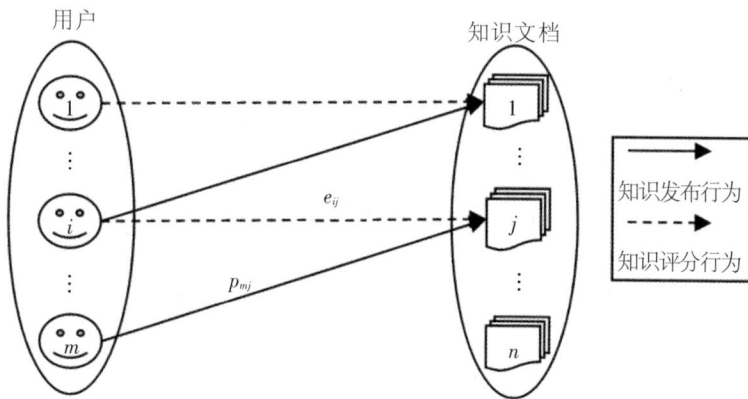

图7-3　企业社区用户知识发布与评分行为

用户对知识文档的评分e_{ij}往往不是直接给出，可能只是一种点击或者评论的行为。因此，可以建立一种评分的转化标准和规则来计算知识价值。本章给出参考性的企业知识评分指标（该指标和权重的设置仅供参考，不是本章研究的重点内容，主要为后面实验所用；各企业实际情况不同，指标设计也有所不同），如

表7-1所示。

表7-1　　　　　　　　　　　知识评分矩阵

评分指标（p） 评分等级（q）		权重	正确性 0.2(x_1)	实用性 0.3(x_2)	创新性 0.2(x_3)	收益性 0.3(x_4)
基本无	☆	0.05(y_1)				
少	★	0.2(y_2)				
中等	★★	0.5(y_3)				
好	★★★	0.75(y_4)	√			
非常好	★★★★★	1(y_5)				

知识的正确性指知识的可信度及可操作性；知识的实用性指知识实际对用户带来的实际价值；知识的创新性指知识的创新程度；知识的收益性指知识预期可能产生的效益。

用户i对知识文档j的评分e_{ij}可以通过表7-1进行综合计算得到，计算公式为：

$$e_{ij} = \sum_{p=1}^{4} \sum_{q=1}^{5} x_p y_q z_{pq} \quad (z_{pq} = 0, 1, \ 且 \sum_{q=1}^{5} z_{pq} = 1) \tag{7-1}$$

其中：x_p、y_q为评价指标和评分等级的权重(见表7-1)；z_{pq}为在各指标下，对知识j的评分等级的选择，如表7-1中某一知识文档的正确性评分等级为★★★，则$z_{14}=1$，该列其他等级数值为0。

7.4.2　社区知识分值与用户权重的计算

假定知识文档的价值可以由其他用户所给的评分$e_{ij}(i=1,\cdots,m)$所决定。不同用户对同一个知识文档会有不同评分结果，且用户评分的可信程度也不一样。因此，用一个简单的平均方法可能产生欺诈评分行为并导致评分的不公平或不准确。为此，方法考虑了用户权重及其对知识评分的效果影响，假设专业水平高（权重高）的用户评分的结果更可信。

假设1：如果某用户的权重越大，则表示其知识水平越高，他对知识评分的影响就越大。则第 j 条知识文档的知识分值的计算公式为：

$$s_j = \sum_{i \in eval(j)} a_i e_{ij} \tag{7-2}$$

其中：$eval(j)$ 为第 j 个知识文档进行评分的用户集合；e_{ij} 为根据用户评分由式（7-1）计算得到平均数据。

式（7-2）可以写成向量形式：

$$\vec{s} = E^T \vec{a} \tag{7-3}$$

假设2：如果某用户发布了某一知识文档，并被大众用户评分为好的知识文档，则认为发布此条知识的用户的知识水平（即用户权重）应有相应提高。

假设3：如果某用户对知识文档的评分能够得到更多其他用户的认可，则这个用户的知识水平也就得到相应认可，可以对其权重进行小幅的提高，提高的幅度应与该知识文档的评分 e_{ij} 相关。

从以上两个假设得知，用户权重的增长可以来自两个方面：①发布大众认为有价值的知识；②合理的知识评分。

则第 i 个用户的权重计算公式为：

$$a_i = \alpha \sum_{j \in prov(j)} s_j + (1-\alpha) \sum_{j \in eval(i)} e_{ij} s_j \tag{7-4}$$

其中：$prov(j)$ 表示用户 i 提交的一系列知识文档的集合；$eval(i)$ 表示所有用户 i 评价过的一系列知识文档的集合；α 是一个取值在[0，1]之间的常量，来分配知识发布和知识评分所体现的水平的权重，具体依据实际应用目的来确定。α 越接近1，用户的权重受知识发布情况的影响越大，表明企业知识社区鼓励用户积极共享知识；α 较小，则表示更多地鼓励用户参与知识评分。

式（7-4）也可以写成向量形式：

$$\vec{a^k} = \alpha P \vec{s} + (1-\alpha) E \vec{s} \tag{7-5}$$

将式（7-5）代入式（7-3）可得：

$$\vec{s} = (\alpha E^T P + (1-\alpha) E^T E) \vec{s} \tag{7-6}$$

假设

$$B = \alpha E^T P + (1 - \alpha) E^T E \tag{7-7}$$

如果 B 是一个随机矩阵，$\vec{s}$ 将通过式（7-6）进行重复的迭代计算直到收敛于 B 的主特征向量。任何非负矩阵的主特征向量都可以计算得到，也就是说，能得到一个均衡值 $\vec{s}$ 满足：$\lambda \vec{s} = B \vec{s}$。$\lambda$ 是矩阵 B 的最大特征值。知识 j 的分值 s_j 采用 PowerMethod[220] 来计算，具体步骤如下：

$$s_j^{(0)} = \frac{e}{\|e\|}$$

While $\|s_j^{(k)} - s_j^{(k-1)}\| > \varepsilon$ do

$$q_k = B s_j^{(k-1)}$$

$$s_j^{(k)} = \frac{q_k}{\|q_k\|}$$

End while

其中：$\|\cdot\|$ 表示向量的范数。

用户的权重 $\vec{a}$ 也可以用相同方法得到。

7.4.3　社区知识分值及用户权重的更新

通过上面的方法描述可知，依据用户对知识文档的发布与评分数据，用户权重与知识文档分值互相影响作用，可以计算出知识分值和用户权重值。但在实际应用中，用户出于一些目的，可能存在一些欺诈行为，如：①随意发布大量垃圾知识；②对知识进行不合理的评分，以期获得更高的权重。

对于第①类行为，方法中的知识分值与用户权重相互影响机制可以有效解决这个问题。用户发布的垃圾知识通过大众协同评分给出的知识分值必然会很低，而低分值的知识对用户的权重只会产生很小的影响。

而对于第②类行为，由式（7-4）可知，只要对知识进行评分都会使用户的权重增加，评分越高对权重的影响越大。这样就无法区别合理的与不合理的评分对用户权重的影响。所以需要设计一种机制来有效识别评分的合理性，并采取相应的措施，来规范用户评分行为。

不合理的评分主要分成两类：第一，因为用户的专业水平有限，无法对知识进行正确的评分，那么就应该降低用户权重值；第二，用户为了提高自己权重，对知识进行随意的评分，或者出于某种目的对知识进行虚假欺诈评分，对于此类情况需要对其进行惩罚，降低其权重值。

根据上面的想法，采用比较均方差的方式，对所有的用户关于某个知识文档的评分分值进行统计。随意评分或者恶意评分用户的均方差会比较大；均方差越大，表示该用户对知识评分的误差越大，那么应该对其做出惩罚，大幅降低其权重。

假设4：用户i对知识文档j的评分与知识文档j所有收到的评分进行比较，如果差异范围超过一定的置信区间，则可认为该用户对知识文档j的评分不合理，需要对用户i的权重进行调整，调整的幅度与差异的大小相关。

根据上面的假设，先设$e_j = \sum\limits_{i \in eval(j)} \dfrac{a_i * e_{ij}}{sum(a_i)}$，表示所有对知识文档$j$评分的加权平均值；再设$\sigma(j, e_j) = \sqrt{\sum\limits_{i \in eval(j)} (e_{ij} - e_j)^2 \Big/ m_j}$，表示知识文档$j$受大众评分结果的标准方差；再设$e_{ij}' = \dfrac{e_{ij} - e_j}{\sigma}$，对$e_{ij}$近似地进行标准正态分布的转化。

根据假设4的思想，用户评分合理判断及权重调整公式为：

$$\text{If } |e_{ij}'| > \varepsilon$$
$$\text{Then } (a_i)' = a_i - \lambda \left(1 - \dfrac{1}{|e_{ij}'|}\right) a_i; \tag{7-8}$$

其中：$|e_{ij}'|$为e_{ij}'的绝对值；$eval(j)$为所有对知识文档j进行评分的用户；λ为调整系数，且$0 < \lambda < 1$；ε满足标准正态分布置信度水平（按实际情况设定）的阈值；$(a_i)'$为调整后的用户i的

权重。同时，根据判断和式（7-8），确定和删除一些用户对知识不合理的评分行为，得到的新的用户评分矩阵 E'；然后重新计算式（7-7），最终计算得到调整后的知识分值 $\vec{s'}$。

7.5　算例分析与讨论

为分析方法效果，模拟一个企业虚拟社区中 20 个用户对某一领域的 20 个知识文档的发布和评分，得到用户知识发布数据 P 与知识评分数据 E，并设置相关实验参数（见表 7-2）。α 设为 0.8，表示发布新知识对用户的权重影响比重为 80%，而评分只占 20%；λ 设为 0.3，表示对用户不合理评分的惩罚系数。

表 7-2　　　　　　　　　实验模拟参数设置

参数	m	n	α	ε	λ
描述	用户节点数	知识节点数	发布与评分影响系数	置信度判断阈值	权重调整系数
缺省值	20	20	0.8	1.645（90% 置信度）	0.3

然后，采用本章提出的大众网络协同知识动态筛选方法进行编程实现，并采用 MATLAB 软件进行运算，得到知识分值 $\vec{s}$ 及用户权重 $\vec{a}$ 的结果，见表 7-3、表 7-4。

表 7-3　　　　　　　　　知识文档分值

知识文档（K）	K1	K2	K3	K4	K5	K6	K7	K8	K9	K10
知识分值（$\vec{s}$）	0.3060	0.2617	0.2424	0.2607	0.2012	0.2291	0.2318	0.2404	0.2477	0.2349
知识文档（K）	K11	K12	K13	K14	K15	K16	K17	K18	K19	K20
知识分值（$\vec{s}$）	0.2195	0.2270	0.2614	0.2768	0.1014	0.1192	0.1500	0.1631	0.1883	0.1910

表7-4 用户权重值

用户（U）	U1	U2	U3	U4	U5	U6	U7	U8	U9	U10
用户权重($\vec{a}$)	0.5278	0.3798	0.4311	0.2247	0.1155	0.2298	0.1871	0.1878	0.0310	0.0296
用户（U）	U11	U12	U13	U14	U15	U16	U17	U18	U19	U20
用户权重($\vec{a}$)	0.0096	0.0284	0.0345	0.0349	0.2369	0.0679	0.1794	0.0518	0.1732	0.2714

从表7-3、表7-4的计算结果可以得到知识文档分值及用户权重分布图，如图7-4所示。

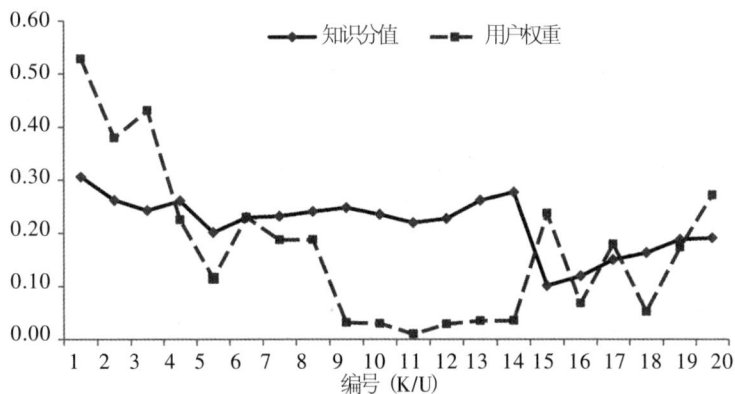

图7-4 知识文档分值及用户权重分布图

高价值知识：知识文档K1、K14分值较高，属于大众用户公认的高价值知识。

垃圾知识：K15、K16为大众评分分值极低的垃圾知识。

群众专家：U1、U3、U2的用户权重较高，为广大用户中在该领域专业水平较高的群众专家。

依照假设4的思想，还需用户评分行为的分析，发现和调整不合理的用户评分行为，调整知识文档分值和用户权重。调整后的知识分值$\vec{s'}$和用户权重$\vec{a'}$见表7-5、表7-6。

表 7-5 知识文档分值

知识文档	K1	K2	K3	K4	K5	K6	K7	K8	K9	K10
知识分值 ($\vec{s'}$)	0.3105	0.2711	0.2479	0.2690	0.2054	0.2357	0.2352	0.2474	0.2578	0.2410
知识文档 (K)	K11	K12	K13	K14	K15	K16	K17	K18	K19	K20
知识分值 ($\vec{s}$)	0.1933	0.2299	0.2744	0.2944	0.0707	0.0908	0.1251	0.1395	0.1679	0.1697

表 7-6 用户权重

用户 (U)	U1	U2	U3	U4	U5	U6	U7	U8	U9	U10
用户权重 ($\vec{a'}$)	0.5278	0.3798	0.4311	0.0424	0.1155	0.2298	0.1149	0.1878	0.0310	0.0296
用户 (U)	U11	U12	U13	U14	U15	U16	U17	U18	U19	U20
用户权重 ($\vec{a'}$)	0.0096	0.0284	0.0345	0.0349	0.2369	0.0085	0.1794	0.0518	0.1732	0.0654

对调整前后的知识文档分值和用户权重进行对比分析（如图 7-5、图 7-6 所示），并结合用户的知识评分情况（如图 7-7 所示），可以发现：

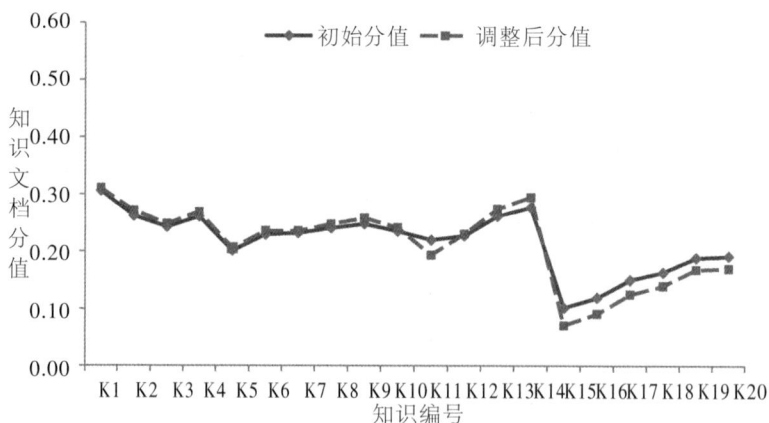

图 7-5 知识文档分值调整前后对比

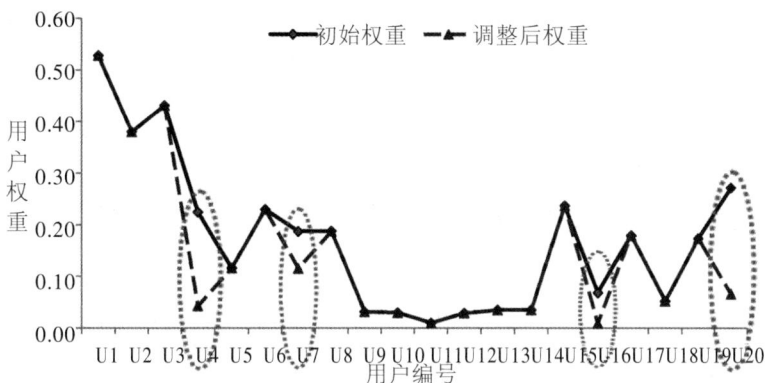

图 7-6　用户权重调整前后对比

①更利于好知识与垃圾知识的挖掘：评分低的垃圾知识文档 K15、K16 调整后更加降低，而好的知识文档 K1、K14 的分值有所提升。

②发现和惩罚随意评分者：用户 U16 和 U20，他们对所有知识文档进行随意评分，给予同样的差评（0.2）和同样好评（0.8）（见图 7-7），都属于不合理评分，被惩罚降低权重。

③惩罚恶意评分者：用户 U4，对知识恶意贬低评分，大大低于大众平均值（见图 7-7），对其惩罚，降低其权重 0.2247 到 0.0424。

④鼓励积极合理评分参与者：用户 U8，他虽然没有发布任何知识文档，但积极参与并对知识进行了比较合理的评分（见图 7-7），也表明了其一定专业水平，权重值达到 0.1878。

⑤识别消极参与者：用户 U11，其权重极低（0.0096），基本不参与任何的知识发布或者评分，还有用户 U12、U13、U14 和 U18 权重也较低，参与也较少。

⑥找到垃圾灌水者：用户 U5，他虽然参与发布了 3 个知识文档（K15、K16、K17），但都为分值比较低的无价值知识，所以他的权重只有 0.1155。

⑦其他还有如用户 U7 权重有小幅地下降，原因在于其对知

识文档的评分与大众存在较大的偏差。

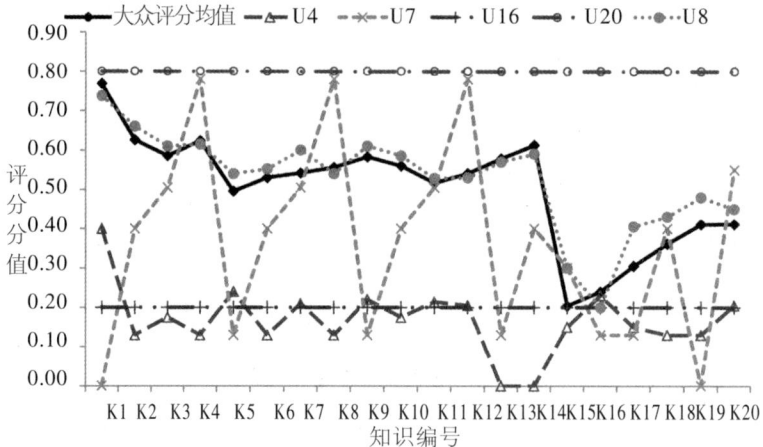

图 7-7 各用户知识评分分值与大众评分均值比较

根据以上分析可以得出，用户的权重由知识的发布与知识评分行为共同决定，给出合理有效的知识评分可以获得较高的权重，而发布大量的垃圾知识对权重的提高作用并不明显，这与实际情况相符合。因此，该知识动态筛选方法能够有效地对知识和用户权重进行评分，帮助发现好的知识文档，也可以在广大用户中发现专业水平较高的群众专家，帮助筛选不合理评分和惩罚不合理评分行为。

在企业虚拟社区的实际应用过程中，各企业可以根据其实际需求设置实验参数 α、ε、λ 等。同时，企业还可以设置每天或者每 12 小时自动更新计算一次，来动态即时地反馈最新的知识分值和用户权重，这样不用每次重复计算，就能准确筛选出各领域中的高价值知识和领域专家的信息。

7.6 不足与展望

本章针对企业虚拟社区中对知识缺乏科学、有效的评价筛选和排序方法，导致的知识垃圾增多、知识使用效率低的问题进行研究。在综合现有同行评议法与网络计量评分方法的基础上,提出了一种大众网络协同的知识动态筛选方法。该方法可以有效地对社区中的知识进行动态筛选,并帮助筛选和发现高质量知识和垃圾知识,挖掘大众用户的群众专家;方法还对用户可能存在的随意评分和恶意评分进行分析,设计了知识价值和用户权重的动态惩罚更新机制。最后通过一个模拟实验分析,验证了该方法的科学的有效性。该研究旨在促进企业虚拟社区中的知识的有序管理,提高用户知识使用率。本章提出的方法在应用上还有一定的局限性,需要用户对知识进行简单的评分,可能会存在数据缺失和计算效率的问题。下一步准备基于用户的行为数据,构建用户行为模型,并设计企业知识动态、快速的评价筛选和服务方法。

第8章 企业虚拟社区用户知识共享
行为演化博弈分析

8.1 引言

在当今复杂快变的知识经济时代，创新是各个行业在激烈的竞争环境中生存和发展的根本，而虚拟社区具有汇聚大众智慧、集思广益的优势，所以众多企业纷纷建立虚拟社区并借助虚拟社区引入外部智慧，实现产品创新以及塑造品牌形象的目的，例如中兴、联想、海尔、华为、小米等企业均已建立虚拟社区[221][222][223]。虚拟社区是指企业借助互联网建立的，为对产品感兴趣的用户以及内部员工进行知识共享与交流，通过内外部共同携手实现产品创新，塑造良好品牌形象而提供的线上平台[224][225]。目前，小米企业已借助虚拟社区用户的知识共享实现了产品创新的目的，例如小米建立的 MIUI 论坛与论坛中用户的知识共享行为促使企业的核心产品MIUI系统成功开发[226]。显然，虚拟社区的建立、用户的知识共享在产品的创新中扮演着至关重要的角色[223][227]。虽然建立虚拟社区的企业在不断增加，但是相关数据表明大约有一半的虚拟社区并未有效发挥作用[228]。

目前随着虚拟社区建设领域的不断拓展及社区的持续发展，虚拟社区暴露出了用户参与知识共享的意愿不强烈、知识共享程度不高、参与者单方面使用和参考他人已共享的知识等一系列问题[229]。相关数据也表明，大多数虚拟社区中90%的用户基本不贡献，而9%的用户偶尔贡献，只有1%的用户经常贡献[230][231]。企业建立的虚拟社区也日渐显露出这些问题，例如中兴建立的中兴社区拥有接近460万的用户但发帖数量仅为77万左右；华为产品定义社区中帖子的浏览数量总是远高于评论数，甚至存在帖子浏览数是评论数的几十倍，其中被企业实际采用的建议和需求的数量也较少。这些问题的出现阻碍了虚拟社区的发展，大大降低了用户知识共享对产品创新的效用。

企业虚拟社区参与用户的知识共享行为会受到许多因素的干扰，在共享的过程中存在许多问题，如：参与用户不进行知识共享，只是"搭便车"；或者参与用户进行了知识共享，但是知识共享程度不高。知识的交流与共享是企业虚拟社区存在和发展的基础，如何实现虚拟社区参与用户间的知识交流与共享，是企业需要解决的关键问题。参与用户间的知识共享行为是一个把宏观层面和微观层面有机结合起来的动态过程，而演化博弈理论有效地结合了个体行为决策和群体行为的演化动态，所以演化博弈理论适用于对用户知识共享行为的研究。本章借助演化博弈论，从知识共享的个人因素、互惠因素、社区因素出发全面分析各类因素对用户知识共享行为的动态影响，其中个人因素包括用户的知识储备水平、用户的知识共享程度、用户知识的吸收转化能力、共享知识的协同创新性、知识共享的成本、共享知识的同质性，互惠因素包括知识溢出效应，社区因素包括协同收益分配系数、激励系数。

8.2 企业虚拟社区中用户知识共享行为

8.2.1 社区用户间知识共享流程

企业根据自身对知识资源的需求，一般会在虚拟社区平台设置多个不同的知识模块，参与用户根据自身的兴趣、知识储备情况选择适合的知识模块进行知识交流，具体过程如图8-1所示。

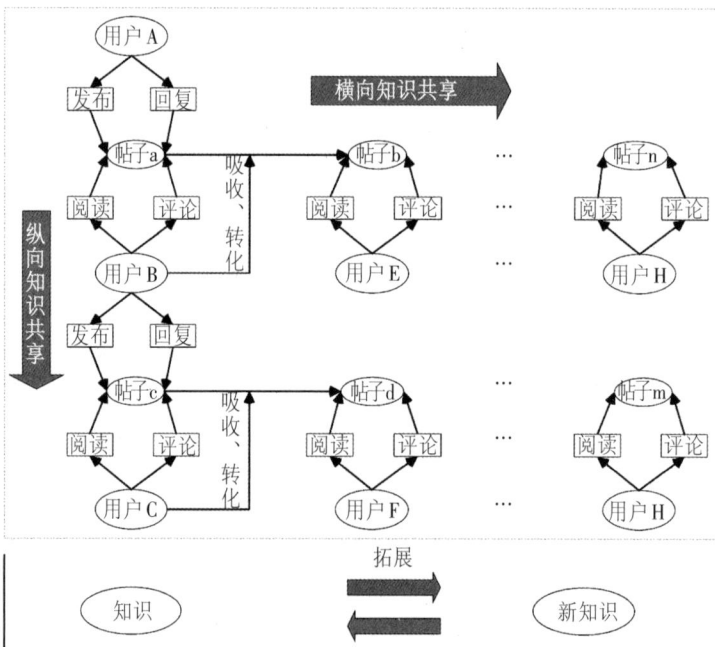

图8-1 虚拟社区中用户间知识共享的流程

首先，用户根据自己的兴趣选择注册加入某个虚拟社区平台[232]，然后对社区各模块进行大概了解，最终选择加入其中与其他用户进行知识共享活动[53]。

　　其次，某一用户依据自身对此品牌产品相关知识的掌握发帖[233]，以发帖者这一角色分享自身拥有的知识；其他用户则对此帖进行阅读、评论，在交流的过程中可能会产生与此帖内容相关但比此帖内容更加丰富、清晰的帖子，其他阅读者对新帖进行阅读、评论，再产生与所阅读帖子相关的新帖子，如此不断延续便形成了图8-1中的横向知识共享路径。

　　然后，用户通过阅读、评论等行为吸收、转化知识发表新帖子，同时也会发表自身擅长但与阅读帖子内容无关的新帖子，此帖的阅读者会重复第二步中的行为进行横向知识共享，还会不断发表与阅读帖内容不相关的新帖子，如此不断延续便形成了图8-1中的纵向知识共享路径。

　　最后，在横向知识共享路径和纵向知识共享路径的不断延伸下，知识被扩展成为新知识，新知识又在知识共享行为不断交替的过程中迭代创新，此过程循环进行，最终在不断进行知识共享的过程中产生越来越多的优质建议和需求，同时企业知识库也会变得更加丰富多样。

8.2.2　用户知识共享过程中存在的问题

　　随着互联网技术的发展，企业所面临的竞争环境更加激烈。企业只有不断进行产品的创新，才能在知识经济时代的竞争中永葆生机。企业虚拟社区是企业融合外部创意和知识创新的平台之一，虚拟社区中参与用户选择知识共享策略，将会创造出高于共享双方原有知识价值的新知识，使企业的整体知识价值得以提高。知识共享所带来的协同效应，可以促使各参与用户间进行知识的学习与交流，不同的知识相互融合后，有利于产生新的创意和灵感，随着时间的推进，将会形成良好的企业虚拟社区知识共享氛围。

　　在企业虚拟社区中，所有的知识和创意都来源于参与用户的知识共享，所以，用户参与知识共享的积极性以及贡献知识和创意的质量直接关系到企业虚拟社区的持续健康发展。但是，由于企业虚拟社区发展阶段的限制，企业虚拟社区中用户知识共享活动还存在以下问题：

①存在参与用户"搭便车"的现象。在企业虚拟社区中部分参与用户只是单纯地浏览和共享他人的知识，他们不在平台中进行知识共享，只是扮演潜水者的角色。

②存在用户知识共享程度不高的问题。在企业虚拟社区中部分参与用户具备较高的知识水平，但出于某些原因，他们并没有完全共享自己的知识，这不利于企业社区中知识的交流和创新。

③虚拟社区平台的激励措施不健全。目前多数虚拟社区把参与用户共享的知识划分为不同的等级进行奖励，但是在同一等级区间范围内并没有进行细分，而同一区间内的知识质量也会有差别，可能会影响部分用户的参与热情。

④有的平台参与用户数量不足。在企业虚拟社区成立初期，可能由于平台自身的专业性不明显，或者机制不够健全，对用户参与知识共享的吸引力不够大，导致用户的参与规模较小，此阶段的虚拟社区平台有比较大的用户参与危机。

⑤社区平台的技术不完善。由于技术不完善，平台不能对用户已共享的知识进行分类和存储，也就不能有效和方便地为企业虚拟社区参与用户提供知识回馈服务。此阶段的虚拟社区平台有比较大的用户知识服务危机。

如果这些问题得不到合理的解决，会造成企业虚拟社区知识匮乏，使社区逐渐变成沉默社区和垃圾社区。基于此，本章在社区用户参与阶段和知识服务阶段提出相关的支持策略，在知识共享阶段从动态视角对企业虚拟社区中参与用户的知识共享行为进行研究，分析影响用户的知识共享行为的重要因素，营造良好的企业虚拟社区知识共享氛围。

8.2.3　用户知识共享行为的主要影响因素

在对企业虚拟社区中参与用户知识共享行为的特征、知识共享的流程及知识共享过程中存在的问题进行研究的基础上，结合已有研究成果，本章将影响用户知识共享行为的因素分别从以下方面进行阐述：个人因素、互惠因素、社区因素（如图 8-2 所示）。

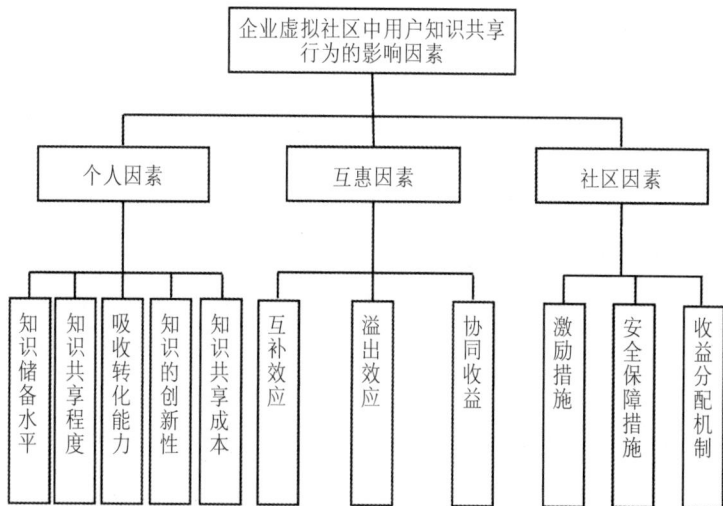

图 8-2　用户知识共享行为的主要影响因素

（1）个人因素

企业虚拟社区中用户是知识共享的主体，用户的参与数量和知识共享意愿直接关系到企业虚拟社区中知识共享氛围的优劣，基于现有研究成果可知，影响用户参与知识共享的个人因素主要包括：个人的知识储备水平、知识共享程度、对知识的吸收转化能力、知识的创新性、知识共享成本。

虚拟社区中用户的知识共享意愿是影响个人动机和个人行为选择的重要因素，而用户的参与意愿又受到自身获得的物质和精神方面报酬的影响，用户知识共享意愿的强烈程度直接决定了用户面对困难时的努力程度和用户最终的知识共享策略。当用户具备较高的知识共享意愿时，即使在共享的过程中遇到难题和阻碍，他也会尽最大努力寻求解决方案，为社区的知识交流和沟通做出贡献。企业虚拟社区中部分用户知识共享的积极性不高，主要由于其知识共享的意愿不强烈。现有研究成果也表明社区用户的知识共享意愿正向影响用户的知识共享行为[234][235][236]。

在企业虚拟社区中用户的知识储备量、知识的创新性、知识的丰富程度是用户进行知识共享的前提，当用户具备较大的知识储备量时，他就有能力提出社区所需要的各种创新方案，并可以自如地与他人就相关问题进行沟通和讨论，有利于实现社区良好的知识沟通和互动氛围。而用户对他人共享知识的吸收转化能力，又关系到用户能否持续参与到知识共享的进程中，吸收他人分享的知识，不断丰富和完善自己的知识储备，使用户保持在企业虚拟社区中知识共享的热情。当用户共享的知识具备较高的创新性时，他不仅能获得物质激励，还会得到社区中他人的赞美。用户的知识储备量、对知识的转化吸收能力以及知识的创新性一般正向影响用户的知识共享行为。企业虚拟社区中部分用户进行知识共享的积极性不高，与其知识匮乏和知识种类不丰富有关系。现有研究成果也表明了社区用户的知识存量和对知识的吸收转化能力对知识共享行为有重要的影响[95][237][238]。

用户在虚拟社区中参与产品创意，与他人的交流和沟通都需要付出一定的共享成本，主要包括：用户参与知识共享所付出的时间成本、用户进行共享后丧失知识专有优势的风险成本、知识的传递成本、进行知识共享所消耗的物质成本以及知识本身的成本。用户进行知识共享所付出的成本直接影响到用户可能得到的收益，所以社区中的用户在选择知识共享策略时，一般都会考虑自己的成本与收益关系。

（2）互惠因素

企业虚拟社区中用户参与知识共享的重点是不同用户间能够

实现沟通和交流，通过交流和沟通可以碰撞出新的创意和灵感。基于现有研究成果可知，影响用户参与知识共享的协同因素主要包括共享知识的互补效应、协同收益、溢出效应。

企业建立虚拟社区的目的之一就是获得更多更好的知识，能否获得不同种类和不同视角的知识直接影响到企业虚拟社区的发展。知识的互补效应是知识共享行为持续进行的重要因素，对于某一问题参与用户分别基于不同的视角进行沟通和交流可以更好地实现知识创新，为企业产品创新提供新的思路。若用户分享的知识重叠度太高，会限制知识的交流和沟通的进行，不利于企业产品的创新，所以要积极吸引更多的具有不同知识结构的用户参与知识共享。

知识共享的协同收益是当一方共享了相关的知识和创意资源后，其他参与用户有必要提出相关的改进意见或分享新的观点，通过对创意的讨论，参与知识共享用户都可以受益。而且用户为他人提供帮助，不仅能得到他人与社区平台的肯定评价，还可以获得共享的知识被认可后的自豪感，这会进一步增强知识共享的意愿，有利于维持知识共享的持续进行。

如果用户违背互惠原则，只是单方面分享他人的知识，自身会得到一定的知识溢出效应，但参与知识共享的用户利益就有可能得不到保障，直接影响其知识交流与分享的积极性。现有研究成果也表明了用户共享知识的互补效应和协同收益对知识共享行为有着重要的影响[239][145]。

（3）社区因素

企业能否创造良好的虚拟社区知识共享环境，关系到虚拟社区能否持续健康发展。基于现有研究成果可知，影响用户参与知识共享的社区因素主要包括：激励措施、虚拟社区的安全保障措施、收益分配机制。

Osterloh 等研究发现激励机制直接影响知识创造和转移的有效性[240]。激励是激发用户选择某种行为、引起用户产生明确目标的心理过程。企业虚拟社区中同样需要合理有效的激励措施来鼓励用户参与知识共享，实现知识交流和沟通。社区中的激励措施形式多样，包括物质奖励、积分奖励、身份等级的提升等。现有研究成果也表明了社区的激励措施能有效地促进用户参与知识共享活动[148]。

社区的虚拟性特征决定了参与知识共享用户彼此间的个人信息是保密的，这种虚拟性能够保证用户参与知识共享的过程是自由和轻松的，所以企业虚拟社区平台要加强对用户个人信息的保护。而且用户在社区中的交流都是借助信息技术来实现的，所以社区需要具备一定的技术能力，为用户间的知识共享营造一个安全的环境。现有研究成果也表明了安全的社区环境能有效地促进用户参与知识共享活动[241]。

目前，多数企业虚拟社区平台对用户知识共享的成果主要以等级的形式给予相应的奖励，没有从微观的角度区分用户的真实贡献，只是划分一个模糊的区间，不利于衡量用户的真正贡献。引入协同收益分配系数参数，可以按照用户的实际贡献给予相应的奖励，可以有效提高参与用户知识共享的积极性。对于那些积极参与但是知识贡献不大的用户，企业虚拟社区平台也要适当给予一定的奖励。

8.3 演化博弈模型构建及分析

8.3.1 模型的基本变量与假设

虚拟社区中用户知识共享过程是围绕实现产品创新活动的目标而在各用户之间进行双向的知识互动沟通过程。基于虚拟社区博弈用户预期收益的视角，构建虚拟社区中用户知识共享行为的演化博弈模型，其中模型参数的设置具体见表8-1。

表 8-1   模型参数的设置

参数	参数解释
A	参与用户
B	参与用户
$\pi_i(i=A,B)$	用户A或用户B获得的直接收益
$k_i(i=A,B)$	用户A或用户B的知识储备水平
$l_i(i=A,B)$	用户A或用户B的知识共享程度
$\beta_i(i=A,B)$	用户A或用户B知识的吸收转化能力
h	共享知识的协同创新性
m	共享知识的同质性
$I_i(i=A,B)$	用户A或用户B获得的知识溢出效应
c	知识共享的总成本
r	协同收益分配系数
e	激励系数

$\pi_i(i=A,B)$ 代表虚拟社区中用户不进行知识共享时，可以获得的正常收益。

$k_i(i=A,B)$、$l_i(i=A,B)$、$\beta_i(i=A,B)$ 分别代表用户的知识水平、知识共享程度以及对知识的转化吸收能力。直接收益指用户A在吸收用户B的共享知识后吸收并转化为自身知识所获得的收益，它主要受如下因素的影响：对方用户的知识水平 $k_i(i=A,B)$，一般情况下当对方拥有的知识存量较大且质量较高时，获得知识共享直接收益的概率就越大；对方的知识共享程度 $l_i(i=A,B)$，一般与用户参与知识共享所获得的直接收益成正比关系；自身的知识转化吸收系数 $\beta_i(i=A,B)$，用户对对方共享知识的转化吸收能力越强，其获得直接共享收益就越高。由上述分析可知：虚拟社区中用户A和用户B选择知识共享策略所获得的直接收益可表示为：$\beta_A l_B k_B$、$\beta_B l_A k_A$。

h、m、$I_i(i=A,B)$ 分别表示知识的协同创新性、共享知识的同质性和溢出效应。协同收益是指用户双方在进行知识共享时，由于知识构成的差异而产生的知识融合所带来的知识价值增值，协同收益的大小取决于共享知识的创新性h。虚拟社区中用户之间会存在知识的重叠度，用m表示，用户进行知识共享获得的协同收益总额可以表示为：$h(1-m)(k_A+k_B)$。虚拟社区存在用户"搭便车"的现象，并不是所有用户都选择进行知识共享，$h_i(i=A,B)$表示用户单方面进行知识共享，则共享用户可获得自身的创新收益为h_ik_i。同时，由于知识溢出效应的存在，用户会从社区中获得一定的溢出效应，用$I_i(i=A,B)$表示。

c、r、e分别表示共享总成本、协同收益分配系数和激励系数。用户选择知识共享策略可以获得共享收益，但同时需要付出一定的共享成本，用c表示，为了简化问题，假设用户进行知识共享所获取的协同收益与其付出的成本相匹配。r表示协同收益分配系数，取值的大小与用户的知识贡献度正相关。由于虚拟社区中用户间的知识共享是一种自愿行为，需要企业制定激励政策鼓励用户进行知识共享，激励系数用e表示。则虚拟社区中用户A和用户B进行知识共享时的共享成本可分别表示为：$(1-e)rc$、$(1-e)(1-r)c$。

假设用户A进行知识共享策略的概率为$x(0 \leq x \leq 1)$，不进行知识共享策略的概率是$1-x$；同理用户B选择知识共享策略的概率为$y(0 \leq y \leq 1)$，不进行知识共享的概率为$1-y$。根据相关的演化博弈理论，x、y值的大小不是固定不变的，它会随着社区中用户在学习过程中的变化而变化，为了简化讨论过程，假定它们的初始值是一定的。

8.3.2　博弈支付矩阵

根据上述对影响因素的分析和相关假设，构造虚拟社区中用户知识共享行为的博弈支付矩阵，见表8-2。

表8-2 博弈双方的支付矩阵

用户B 用户A	知识共享(y)	不进行知识共享($1-y$)
知识共享(x)	$\pi_A + \beta_A l_B k_B + rh(1-m)(k_A+k_B)$ $-(1-e)rc,$ $\pi_B + \beta_A l_A k_A + (1-r)h(1-m)$ $(k_A+k_B)-(1-e)(1-r)c$	$\pi_A + h_A k_A - (1-e)rc,$ $\pi_B + I_B$
不进行知识 共享($1-x$)	$\pi_A + I_A,\ \pi_B + h_B k_B - (1-e)(1-r)c$	$\pi_A,\ \pi_B$

8.3.3 局部稳定分析

由表8-2构建的博弈双方的支付矩阵，分析可以得到用户A选择知识共享策略所能获得的期望收益为：

$$U_{A1} = y\left(\pi_A + \beta_A l_B k_B + rh(1-m)(k_A+k_B)-(1-e)rc\right)+(1-y)$$
$$\left(\pi_A + h_A k_A - (1-e)rc\right)$$
$$= \pi_A - (1-e)rc + h_A k_A + y\left(\beta_A l_B k_B + rh(1-m)(k_A+k_B)-h_A k_A\right) \quad (8-1)$$

用户A不选择知识共享策略所能获得的期望收益为：

$$U_{A2} = y\left(\pi_A + I_A\right) + (1-y)\pi_A = \pi_A + yI_A \quad (8-2)$$

用户A的平均收益为：

$$U_A = xU_{A1} + (1-x)U_{A2} = \pi_A + yI_A + x\left(h_A k_A - (1-e)rc\right) + xy$$
$$\left(\beta_A l_B k_B + rh(1-m)(k_A+k_B)-I_A - h_A k_A\right) \quad (8-3)$$

用户A的复制动态方程：

$$F(x) = \frac{d_x}{d_t} = x(U_{A1}-U_A) = x(1-x)\,(y\,(\beta_A l_B k_B - I_A +$$
$$(rh(1-m)(k_A+k_B)-h_A k_A)+h_A k_A - (1-e)rc) \quad (8-4)$$

复制动态方程的稳定策略需要稳定点 x^* 满足以下两个条件：$F(x^*)=0$ 且 $F(x^*)<0$。由微分方程的相关性质可知：当 x 偏向低于 x^* 的水平时，$F(x)>0$，当 x 偏向高于 x^* 的水平时，$F(x)<0$，这时能保证演化稳定策略具备一定的抗干扰性。

由 $F(x)=0$ 可以推导出 $x^*=0$ 或者 $x^*=1$，$y^*=$

$$\frac{(1-e)rc - h_A k_A}{\beta_A l_B k_B - I_A + rh(1-m)(k_A + k_B) - h_A k_A}。$$

①当 $(1-e)rc - h_A k_A > \beta_A l_B k_B - I_A + rh(1-m)(k_A + k_B) - h_A k_A$ 时，即 $I_A > \beta_A l_B k_B + rh(1-m)(k_A + k_B) - (1-e)rc$ 时，对于任意的 $y(0 \leqslant y \leqslant 1)$，都存在 $F'(x=0) < 0$，所以 $x=0$ 是此时博弈方程的演化稳定策略。

②当 $(1-e)rc - h_A k_A < \beta_A l_B k_B - I_A + rh(1-m)(k_A + k_B) - h_A k_A$ 时，即 $I_A < \beta_A l_B k_B + rh(1-m)(k_A + k_B) - (1-e)rc$ 时，如果 $y > y^*$，则 $F'(x=1) < 0$，此时 $x=1$ 是博弈方程的演化稳定策略，如果 $y < y^*$，则 $F'(x=0) < 0$，此时 $x=0$ 是博弈方程的演化稳定策略。也就是说此种情况下，方程的演化稳定策略受到初始共享概率 y 和临界值 y^* 的共同影响。当 y^* 的值越大，y 存在于区间 $[0, y^*]$ 的可能性就越大，虚拟社区中参与用户的稳定策略就会向不进行知识共享方向演化。

同理，用户B的复制动态方程为：

$$F(y) = \frac{d_y}{d_t} = y(U_{B1} - U_B) = y(1-y)(x(\beta_B l_A k_A - I_B + (1-r)h(1-m)(k_A + k_B) - h_B k_B) + h_B k_B - (1-e)(1-r)c) \tag{8-5}$$

由 $F(y)=0$ 可以得到 $y^*=0$ 或者 $y^*=1$，$x^*=$

$$\frac{(1-e)(1-r)c - h_B k_B}{\beta_B l_A k_A - I_B + (1-r)h(1-m)(k_A + k_B) - h_B k_B}。$$

③ 当 $(1-e)(1-r)c - h_B k_B > \beta_B l_A k_A - I_B + (1-r)h(1-m)(k_A + k_B) - h_B k_B$ 时，即 $I_B > \beta_B l_A k_A + (1-r)h(1-m)(k_A + k_B) - (1-e)(1-r)c$ 时，对于任意的 $x(0 \leqslant x \leqslant 1)$，都存在 $F'(y=0) < 0$，此时 $y=0$ 是博弈方程的演化稳定策略。

④ 当 $(1-e)(1-r)c - h_B k_B < \beta_B l_A k_A - I_B + (1-r)h(1-m)(k_A + k_B) - h_B k_B$ 时，即 $I_B < \beta_B l_A k_A + (1-r)h(1-m)(k_A + k_B) -$

$(1-e)(1-r)c$ 时，如果 $x>x^*$，则 $F'(y=1)<0$，此时 $y=1$ 是博弈方程的演化稳定策略，如果 $x<x^*$，则 $F'(y=0)<0$，此时 $y=0$ 是博弈方程的演化稳定策略。此种情况下，方程的演化稳定策略受到初始共享概率 x 和临界值 x^* 的共同影响。当 x^* 的值越大，x 存在于区间 $[0,x^*]$ 的可能性就越大，虚拟社区中参与用户的稳定策略会向不进行知识共享方向演化。

以上情形是对用户 A 和用户 B 各自的讨论，但是在虚拟社区中存在两个完全一样的用户的可能性较小，并且用户所处的情形随时可能会改变，所以需要将用户 A 和用户 B 所处的情形同时纳入博弈结果的考虑范围，可以通过以下几种情况讨论用户 A 和用户 B 之间的相互作用形成的演化稳定策略：

第一，当用户 A 和用户 B 分别选择情形①和③的策略时，用户 A 和用户 B 通过博弈后发现不选择知识共享策略可以获取的收益优于进行知识共享时所获取的收益，在虚拟社区中用户不断地模仿和学习优势策略，最终用户 A 和用户 B 选择知识共享策略的概率逐渐下降，此时演化系统将收敛于 $O(0,0)$ 点，如图8-3所示。

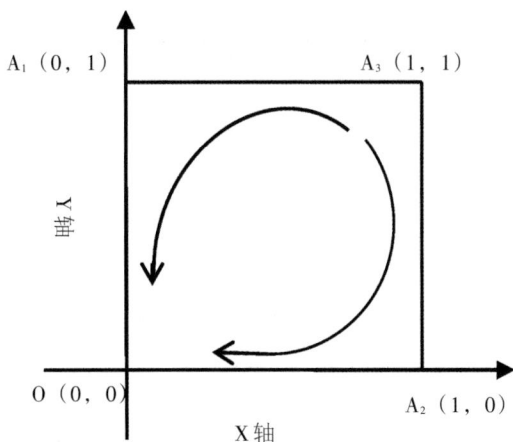

图8-3 用户知识共享的动态演化图

第二，当用户 A 和用户 B 分别选择情形①和④的策略时，如图 8-4 所示，用户 A 和用户 B 的知识共享路径趋势呈现一个倒 U 形状，因为系统内用户 B 开始时会倾向于选择知识共享策略，此时虚拟社群内用户 B 知识共享的概率会逐渐上升。用户 A 考虑自身的利益，认为不进行知识共享是最优策略，在演化过程中，用户 A 会不断地调整策略朝着不进行知识共享的路径演化。随着用户博弈行为的不断进行，用户 B 也会发现，不进行知识共享会获得比较大的收益，则其进行知识共享的概率也会逐渐下降，随着时间的推移和用户的不断学习，系统最终收敛于 $O(0,0)$ 点。

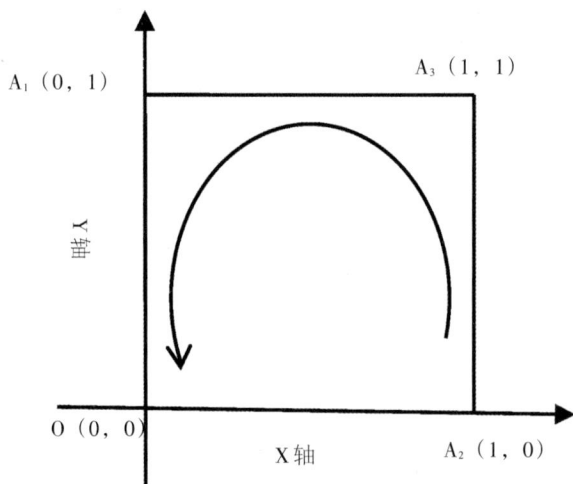

图 8-4　用户知识共享的动态演化图

第三，当用户 A 和用户 B 分别选择情形②和③的策略时，如图 8-5 所示，用户 A 和用户 B 的知识共享路径趋势呈现一个侧 U 形状，因为系统内用户 A 开始时选择知识共享策略是其最优策略，此时虚拟社区内用户 A 知识共享的概率会逐渐上升。用户 B 基于自身的利益，认为不进行知识共享是他的最优策略，在演化过程中，他会不断调整策略朝着不进行知识共享的路径演化。随着博弈行为的不断进行，用户 A 也会发现，不进行知识共享会获得比较大的收益，则其进行知识共享的概率会逐渐下降，随着时间的不断推移和用户的不断学习，系统最终收敛于 $O(0,0)$ 点。

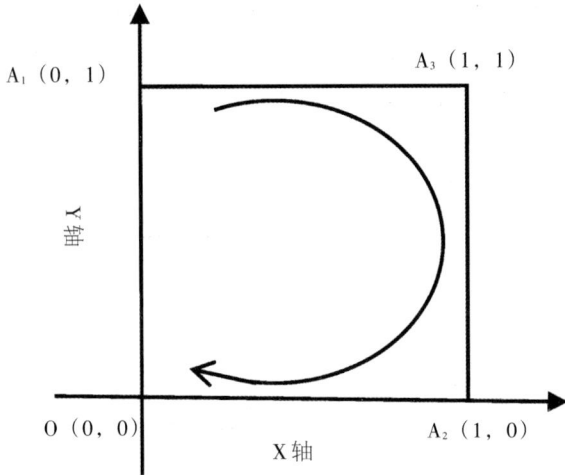

图8-5 用户知识共享的动态演化图

第四，当用户A和用户B分别选择情形②和④的策略时，如图8-5所示，当满足：$I_A < \beta_{Al} l_B k_B + rh(1-m)(k_A + k_B) - (1-e)rc$ 和 $I_B < \beta_{Bl} l_A k_A + (1-r)h(1-m)(k_A + k_B) - (1-e)(1-r)c$ 时，（知识共享，知识共享）和（不进行知识共享，不进行知识共享）都是系统的演化稳定状态。当位于 $OA_1A_2A_4$ 区域时，虚拟社区中用户A和用户B知识共享概率将会下降，此时系统将收敛于 $O(0,0)$ 点，即系统会沿着（不进行知识共享，不进行知识共享）策略的方向演化。当位于 $A_1A_2A_3A_4$ 区域时，虚拟社区中用户A和用户B知识共享概率将会上升，此时系统将收敛于 $A_4(1,1)$ 点，即系统会沿着（共享，共享）策略的方向演化。

从图8-6中可以看出系统中有5个局部均衡点，$O(0,0)$、$A_1(0,1)$、$A_2(1,0)$、$A_3(1,1)$、$A_4(X^*,Y^*)$。点 $O(0,0)$、点 $A_3(1,1)$ 为系统的演化稳定点，点 $A_1(0,1)$、$A_2(1,0)$ 为不稳定点，点 A_4 是鞍点。临界点 $A_4(X^*,Y^*)$ 影响虚拟社区用户博弈结果的关键点，临

界点 A_4 的值越大，区域 $OA_1A_2A_4$ 的面积越大，用户选择知识共享的概率就越小，临界点 A_4 的值越小，区域 $A_1A_2A_3A_4$ 的面积越大，用户选择知识共享的概率就越大，其中，

$$x^* = \frac{(1-e)(1-r)c - h_B k_B}{\beta_B l_A k_A - I_B + (1-r)h(1-m)(k_A + k_B) - h_B k_B}, y^* = \frac{(1-e)rc - h_A k_A}{\beta_A l_B k_B - I_A + rh(1-m)(k_A + k_B) - h_A k_A}。$$

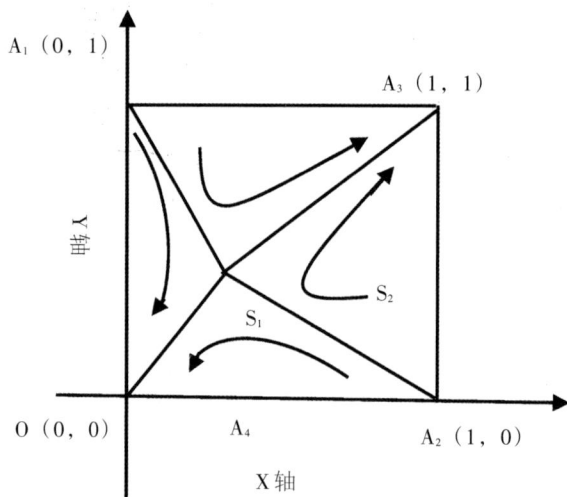

图8-6 用户知识共享的动态演化图

8.4 仿真分析

通过对博弈模型的分析可以得出：虚拟社区用户间知识共享行为的演化路径同博弈收益支付矩阵的参数密切相关。为了更清晰地描述各参数的变化对虚拟社区用户间知识共享策略的影响，本章运用Matlab进行数据模拟仿真。

在模拟仿真中，假设虚拟社区中用户知识储备水平 $k_i \in [100, 200]$，用户间的知识共享程度 $l_i \in [0.25, 1]$，用户对共享知识的吸收转化能力系数 $\beta_i \in [0.25, 1]$，用户知识共享可能造成的重叠度 $m \in [0.2, 0.8]$，用户选择知识共享策略所付出的共享成本 $c \in [100, 200]$，用户知识共享可以获得的收益分配系数

$r \in [0.2,0.8]$，用户间知识共享造成的溢出效应 $I_i \in [20,60]$，用户间由于知识共享获得的协同创新系数 $h \in [0.4,1]$，企业对虚拟社区中用户知识共享的激励系数 $e \in [0.2,0.8]$。

8.4.1 知识储备对共享概率的影响

在假设其他参数一定的情况下，虚拟社区中参与博弈双方知识储备的变化对共享概率影响如图8-7所示。

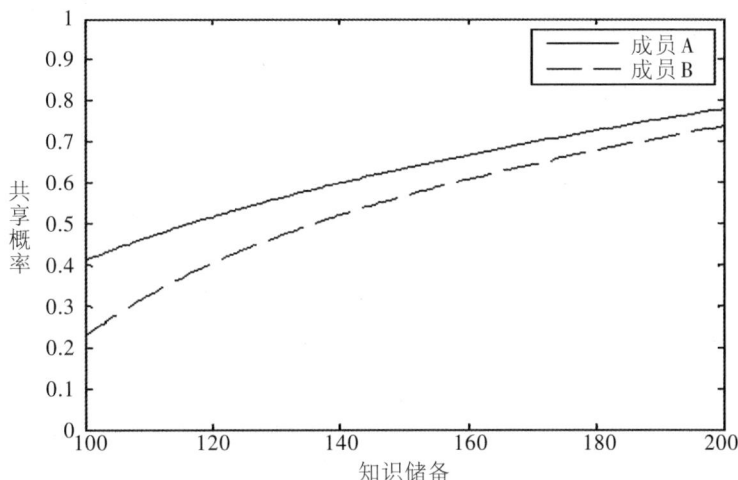

图8-7 用户的知识储备对共享概率的影响

由图8-7可以看出，用户A和用户B选择知识共享策略的概率随着虚拟社区用户双方知识储备水平的增加而增加。随着知识共享双方知识储备水平的提高，知识分享交流后获得的收益会随之增加，用户A与用户B进行知识共享的意愿也会变得强烈。

8.4.2 知识共享程度和知识吸收转化能力对共享概率的影响

在假设其他参数不变的前提下，虚拟社区中参与博弈双方知识的共享程度和吸收转化能力的变化对知识共享概率的影响如图 8-8 所示。

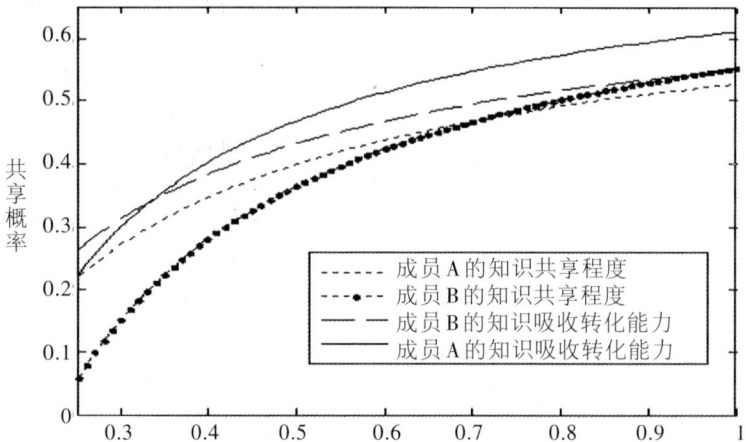

图 8-8 用户的知识吸收转化能力和知识共享程度对共享概率的影响

由图 8-8 可以看出，在虚拟社区用户的知识共享程度由 0.25 逐渐上升到 1 的过程中，用户 A 和用户 B 选择知识共享行为的概率也随之上升。当用户 A 知识共享程度较高时，用户 B 选择知识共享策略会获得较大的收益；同理，当用户 B 知识共享程度较高时，用户 A 选择知识共享策略的意愿会随之变得强烈。

当虚拟社区用户的知识吸收转化能力由 0.25 增加到 1 时，用户 A 和用户 B 选择知识共享行为的概率会随之上升，此时，演化相图中 s_1 的面积逐渐变小，s_2 的面积逐渐增大，当参与用户对共享知识的吸收转化能力变强时，获得的收益会增加，此时系统向（知识共享，知识共享）策略演化的可能性会逐渐增大。

8.4.3 知识共享成本对共享概率的影响

假设其他参数不变的前提下，虚拟社区参与知识共享的博弈双方的共享成本在区间$[100,200]$上变动时，仿真结果如图8-9所示。

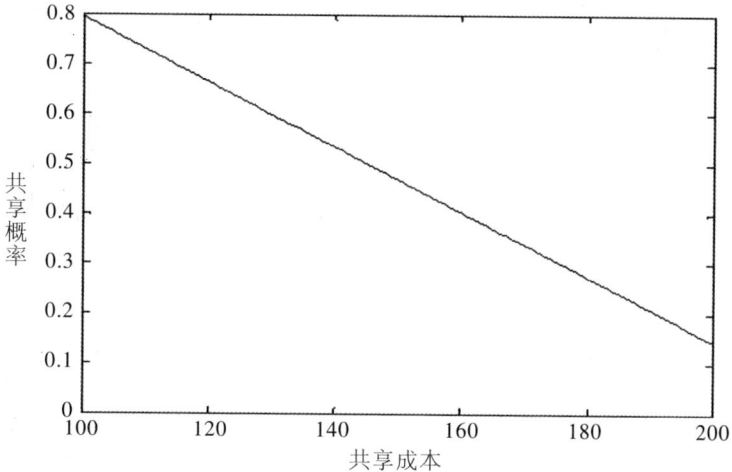

图8-9 用户的知识共享成本对共享概率的影响

从图8-9可以看出，随着用户知识共享成本的增加，用户双方选择知识共享策略的概率不断降低。此时，演化相图中s_1的面积不断增大，s_2的面积不断减小，这是因为随着用户知识共享成本的增加，参与知识共享用户获得的收益可能变小，此时系统向（知识共享，知识共享）策略演化的可能性也会减小。

8.4.4 知识共享的同质性、协同收入分配系数和激励程度对共享概率的影响

在假设其他参数不变的前提下，虚拟社区参与博弈双方知识共享的重叠度、企业对参与知识共享双方的协同收益分配情况和激励程度的变化对共享概率的影响如图8-10所示。

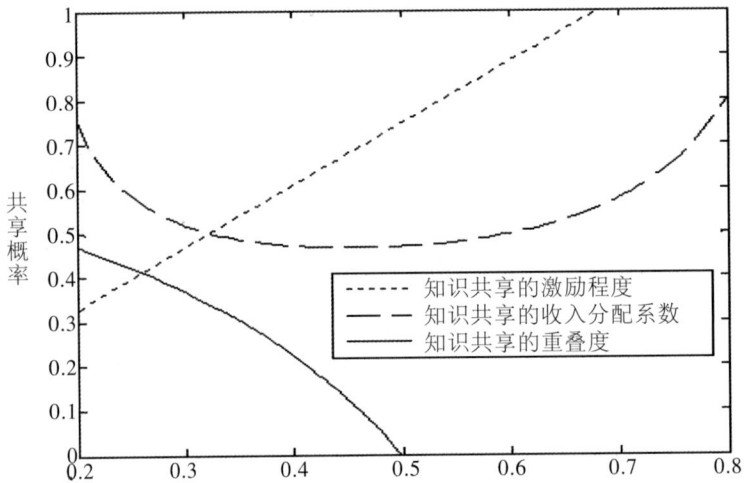

图 8-10　知识共享的重叠度、收入分配系数和激励程度对共享概率的影响

　　从图 8-10 中可以看出,在知识共享的同质性方面,随着知识共享重叠度的增加,参与用户双方选择知识共享策略的概率不断降低。这是因为随着用户知识重叠程度的提高,用户获得新知识和观点的可能性变小,无论用户是否选择知识共享策略,对自身影响均较小,此时系统则会以较小的概率向(共享,共享)策略演化。

　　在协同收益分配系数方面,随着收入分配系数的增加,曲线先逐渐降低,当降低到一定程度后,曲线又随着收入分配系数的增加而逐渐上升,整个过程中存在一个最小值,即最优的协同收益分配系数使得演化相图中 s_1 的面积最小, s_2 的面积最大。这进一步说明以知识贡献的大小为依据合理设置收益分配系数会促使用户进行知识共享。

　　在企业的激励程度方面,激励系数的提高会提高用户选择知识共享策略的概率,因为企业给予的激励程度越大,越能弥补用户在进行知识共享时投入的成本,用户越有可能获得较大的收益,此时系统会向(知识共享,知识共享)策略演化。

8.4.5　创新收益对共享概率的影响

假设其他参数不变的前提下，虚拟社区中参与知识共享博弈双方的协同创新收益系数和单独创新收益系数在给定区间变动对用户的知识共享行为产生的影响如图8-11所示。

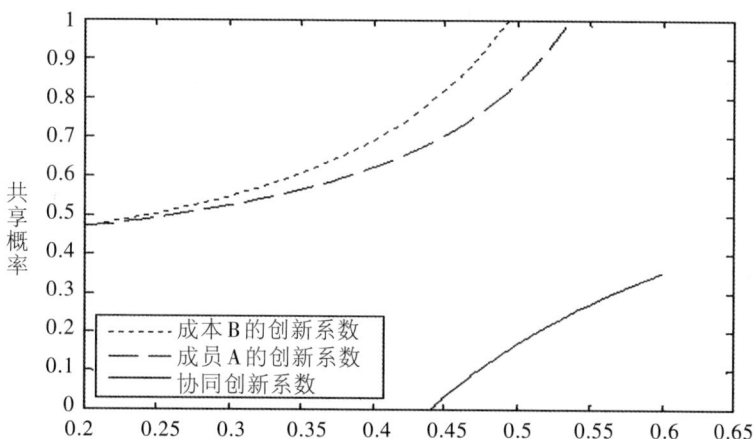

图 8-11　知识共享的协同创新收益对共享概率的影响

博弈双方选择知识共享策略的可能性随着协同创新系数的增加而上升，说明此时在演化相图中s_1的面积不断减小，s_2的面积不断增大；当只有一方选择知识共享策略时的曲线变化状况是随着创新系数的增加而上升，此时用户选择知识共享的概率也增大，即随着共享知识创新系数的增加，虚拟社区中用户选择知识共享的概率也逐渐增大。

8.4.6　溢出效应对共享概率的影响

在假设其他参数不变的前提下，虚拟社区中不参与知识共享的用户共享他人知识所得到溢出效应的变化对知识共享概率的影响如图8-12所示。

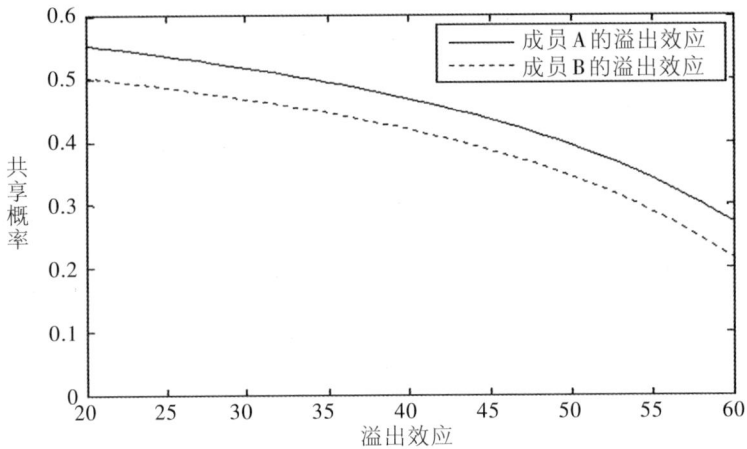

图8-12 知识共享的溢出效应对共享概率的影响

从图8-12可以看出，随着用户获得溢出效应的增强，参与用户双方选择知识共享策略的概率不断降低，此时，演化相图中 s_1 的面积不断增大，s_2 的面积不断减小，这是因为随着参与用户溢出效应的增大，用户不用参与知识共享就能获得较大的收益，此时用户参与知识共享的概率会变小，随着时间的推移，系统中的参与群体会有较大的概率选择不进行知识共享策略。

8.5 结论及启示

8.5.1 研究结论

本章建立了企业虚拟社区用户知识共享的演化博弈模型，并通过数值仿真分析了个人因素、互惠因素、社区因素对用户间知识共享行为产生的影响，研究结果表明：

第一，当用户存在一方不选择知识共享策略所能获取的收益大于进行知识共享所能获取的收益时，在经过一段时间的博弈后，系统中的用户将倾向选择不进行知识共享策略；当用户选择知识共享所获得的收益大于不进行知识共享所获得的收益时，在经过一段时间的博弈后，系统中的用户将倾向选择知识共享策略。

第二，用户知识共享博弈的演化稳定策略有两个，分别为（共享，共享）和（不共享，不共享），在此种情况下系统朝哪个方向演化，取决于用户知识共享的初始概率值以及临界点。

第三，通过对虚拟社区中用户知识共享行为影响因素对知识共享行为产生影响的研究和模拟仿真分析发现：个人因素中的知识的储备量、对知识的转化吸收能力、知识的共享程度、共享知识的创新度，社区环境因素中的激励系数等因素正向影响用户间的知识共享行为；个人因素中的共享成本、共享知识的同质性、互惠因素中的溢出效应等因素反向影响用户间的知识共享行为。

第四，在用户知识共享过程中存在最优的协同利润分配系数，使得系统向（知识共享，知识共享）方向演化的概率最大，虚拟社区平台需要合理地设置协同收益分配系数，同时根据用户知识共享的情况进行不断的调节，以达到提高参与知识共享用户积极性的目的。

8.5.2 管理启示

企业虚拟社区是以互联网虚拟空间为载体的知识共享平台，虚拟社区中注册用户的数量、知识的数量和质量、互动的频率、持续使用时间的长短等都是衡量社区繁荣程度的重要因素。想要让企业虚拟社区吸引到更多的用户，提高社区的影响力，为社区创造更好的知识共享环境，需要寻找企业虚拟社区中用户知识共享行为的支持策略。上一节已经研究分析了用户采取不同策略时的演化博弈过程，并讨论了影响用户收益的主要因素，本节在此基础上主要从企业虚拟社区的准入策略、管理策略、激励策略和保障策略等方面讨论虚拟社区中用户知识共享行为的支持策略，如图8-13所示。

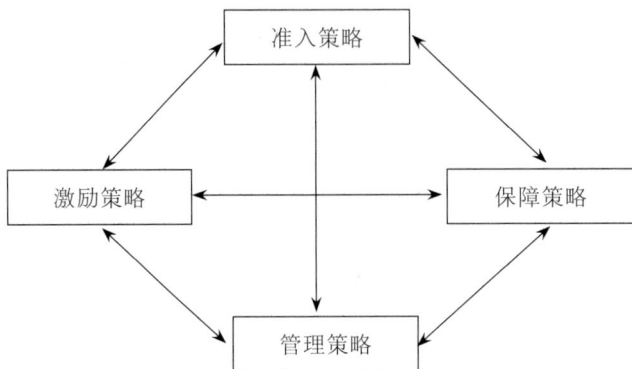

图8-13 企业虚拟社区中用户知识共享行为的支持策略

（1）用户准入策略

企业虚拟社区准入制度主要是针对用户的参与规则，不同企业虚拟社区对用户的身份、知识构成、学历背景等的要求不同。按照前面章节对企业虚拟社区中用户知识共享流程的描述，用户首先必须在平台上注册成为虚拟社区会员，然后才能在平台中选择感兴趣的主题发表自己的创意想法或设计作品，在分享自己知识的同时，也可学习吸收他人的知识。所以，企业虚拟社区中用户知识共享的过程需要经过两个阶段，第一阶段成为平台的注册用户，第二个阶段参与具体项目的知识交流和知识共享。

作为开放式创新的一种形式，企业建设虚拟社区平台的主要目的是吸引大众参与，寻求大众智慧。现在，大部分虚拟社区平台的准入门槛都比较低，主要采用一次性注册准入制度，用户只要通过互联网注册都可以进入平台，缺乏对用户知识共享行为的约束，一定程度上会造成虚拟社区中垃圾知识的滋生。而企业需要用户共享的知识具有创新性，这就会产生"供需"不匹配的现象。结合虚拟社区中参与用户知识共享的两个阶段，提出两阶段的准入制度，具体流程如图8-14所示。

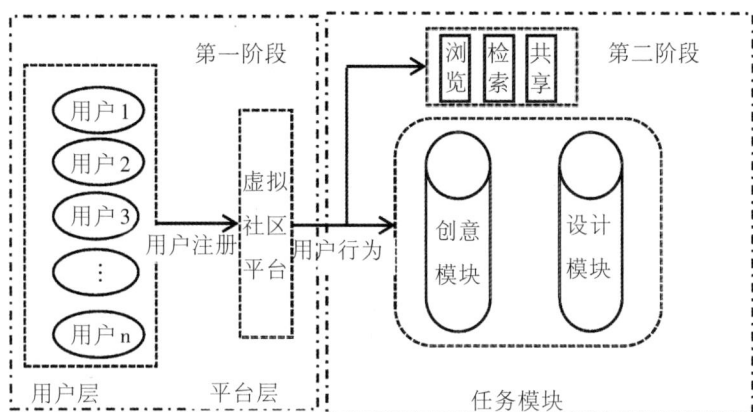

图8-14 企业虚拟社区的两阶段准入策略

第一阶段：企业虚拟社区需要采取一定的措施吸引用户成为平台的用户。首先，用户想进入虚拟社区进行知识共享要完成相应的注册程序，平台要提供简化的注册程序，因为注册程序过多可能会造成用户的厌烦心理，会丧失部分潜在的知识共享用户。另外，平台要制定一定的注册奖励政策，如：赠送红包、虚拟货币、注册积分等，吸引广大用户参与虚拟社区的知识共享活动。在完成一般性的注册以后，用户可以登录平台，寻找自己感兴趣的创新模块和任务，还可以浏览平台对任务的具体要求和相应的奖励机制。

第二阶段：参与用户选择创新任务，进行创作。在本阶段，平台需要公布项目背景、企业的需求信息以及对项目的创作要求等信息，并公布奖金的分配方案，明确双方的权利和义务。对于参与创作的用户，平台可以收取一定的保证金，可以减少用户知识随意创新的风险。当创新任务完成后，无论方案是否被选中，只要不是垃圾创作，平台都应该退还保证金，在该阶段用户最好提供实名注册信息。在本阶段用户如果遇到了创新难题，可以在平台的知识库中寻求方案，也可以参考他人的共享知识。

两阶段的注册准入制度，有利于吸引更多的用户参与知识共享，而且可以有效约束用户知识共享的随意行为，同时可以减小企业对创意筛选的工作量，有利于企业通过虚拟社区平台收集到更多更好的创意。

（2）知识资源的管理策略

由上一节的分析可知，用户的知识储备、知识的吸收转化能力、知识的共享成本对用户的知识共享行为有重要影响。在企业虚拟社区中，许多注册用户只是单纯地浏览他人的知识创意和搜索自己所需的知识，并不积极参与知识共享，也不和他人进行知识交流，仅仅作为社区的潜水者，这不利于社区的知识交流和持续健康发展。这种现象形成的原因：一方面是因为部分用户知识储备不够，他们进入社区的目的就是学习前沿的知识和借鉴他人优秀的设计创意，并没有足够的能力贡献创意和替别人解决问题；另一方面有的用户虽然具备足够的知识存量，但是他们并不愿意在社区中分享他们的知识，还有部分用户缺乏知识转化吸收能力，他们不能使已经共享的知识为自己所用。这部分用户的数量越多，知识在社区中更新速度就越慢，就越不能充分发挥企业虚拟社区的作用。还有一些虚拟社区设立了比较高的准入门槛，单纯浏览的用户并不能共享社区所有的资源。社区制定的这种措施虽然在一定程度上能够抑制用户只浏览信息而不分享知识的行为，但也可能造成一部分用户在社区中得不到想要的知识，打击他们知识交流和分享的积极性，会让他们退出本社区，转向寻找其他社区，最终会降低本社区的人气，影响社区参与用户知识共享的持续性和稳定性。

基于上述原因，首先社区应该成立专门的知识管理机构，对企业虚拟社区中参与用户的知识共享行为进行管理，构建自己的虚拟社区知识资源库。把资源库中所有的知识对用户开放，丰富参与人员的知识量，提高参与人员对知识的转化吸收能力，虚拟社区的资源库构建后，资源库的知识以显性的形式向所有的用户开放，用户可以更加容易地吸收他人的先进成果，为自己的知识创新提供便利，能有效强化虚拟社区和用户间的联结关系及知识交流沟通密度，提高用户社区知识共享的参与感，激励他们的选择知识共享策略的积极性。资源库的构建与管理流程如图8-15所示。

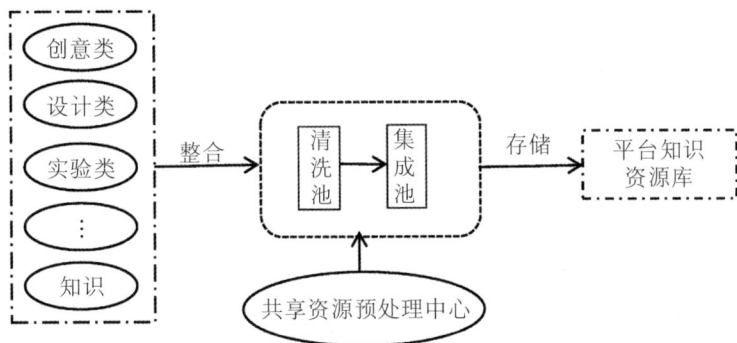

图8-15　企业虚拟社区中知识资源库的形成过程

①把企业虚拟社区中已经得到的共享知识按照创意类、设计类、实验类等类别进行分类整理，每个大类下面再细分为若干小类，对社区中已有的知识进行细化处理，并且知识要经常进行更新。

②企业虚拟社区把经过分类的知识提交到资源预处理中心，对已有的知识资源进行清洗，剔除劣质的资源，把筛选出高质量的资源整合集中，形成资源库。

③用户可以根据需要在资源库中依据类别搜索自己所需要的资源，可以有效降低用户的搜索难度，节省搜索时间，减少共享成本。

（3）知识共享的激励策略

建立激励机制的重要目的在于鼓励和引导用户产生知识共享行为，前文已经分析了企业虚拟社区中用户知识共享演化博弈模型中的激励系数和收益分配系数对用户知识共享行为的影响，所以建立适当有效的激励机制对促进用户进行知识共享有正向的激励作用。

①基于企业虚拟社区中用户参与知识共享的特性，企业应该对用户实行物质奖励和精神激励相结合的措施。按照用户知识共享贡献的大小，给予相应的物质奖励，同时在虚拟社区公布优秀创意或设计的提供用户，这样可以让获奖用户受到鼓舞，提高他们继续参与知识共享的积极性。

②对企业虚拟社区中用户贡献的价值并不高的方案，社区也要适当予以奖励，提高他们继续参与知识共享的积极性。一些用户由于知识水平有限，提出问题的可能缺乏深度，且缺乏足够的报偿，导致社区中的其他成员对问题缺乏兴趣，这时需要社区及时给予回应，增加他们继续留在社区互动沟通的兴趣，为以后社区用户知识共享的持续发展奠定基础。

③企业虚拟社区应该制定相应的奖惩措施，并公布具体的标准和细节，营造公平的企业虚拟社区用户知识共享的氛围。

（4）知识共享的保障策略

虚拟社区中用户的知识共享活动，既包括用户向社区提供知识和创意，也包括用户评价他人分享的知识和对他人提出的问题进行解答，社区中的这种知识的交流和碰撞行为，有利于产生新知识和新创意，企业要充分挖掘社区成员的知识价值。用户间的知识共享行为是企业虚拟社区中生存和发展的基础，所以本章提出相关的措施保障知识共享用户的相关权益，营造良好的企业虚拟社区知识交流和共享环境。

①在用户创新方案的评价方面，现在多数社区主要由企业主导对用户的创新方案进行评价，这种评价方式具有很大的主观随意性，可能会使一些优秀的创意得不到客观的评价。为了客观地评价用户的创新方案，可以以集体评分为核心建立新的评价机制。集体评分机制在对用户的创新成果评价时，企业和同一项目的其他参与用户均需进行评分，但是各自评分所占的权重有所不同。各虚拟社区根据自身的实际情况，确定企业的评分权重。在各用户的评分权重确定方面，则依据各自之前在企业虚拟社区中

分享知识数量、创意的质量以及客观评价他人知识的次数予以综合确定。创新成果的最终评价结果以企业和各用户评分的加权平均数确定，择优给予奖励。当用户认为自己的创意受到不公平的评价时，可以请求专业的第三方进行检测认证，最大程度上确保参与知识共享用户的权益。

②在用户个人信息保护方面，用户注册参与企业虚拟社区知识共享时可能会选择实名注册，虚拟社区平台有义务对会员的个人隐私进行保密。因为虚拟性是虚拟社区的特性，参与用户之间的真实身份、知识背景和社会地位对其他参与用户来说都是保密的，这也保证了各参与用户在虚拟社区中自由地共享自己的知识。若用户的隐私信息被公开可能会限制他们在虚拟社区的贡献，因此企业应该高度重视虚拟社区用户的隐私保护。

参考文献

［1］ 中国互联网络信息中心.第50次中国互联网发展状况统计报告［R/OL］.［2022-09-16］. http://www.cnnic.net.cn/NMediaFile/2022/0916/MAIN1663313008837KWI782STQL.pdf.

［2］ LI Y, LIU Y, LIU H. Coopetition, distributor's entrepreneurial orientation and manufacturer's knowledge acquisition: evidence from China ［J］. Journal of Operations Management, 2010, 29（9）: 128-142.

［3］ BERNOFF J, LI C. Harnessing the power of the oh-so-social web ［J］. IEEE Engineering Management Review, 2010（3）: 8-15.

［4］ WIERTZ C, RUYTER K D. Beyond the call of duty: why customers contribute to firm-hosted commercial online communities ［J］. Organization Studies, 2007, 28（3）: 347-376.

［5］ 王莉,任浩.虚拟创新社区中消费者互动和群体创造力——知识共享的中介作用研究［J］. 科学学研究, 2013（5）: 702-710.

［6］ 张永云,张生太,彭汉军.虚拟社区: 开放式知识共享［J］. 企业管理, 2016（5）: 101-103.

［7］ 刘海鑫,刘人境.企业虚拟社区个体知识贡献行为影响因素研究

[J]．科研管理，2014（6）：121-128．

［8］　NIELSEN J. Participation inequality： encouraging more users to contribute ［J］． Quaderns De Filologia Estudis Literaris，2006，2688（3）：11-25．

［9］　ARMSTRONG A，HAGEL J．The real value of online communities ［J］. Harvard Business Review，1996，74（4）：134-141．

［10］　代宝，刘业政．虚拟社区知识共享的实证研究综述［J］．情报杂志，2014（10）：201-207．

［11］　TONNIES F . Community & society （Gemeinschaft und gesellschaft）［M］．London：Dover Publications，1959．

［12］　RHEINGOLD H. The virtual community： homesteading on the electronic frontier ［M］．Cambridge，MA： MIT Press，2000．

［13］　许世震，赵新宇，赵红．虚拟社区价值共创中的顾客创新动机及行为研究［J］．数学的实践与认识，2018（2）：288-297．

［14］　SONG M，DUAN Y，HUANG T，et al. Inter-edge and cloud conversion accelerated user-generated content for virtual brand community ［J］．Eurasip Journal on Wireless Communications and Networking，2020（1）．

［15］　李朝辉．虚拟品牌社区环境下顾客参与价值共创对品牌体验的影响［J］．财经论丛，2014（7）：75-81．

［16］　刘海鑫，刘人境，李圭泉．社会资本、技术有效性与知识贡献的关系研究——基于企业虚拟社区的实证研究［J］.管理评论，2014（12）：10-19．

［17］　DHOLAKIA U M，BAGOZZI R P，PEARO L K．A social influence model of consumer participation in network and small group based virtual communities ［J］．International Journal of Research in Marketing，2004，21（3）：241-263．

［18］　张发亮．不同类型虚拟社区的特点比较分析［J］．图书馆学研究，2006（7）：11-14．

［19］　张宝生，张庆普．基于扎根理论的社会化问答社区用户知识贡献行为意向影响因素研究［J］.情报学报，2018（10）：1034-1045．

［20］　RHEINGOLD H. Virtual community： homestanding on the electronic frontier ［M］．Reading，MA： Addison Wesley，1993．

［21］　CHEN R S，HSIANG C H. A study on the critical success factors for corporations embarking on knowledge community-based e-learning [J]. Information Sciences, 2007, 177 (2): 570-586.

[22] 万晨曦，郭东强.虚拟社区知识共享研究综述 [J]. 情报科学，2016 (8): 165-170.

[23] 吴冰，张辰彦.知识库存对 SNS 企业知识社区中 E-Learning 知识获取的影响 [J]. 系统工程理论与实践，2013 (3): 726-732.

[24] 白杨，邓贵仕.企业虚拟社区的知识增长测度研究 [J]. 科技管理研究，2013 (18): 143-146.

[25] 周志民，张江乐，熊义萍.内外倾人格特质如何影响在线品牌社群中的知识分享行为——网络中心性与互惠规范的中介作用 [J]. 南开管理评论，2014 (3): 19-29.

[26] 沈惠敏.虚拟社区持续知识共享研究述评 [J]. 知识管理论坛，2016 (5): 319-323.

[27] 何晓红，张春阳.虚拟社区知识共享研究的文献计量分析 [J]. 情报科学，2017 (1): 115-120.

[28] 盛东方，孙建军.国外虚拟社区环境下知识分享行为影响因素研究综述 [J]. 情报科学，2016 (9): 166-172.

[29] 黄维，赵鹏.虚拟社区用户知识共享行为影响因素研究 [J]. 情报科学，2016 (4): 68-73.

[30] TAMJIDYAMCHOLO A, BABA M S B, SHUIB N L M, et al. Evaluation model for knowledge sharing in information security professional virtual community [J]. Computers & Security, 2014, 43 (6): 19-34.

[31] HUNG S W, CHENG M J. Are you ready for knowledge sharing? An empirical study of virtual communities [J]. Computers & Education, 2013, 62 (2): 8-17.

[32] CHIU C, WANG E T G, SHIH F, et al. Understanding knowledge sharing in virtual communities [J]. Online Information Review, 2011, 35 (1): 134-153.

[33] LU L, LEUNG K, KOCH P T. Managerial knowledge sharing: the role of individual, interpersonal, and organizational factors [J]. Management and Organization Review, 2006, 2 (1): 15-41.

［34］ TEDJAMULIA S J J, DEAN D L, OLSEN D R, et al. Motivating content contributions to online communities: toward a more comprehensive theory ［C］. Hawaii International Conference on System Sciences. IEEE, 2005: 193b-193b.

［35］ KANKANHALLI A, TAN B C Y, WEI K K. Contributing knowledge to electronic knowledge repositories: an empirical investigation ［J］. MIS Quarterly, 2005, 29 (1): 113-143.

［36］ 胡昌平, 万莉. 虚拟知识社区用户关系及其对知识共享行为的影响 ［J］. 情报理论与实践, 2015 (6): 71-76.

［37］ 万莉, 程慧平. 虚拟知识社区用户知识贡献行为影响因素研究——贡献者和潜水者比较 ［J］. 情报理论与实践, 2015 (12): 93-97.

［38］ 陈耀华, 杨现民. 开放知识社区的用户分类研究——以中文维基百科为例 ［J］. 现代教育技术, 2016 (6): 47-53.

［39］ 张萧, 周年喜, 唐亚欧. 基于人际行为模型理论的知识社区共享行为研究 ［J］. 情报科学, 2014 (5): 63-67.

［40］ JIN J, LI Y, ZHONG X, et al. Why users contribute knowledge to online communities? An empirical study of an online social Q&A community ［J］. Information & Management, 2015, 52 (7): 840-849.

［41］ 李力. 虚拟社区用户持续知识共享意愿影响因素实证研究——以知识贡献和知识搜寻为视角 ［J］. 信息资源管理学报, 2016 (4): 91-100.

［42］ 黄维, 赵鹏. 虚拟社区用户知识共享行为影响因素研究 ［J］. 情报科学, 2016 (4): 68-73;103.

［43］ 孙富杰. 学术虚拟社区用户知识交流行为影响因素调查研究 ［D］. 郑州: 郑州大学, 2018.

［44］ CHEN L, MARSDEN J R, ZHANG Z. Theory and analysis of company - sponsored value co - creation ［J］. Journal of Management Information Systems, 2012, 29 (2): 141-172.

［45］ 杨洁静. 企业虚拟社区成员互动与知识共享关系研究 ［J］. 中小企业管理与科技 (下旬刊), 2014 (11): 120.

［46］ 顾凌燕, 徐旭. 企业虚拟学习社区中知识共享的影响因素研究 ［J］. 生产力研究, 2011 (3): 164-166.

［47］ 李文元, 翟晓星, 徐芳. 人际关系动机对虚拟品牌社区知识共享行

为的影响机制研究——一个被调节的中介模型 [J]. 管理评论，2018 (7)：89-99.

[48] 高灵，胡昌平. 网络知识社区服务中的用户持续使用行为影响分析 [J]. 现代情报，2014 (1)：13-17.

[49] 姜雪. 虚拟社区信息分享行为的影响因素研究综述 [J]. 图书馆学研究，2014 (10)：18-24.

[50] 代宝，刘业政. 虚拟社区知识共享的实证研究综述 [J]. 情报杂志，2014 (10)：201-206.

[51] 刘岩芳，贾菲菲. 基于SNS的用户知识共享行为研究 [J]. 情报科学，2017 (1)：41-46.

[52] HE W, WEI K-K. What drives continued knowledge sharing? An investigation of knowledge-contribution and-seeking beliefs [J]. Decision Support Systems, 2009, 46 (4)：826-38.

[53] 李金阳. 虚拟社区知识共享对消费者购买意愿的影响研究 [J]. 图书馆学研究，2014 (11)：35-41.

[54] 邓琦，胡丹. 虚拟社区知识共享机制对消费者购买决策的影响——以淘宝网为例 [J]. 经营与管理，2014 (11)：129-131.

[55] 李震. 虚拟社区知识共享对消费者购买行为的影响研究 [J]. 河南社会科学，2012 (7)：35-37.

[56] 常亚平，刘兴菊，阎俊，等. 虚拟社区知识共享之于消费者购买意向的研究 [J]. 管理科学学报，2011 (4)：86-96.

[57] BROWN J, BRODERICK A J, LEE N. Word of mouth communication within online communities：conceptualizing the online social network [J]. Journal of Interactive Marketing, 2007, 21 (3)：2-20.

[58] PITTA D A, FOWLER D. Internet community forums：anuntapped resource for consumer marketers [J]. Journal of Consumer Marketing, 2005, 22 (5)：265-274.

[59] NJITE D, PARSA H G. Structural equation modeling of factors that influence consumer internet purchase intention of services [J]. Journal of Services Research, 2005, 5 (1)：43-59.

[60] SCHLOSSER A E, WHITE T B, LLOYD S M. Converting web site visitors into buyers：how web site investment increases consumer trusting beliefs and online purchase intentions [J].

Journal of Marketing，2006，70（2）：133-148.

[61] 王小娟，王新芳.基于关系嵌入的虚拟品牌社区知识共享对企业服务创新的影响模型 [J]. 中国市场，2015（36）：86-87.

[62] 王娟茹，罗岭.知识共享行为、创新和复杂产品研发绩效 [J]. 科研管理，2015（6）：37-45.

[63] 孙红.虚拟社区知识共享对消费者品牌态度的影响 [J]. 商业经济研究，2018（2）：50-52.

[64] 陈霖.虚拟品牌社群的社会资本、知识共享对品牌依恋的影响研究 [D]. 福州：福州大学，2014.

[65] 沈波.虚拟品牌社区用户知识共享对产品创新的影响 [C] //管理科学与工程学会.管理科学与工程学会2016年年会论文集.镇江：江苏大学出版社，2016：105-110.

[66] 钟华.虚拟品牌社区用户知识共享对产品创新的影响研究 [D]. 南昌：江西财经大学，2017.

[67] 朱玲梅.虚拟品牌社区中知识分享对社区推广的影响研究 [D]. 广州：华南理工大学，2016.

[68] 俞可平.经济全球化与治理的变迁 [J]. 哲学研究，2000（10）：17-24.

[69] JONES C，HESTERLY W S，BORGATTI S P. A general theory of network governance exchange conditions and social mechanisms [J]. The Academy of Management Review，1997，22 (4)：911-945.

[70] 朱瑾，王兴元.网络社区治理机制与治理方式探讨 [J]. 山东社会科学，2012（8）：152-155.

[71] 刘征驰，田小芳，石庆书.网络虚拟社区知识分享治理机制 [J]. 管理学报，2015（9）：1394-1401.

[72] 杨勇勇，石文典，宋有明.知识治理机制与知识共享敌意的关系：员工关系的中介作用 [J]. 心理科学，2018（6）：172-178.

[73] 张迎新，李存刚，李焰.网络组织治理研究评述与展望 [J]. 现代管理科学，2019（2）：100-102.

[74] BOCK G W，ZMUD R W，KIM Y G，et al. Behavioral intention formation in knowledge sharing：examining the roles of extrinsic motivators，social-psychological force，and organizational climate [J]. MIS Quarter1y，2005，29（1）：87-111.

［75］ HSU M H, JU T L, YEN C H, et al. Knowledge sharing behavior in virtual communities: the relationship between trust, self-efficacy, and outcome expectations ［J］. International Journal of Human-Computer Studies, 2007, 65 (2): 153-169.

［76］ CHANG H H, CHUANG S S. Social capital and individual motivations on knowledge sharing: participant involvement as a moderator [J]. Information & Management, 2011, 48 (1): 9-18.

［77］ ZHANG X H, SONG X K. Examining the factors influencing elders' knowledge sharing behavior in virtual communities ［C］// 3rd International Conference on Human Aspects of IT for the Aged Population, Vancouver, Canada: ITAP, 2017.

［78］ 肖阳, 潘伟平. 虚拟品牌社群成员知识贡献行为研究 ［J］. 南京航空航天大学学报 (社会科学版), 2020 (3): 39-45.

［79］ YANG H D, RIJN M B V, SANDERS K. Perceived organizational support and knowledge sharing: employees' self-construal matters ［J］. The International Journal of Human Resource Management, 2020, 31 (17): 2217-2237.

［80］ 李海峰, 王炜. 在线创作社区的知识贡献机制研究 ［J］. 现代远程教育研究, 2020 (4): 93-104.

［81］ WIAFE I, KORANTENG F N, OWUSU E, et al. Persuasive social features that promote knowledge sharing among tertiary students on social networking sites: an empirical study ［J］. Journal of Computer Assisted Learning, 2020, 36 (5): 636-645.

［82］ PORTER C E, DONTHU N. Cultivating trust and harvesting value in virtual communities ［J］. Management Science, 2008, 54 (1): 113-128.

［83］ 盛鑫, 陈长彬. 政府行为对供应链金融业务协同发展的影响——基于演化博弈论的研究 ［J］. 技术经济与管理研究, 2019 (2): 81-85.

［84］ TIAN Y H, GOVINDAN K, ZHU Q H. A system dynamics model based on evolutionary game theory for green supply chain management diffusion among Chinese manufacturers ［J］. Journal of Cleaner Production, 2014, 80: 96-105.

［85］ 赵佩华, 张柳钦, 胡赛强. 基于演化博弈的造假者与监管方行为研

究 [J]. 经济与管理, 2018 (4): 76-82.

[86] 王元卓, 于建业, 邱雯, 等.网络群体行为的演化博弈模型与分析
方法 [J]. 计算机学报, 2015 (2): 282-300.

[87] 刘旭旺, 汪定伟.分组评标专家行为的演化博弈分析 [J]. 管理科
学学报, 2015 (1): 50-61.

[88] 商淑秀, 张再生.虚拟企业知识共享演化博弈分析 [J]. 中国软科
学, 2015 (3): 150-157.

[89] 侯贵生, 王鹏民, 杨磊.在线健康社区用户知识转化与共享的演化
博弈分析 [J]. 情报科学, 2017 (7): 31-38.

[90] 程慧平, 肖文, 程玉清.个人云服务用户采纳行为的演化博弈分析
[J]. 图书馆学研究, 2018 (5): 51-57.

[91] HAO C, DU Q, HUANG Y, et al. Evolutionary game analysis on
knowledge-sharing behavior in the construction supply chain [J].
Sustainability, 2019, 11 (19): 1-16.

[92] LI Q, KANG Y. Knowledge sharing willingness and leakage
risk: an evolutional game model [J]. Sustainability, 2019,
11 (3): 1-21.

[93] LIU C, LIU X. Research on knowledge transfer behaviour in co-
operative innovation and simulation [J]. Economic Research-
Ekonomsk Istrazivanja, 2019, 32: 1219-1236.

[94] 赵亮, 冯蒙朝, 王瑞花.企业虚拟社区用户知识共享动机的演变机
制研究 [J]. 情报理论与实践, 2017 (11): 96-100.

[95] 刘庆庆.虚拟企业成员企业间隐性知识共享的博弈分析 [J]. 商业
时代, 2011 (35): 84-85.

[96] 沈校亮, 厉洋军.虚拟品牌社区知识贡献意愿研究: 基于动机和匹
配的整合视角 [J]. 管理评论, 2018 (10): 82-94.

[97] ZHANG J M, ZHU Q B, WANG Y P. Social capital on consumer
knowledge-sharing in virtual brand communities: the mediating
effect of pan-family consciousness [J]. Sustainability, 2019,
11 (2): 1-19.

[98] HAN Z T, ZHANG W Y, HU B. Dual roles of users in online
brand community and knowledge sharing behavior: a simula-
tion study [J]. Kybernetes, 2019, 48: 2093-2116.

[99] AJZEN I, FISHBEIN M. Understanding attitudes and predicting

social behavior [M]. Englewood Cliffs: Prentice-Hall, 1980.

[100] 郑万松, 孙晓琳, 王刊良. 基于社会资本和计划行为理论的知识共享影响因素研究 [J]. 西安交通大学学报 (社会科学版), 2014 (1): 43-48.

[101] JEON S, KIM Y G, KOH J. An integrative model for knowledge sharing in communities of practice [J]. Journal of Knowledge Management, 2011, 15 (2): 251-269.

[102] HO S C, TING P H, BAU D Y, et al. Knowledge-sharing intention in a virtual community: a study of participants in the Chinese wikipedia [J]. Cyber Psychology, Behavior, and Social Networking, 2011, 14 (9): 541-545.

[103] 沈旭文. 威客模式下虚拟社区知识共享影响因素研究 [D]. 杭州: 浙江大学, 2011.

[104] DAVIS F D, BAGOZZI R P, WARSHAW P R.User acceptance of computer technology: a comparison of two theoretical models [J]. Management Science, 1989, 35 (8): 982-1003.

[105] MARTINS C, RODRIGUES P J, SOARES A M. Examining the technology acceptance model in the adoption of social networks [J]. Journal of Research in Interactive Marketing, 2011, 5 (2/3): 116-129.

[106] LORENZO R C, CONSTANTINIDES E. Segmenting the social networking sites users: an empirical study [J]. International Journal of Internet Marketing & Advertising, 2012, 7 (2): 136-156.

[107] 何丹丹, 郭东强. 基于社会认知理论的移动社区个体知识贡献影响因素研究——以个人结果期望为中介 [J]. 情报理论与实践, 2016 (9): 82-89.

[108] 李志宏, 朱桃, 罗芳. 组织气氛对知识共享行为的影响路径研究——基于华南地区 IT 企业的实证研究与启示 [J]. 科学学研究, 2010 (6): 894-901.

[109] TSAI M T, CHENG N C. Understanding knowledge sharing between IT professionals: an integration of social cognitive and social exchange theory [J]. Behaviour & Information Technology, 2012, 31 (11): 1069-1080.

[110] CHANG H H, CHUANG S S. Social capital and individual motivations on knowledge sharing: participant involvement as a moderator [J]. Information & Management, 2011, 48 (1): 9-18.

[111] CHAI S, DAS S, RAO H R. Factors affecting bloggers' knowledge sharing: an investigation across gender [J]. Journal of Management Information Systems, 2011, 28 (3): 309-342.

[112] 陈明红, 漆贤军. 社会资本视角下的学术虚拟社区知识共享研究 [J]. 情报理论与实践, 2014 (9): 101-105.

[113] HUR H M. Demographic and socioeconomic determinants of self-efficacy: an empirical study of Korean older adults [J]. International Journal of Aging & Human Development, 2018, 87 (3): 289-308.

[114] ACEVEDO A. A personalistic appraisal of Maslow's needs theory of motivation: from "humanistic" psychology to integral humanism [J]. Journal of Business Ethics, 2018, 148 (4): 741-763.

[115] FLANNERY M. Self-determination theory: intrinsic motivation and behavioral change [J]. Oncology Nursing Forum, 2017, 44 (2): 155.

[116] SUN Y, FANG Y, KAI H L. Understanding sustained participation in transactional virtual communities [J]. Decision Support Systems, 2012, 53 (1): 12-22.

[117] 郭莉, 张悦, 周冬梅, 等. 虚拟社区中的社群交互: 研究综述 [J]. 技术经济, 2014 (12): 30-38.

[118] 林祥磊. 梭罗、海克尔与"生态学"一词的提出 [J]. 科学文化评论, 2013 (2): 18-28.

[119] 刘仁胜. 历史唯物主义的生态思想背景——生态学创始人海克尔与达尔文、马克思、恩格斯、列宁和毛泽东之间的历史联系 [J]. 鄱阳湖学刊, 2016 (4): 61-69.

[120] 刘丽红, 袁浩男. 高校社会工作存在的问题及对策——基于生态系统理论的视角 [J]. 合肥师范学院学报, 2015 (2): 93-97.

[121] BRONFENBRENNER U. The ecology of human development:

experiments by nature and design [M]. Cambridge, MA: Harvard University Press, 1979: 100-125.

[122] 王永贵，韩顺平，邢金刚，等.基于顾客权益的价值导向型顾客关系管理——理论框架与实证分析 [J]. 管理科学学报，2005 (6): 27-36.

[123] ZEITHAML V A, BITNER M J, GREMLER D D. Services marketing: integrating customer focus across the firm [M]. 5th ed.New York: McGraw-Hill, 2006.

[124] ROCA J C, CHIU C M, MARTÍNEZ F J. Understanding e-learning continuance intention: an extension of the technology acceptance model [J]. International Journal of Human-Computer Studies, 2006, 64 (8): 683-696.

[125] CHURCHILL G A. A paradigm for developing better measures of marketing constructs. [J]. Journal of Marketing Research, 2009, 16 (1): 64-73.

[126] BANDURA A. Self - efficacy: toward a unifying theory of behavioral change [J]. Advances in Behaviour Research & Therapy, 1978, 1 (4): 139-161.

[127] 尚永辉，艾时钟，王凤艳.基于社会执行理论的虚拟社区成员知识共享行为实证研究 [J]. 科技进步与对策，2012 (7): 127-132.

[128] GRONROOS C. Creating a relationship dialogue: communication, interaction and value [J]. The Marketing Review, 2010, 1 (1): 5-14.

[129] COMPEAU D, HIGGINS C A, HUFF S. Social cognitive theory and individual reactions to computing technology: a longitudinal study [J]. MIS Quarterly, 2009, 23 (2): 145-158.

[130] PARASURAMAN A, ZEITHAML V A, BERRY L L. A conceptual model of service quality and its implications for future research [J]. Journal of Marketing, 1985, 49 (4): 41-50.

[131] ZEITHAML V A, PARASURAMAN A, BERRY L L. Problems and strategies in services marketing [J]. Journal of Marketing, 1985, 49 (2): 33-46.

[132] JOSEPH R P, PEKMEZI D W, LEWIS T, et al. Physical activity and social cognitive theory outcomes of an internet-enhanced

physical activity intervention for African American female college students [J]. Journal of Health Disparities Research & Practice, 2013, 6 (2): 1-18.

[133] CHOO H, AHN K, PETRICK J F. An integrated model of festival revisit intentions: theory of planned behavior and festival quality/satisfaction [J]. International Journal of Contemporary Hospitality Management, 2016, 28 (4): 818-838.

[134] KANTAMNENI S P, COULSON K R. Measuring perceived value: scale development and research findings from a consumer survey [J]. Journal of Marketing Management, 1996, 6 (2): 72-86.

[135] 刘刚, 拱晓波. 顾客感知价值构成型测量模型的构建 [J]. 统计与决策, 2007 (22): 131-133.

[136] 周涛. 基于感知价值的移动商务用户接受行为研究 [J]. 杭州电子科技大学学报 (社会科学版), 2007 (4): 32-36.

[137] 查先进, 李晶, 严亚兰. 信任对科技论文快速共享意愿的影响——基于中国科技论文在线的实证研究 [J]. 图书馆论坛, 2011 (6): 232-239.

[138] 孟魁. 虚拟社区环境下信任机制的研究 [D]. 上海: 复旦大学, 2005.

[139] 徐美凤, 叶继元. 学术虚拟社区知识共享行为影响因素研究 [J]. 情报理论与实践, 2011, 34 (11): 72-77.

[140] MORGENSTERN O, NEUMANN J V. Theory of games and economics behavior [M]. Princeton: Princeton University Press, 1944.

[141] DIXIT A K, SKEATH S. Game of strategy [M]. New York: Norton & Company, 2012.

[142] 黄梦梅. 基于演化博弈的学术社区中用户知识共享行为研究 [D]. 武汉: 华中师范大学, 2014.

[143] 石娟, 刘珍. 技术接近度对企业知识共享的演化博弈分析 [J]. 统计与决策, 2017 (2): 186-188.

[144] 刘庆庆. 虚拟企业成员企业间隐性知识共享的博弈分析 [J]. 商业时代, 2011 (35): 84-85.

[145] 石艳霞. SNS 虚拟社区知识共享及影响因素研究 [D]. 太原: 山西

大学，2010.

[146] OSTERLOH M，FREY B S. Motivation，knowledge transfer，and organizational forms［J］. Organization Science，2000，11 (5)：538-550.

[147] 高江丽，陈翔，周华富.用户创新虚拟社区的社会网络关系研究——以M虚拟社区为例［J］.科技与管理，2019 (1)：62-67.

[148] 冯长利，周剑，兰鹰.供应链成员间知识共享行为演化博弈模型［J］.情报杂志，2012 (3)：138-144.

[149] 廖俊云，黄敏学，彭捷.企业虚拟品牌社区参与对消费者社区承诺的影响研究［J］.管理评论，2017 (10)：73-83.

[150] 施涛，姜亦珂，陈倩.网络问答社区用户知识创新行为模式的影响因素：基于扎根理论的研究［J］.图书情报知识，2017 (5)：120-129.

[151] 徐美凤.不同学科学术社区知识共享行为影响因素对比分析［J］.情报杂志，2011 (11)：134-139.

[152] 陈为东，王萍，王美月.学术虚拟社区用户社会性交互的影响因素模型与优化策略研究［J］.情报理论与实践，2018 (6)：117-123.

[153] CHANG C M，HSU M H，HSU C S. Examining the role of perceived value in virtual communities continuance：its antecedents and the infiuence of experience［J］. Behaviour & Information Technology，2014，33 (5)：502-521

[154] 万莉，程慧平.基于自我决定理论的虚拟知识社区用户持续知识贡献行为动机研究［J］.情报科学，2016 (10)：15-19.

[155] NAMBISAN S，BARON R A. Virtual customer environments：testing a model of voluntary participation in value co-creation activities［J］. Journal of Product Innovation Management，2009，26：399-406.

[156] 王永贵，马双.虚拟品牌社区顾客互动的驱动因素及对顾客满意影响的实证研究［J］.管理学报，2013 (9)：1375-1383.

[157] 梁文玲，杨文举.虚拟品牌社区信息质量对社区用户持续参与意愿的影响研究［J］.情报杂志，2016 (11)：195-201.

[158] SUN Y Q，FANG Y L，LIM K H. Understanding sustained participation in transactional virtual communities［J］. Decision Sup-

port Systems, 2012, 53（1）: 12-22.

［159］ AJZEN I. The theory of planned behavior［J］. Organizational Behavior and Human Decision Processes, 1991, 50（2）, 179-211

［160］ PAVLOU P A, FYGENSON M. Understanding and predicting electroniv commerce adoption: an extension of the theory of planned behavior［J］. MIS Quarterly, 2006, 30（1）: 115-143.

［161］ ZHENG Y M, ZHAO K, STYLIANOU A. Theimpacks of information quality and system quality on users' continuance intention in information-exchange virtual communities: an empirical investigation［J］. Decision Support System, 2013, 56（12）: 513-524.

［162］ JIANG Y, XIAO W. Seeking and offering expertise across categories: a sustainable mechanism works for Baidu Knows［C］// 3rd International AAAI Conference on Weblogs and Social Media. San Jose: ICWSM, 2009.

［163］ 曹卓琳.虚拟社区成员感知价值对持续使用意向的影响研究［J］.经济研究导刊, 2018（19）: 187-190.

［164］ 代宝, 杨晓雪, 邓艾雯.社交网站品牌（粉丝）主页用户参与行为的影响因素分析［J］. 信息资源管理学报, 2018（3）: 113-121.

［165］ 李更鑫.基于互联网的开放式创新平台治理机制研究［D］. 保定: 河北大学, 2017.

［166］ 李维安, 林润辉, 范建红.网络治理研究前沿与评述［J］. 南开管理评论, 2014（5）: 42-53.

［167］ 龚主杰, 赵文军, 熊曙初.虚拟社区成员知识共享感知价值维度研究［J］. 情报科学, 2014（2）: 140-145.

［168］ 徐和平, 孙林岩, 慕继丰.产品创新网络及其治理机制研究［J］. 中国软科学, 2003（6）: 77-82.

［169］ 黄维, 赵鹏.虚拟社区用户知识共享行为影响因素研究［J］. 情报科学, 2016（4）: 68-73; 103.

［170］ 张敏, 唐国庆, 张艳.基于S-O-R范式的虚拟社区用户知识共享行为影响因素分析［J］. 情报科学, 2017（11）: 149-155.

［171］ 万晨曦, 郭东强.虚拟社区知识共享研究综述［J］. 情报科学,

2016 (8)：165-170.

[172] ACHROL R S，KOTLER P. Marketing in the network economy [J]．Journal of Marketing，1999，63 (1)：146-163.

[173] 赵文军，周新民.感知价值视角的移动 SNS 用户持续使用意向研究 [J]．科研管理，2017 (8)：153-160.

[174] RIDINGS C M，GEFEN D，ARINZE B. Some antecedents and effects of trust in virtual communities [J]．The Journal of Strategic Information Systems，2002，11 (3/4)：271-295.

[175] KIM H W，XU Y J，GUPTA S. Which is more important in internet shopping，perceived price or trust? [J]．Electronic Commerce Research and Applications，2012，11 (3)：241-252.

[176] 顾美玲，迟铭，韩洁平.开放式创新社区治理机制对用户知识贡献行为的影响——虚拟社区感知的中介效应 [J]．科技进步与对策，2019 (20)：30-37.

[177] ZHAO L，LU Y，GUPTA S. Disclosure intention of location-related information in location-based social network services [J]．International Journal of Electronic Commerce，2012，16 (4)：53-90.

[178] 秦敏，乔晗，陈良煌.基于 CAS 理论的企业开放式创新社区在线用户贡献行为研究：以国内知名企业社区为例 [J]．管理评论，2015 (1)：126-137.

[179] GREWAL R，CHAKRAVARTY R，SAINI R. Governance mechanisms in business-to-business electronic markets [J]．Journal of Marketing，2010，74 (4)：45-62.

[180] 方爱华，陆朦朦，刘坤锋.虚拟社区用户知识付费意愿实证研究 [J]．图书情报工作，2018 (6)：105-115

[181] ROTTER J B．A new scale for the measurement of interpersonal trust [J]．Journal of Personality，1967，35 (4)：651-665.

[182] BARON R M，KENNY D A. The moderator-mediator variable distinction in social psychological research：conceptual，strategic and statistical considerations [J]．Journal of Personality and Social Psychology，1986，51 (6)：1173-1182.

[183] 赵亮，冯蒙朝，王瑞花.企业虚拟社区用户知识共享动机的演变机制研究 [J]．情报理论与实践，2017 (11)：96-100.

［184］金辉，盛永祥，罗小芳.从知识共享到创新行为的跃迁——集体主义的调节作用［J］.软科学，2020（2）：92-97.

［185］刘丽丽，杜荣，艾时钟.IT服务企业中文化对知识共享与创新行为关系的影响［J］.中国管理科学，2016（4）：159-166.

［186］单晓红，张晓月，刘晓燕.基于在线评论的用户画像研究——以携程酒店为例［J］.情报理论与实践，2018（4）：99-104；149.

［187］谷斌，徐菁，黄家良.专业虚拟社区用户分类模型研究［J］.情报杂志，2014（5）：203-207.

［188］YUAN X，YANG S，WANG C. Lead user identification in online user innovation communities：a method based on random forest classification ［C］. 7th IEEE International Conference on Electronics Information and Emergency Communication （ICEIEC）.ShenZhen：IEEE，2017.

［189］TORAL S L，MARTÍNEZ-TORRES M R，BARRERO F. Analysis of virtual communities supporting OSS projects using social network analysis ［J］. Information and Software Technology，2010，52（3）：296-303.

［190］沈波，胡云发.基于用户行为特征的虚拟品牌社区用户分类研究［J］.情报探索，2018（7）：12-18.

［191］宋恩梅，左慧慧.新浪微博中的"权威"与"人气"：以社会网络分析为方法［J］.图书情报知识，2012（3）：43-54.

［192］MENG Q L，HANG Y，CHEN X J. User roles in virtual community of crowdsourcing for innovation： a case study of Xiaomi MIUI in China ［J］. Tehnicki Vjesnik-Technical Gazette，2019，26（5）：1392-1399.

［193］彭希羡，朱庆华，刘璇.微博客用户特征分析及分类研究——以"新浪微博"为例［J］.情报科学，2015（1）：69-75.

［194］GUO W，ZHENG Q，AN W J，et al. User roles and contributions during the new product development process in collaborative innovation communities ［J］. Applied Ergonomics，2017，63：106-114.

［195］VALCK K D，BRUGGEN G H V，WIERENGA B. Virtual communities：a marketing perspective ［J］. Decision Support Systems，2009，47（3）：185-203.

[196] 刘伟，丁志慧.基于参与行为的兴趣型虚拟社区成员分类研究 [J].
商业研究，2012 (11)：92-95.

[197] LIOU D, CHIH W, HSU L, et al. Investigating information
sharing behavior: the mediating roles of the desire to share
information in virtual communities [J]. Information Systems
and E-Business Management, 2016, 14 (2): 187-216.

[198] 黄凤，洪建中.虚拟社区用户知识分享环境影响因素研究述评 [J].
情报科学，2016 (4)：169-176.

[199] YANG Y, LI Z, SU Y, et al. Customers as co-creators: ante-
cedents of customer participation in online virtual communities
[J]. International Journal of Environmental Research and Public
Health, 2019, 16 (24): 4998.

[200] 张永云，张生太，彭汉军.虚拟社区：开放式知识共享 [J]. 企业
管理，2016 (5)：101-103.

[201] 霍明奎，朱莉，刘升.用户信任和隐私顾虑对移动社交网络用户参
与动机和参与度的影响研究——以新浪微博为例 [J]. 情报科学，
2017 (12)：108-114.

[202] 李贺，张克永，洪闯.开放式创新社区创客知识共享影响因素研究
[J]. 图书情报工作，2017 (21)：13-21.

[203] 郑健，刘人境，冯亚娟.虚拟品牌社区环境下顾客参与对技术创新
绩效的影响——组织学习能力的调节作用 [J]. 科学学与科学技术
管理，2018 (10)：82-95.

[204] FULLER J, HUTTER K, HAUTZ J. Consumers' creative talent:
which characteristics qualify consumers for open innovation
projects? An exploration of asymmetrical effects [J]. Creativity
& Innovation Management, 2012, 21 (3): 247-262.

[205] KUNCORO W, SURIANI W O. Achieving sustainable competitive
advantage through product innovation and market driving [J].
Asia Pacific Management Review, 2018, 23 (3): 186-192.

[206] 陈君，钱晨，何梦婷.基于地点的虚拟社区在线评论信息分享行为
研究 [J]. 情报科学，2018 (11)：150-157.

[207] 宋展昭，乐承毅，李雯欣.平台治理机制对用户知识贡献行为的影
响——基于企业虚拟社区的实证研究 [J]. 知识管理论坛，2020
(6)：383-397.

[208] 谭春辉，王仪雯，曾奕棠.激励机制视角下虚拟学术社区科研人员合作的演化博弈研究［J］.现代情报，2019（12）：64-71.

[209] GEYSKENS I, STEENKAMP J B E M, SCHEER L K, et al. The effects of trust and interdependence on relationship commitment: a Trans-Atlantic study ［J］. International Journal of Research in Marketing, 1996, 13（4）：303-317.

[210] 赵红丹，夏青.人际不信任、消极情感与知识隐藏行为研究［J］.科研管理，2019（8）：284-292.

[211] 喻登科，周子新.普适性信任、知识共享宽度与企业开放式创新绩效［J］.科技进步与对策，2020（1）：112-121.

[212] 张洁，廖貅武.虚拟社区中顾客参与、知识共享与新产品开发绩效［J］.管理评论，2020（4）：117-131.

[213] ALMIND T C, INGWERSEN P. Informetric analyses on the world wide web: methodological approaches to "webometrics" ［J］. Journal of Documentation, 1997, 53（4）：404-426.

[214] BRIN S, PAGE L. The anatomy of a large-scale hypertextual web search engine ［J］. Computer Networks and ISDN Systems, 1998, 30（1-7）：107-117.

[215] KIEINBERG J M. Authoritative sources in a hyperlinked environment ［J］. Journal of the ACM, 1999, 46（5）：604-632.

[216] FUJIMURA K, INOUE T, SUGISAKI M. The EigenRumor algorithm for ranking blogs ［Z］. Paper of WWW2005 Workshop on the Weblogging Ecosystem, 2005.

[217] PRIEM J. Scholarship: beyond the paper ［J］. Nature, 2013, 495（7442）：437-440.

[218] 王凌峰，陈松青.基于在线数据库的论文自组织评价机制［J］.科技管理研究，2006（3）：155-158.

[219] 乐承毅，顾新建.基于用户行为统计的企业知识自动评价方法［J］.计算机集成制造系统，2015（5）：1368-1374.

[220] WONG D. Link Analysis: PageRank and Hypertext Induced Topics Search（HITS）［J］. Sci-Tech Information Development & Economy, 2014.

[221] LI M W, JIA S L, DU W Y. Fans as a source of extended innovation capabilities: a case study of Xiaomi Technology ［J］. Inter-

national Journal of Information Management，2019，44：204-208.

[222] MENG Q L，HANG Y，CHEN X J. User roles in virtual community of crowdsourcing for innovation： a case study of Xiaomi MIUI in China ［J］. Tehnicki Vjesnik-Technical Gazette，2019，26 （5）：1392-1399.

[223] MENG Q，ZHANG Z，WAN X，et al. Properties exploring and information mining in consumer community network： a case of Huawei Pollen Club ［J］. Complexity，2018，2018（11）：1-19.

[224] 廖俊云，黄敏学，彭捷.企业虚拟品牌社区参与对消费者社区承诺的影响研究［J］. 管理评论，2017（10）：73-83.

[225] 张新圣，李先国.虚拟品牌社区特征对消费者价值共创意愿的影响——基于满意与信任中介模型的解释［J］. 中国流通经济，2017（7）：70-82.

[226] 严建援，乔艳芬，秦凡.产品创新社区不同级别顾客的价值共创行为研究——以MIUI社区为例［J］. 管理评论，2019（2）：58-70.

[227] WIRTZ J，DEN AMBTMAN A，BLOEMER J，et al. Managing brands and customer engagement in online brand communities ［J］. Journal of Service Management，2013，24（3）：223-244.

[228] PORTER C E，DONTHU N，MACELROY W H，et al. How to foster and sustain engagement in virtual communities ［J］. California Management Review，2011，53（4）：80-110.

[229] 顾美玲，迟铭，韩洁平.开放式创新社区治理机制对用户知识贡献行为的影响——虚拟社区感知的中介效应［J］. 科技进步与对策，2019（20）：30-37.

[230] NIELSEN J. The 90-9-1 rule for participation inequality in social media and online communities ［EB/OL］. （2006-10-08）［2022-10-09］. http：//www.nngroup.com/articles/participation-inequality.

[231] NIELSEN J. Participation inequality： encouraging more users to contribute ［J］. Quaderns De Filologia Estudis Literaris，2006，2688（3）：11-25.

[232] 贺爱忠，李雪.在线品牌社区成员持续参与行为形成的动机演变机制研究［J］. 管理学报，2015（5）：733-743.

[233] 阮平南，赵宇晴.基于开放式创新社区的用户需求识别研究——以小米社区为例［J］. 软科学，2017（12）：20-24.

[234] 赵亮，冯蒙朝，王瑞花.企业虚拟社区用户知识共享动机的演变机制研究［J］. 情报理论与实践，2017（11）：96-100.

[235] CHOU S. Why do members contribute knowledge to online communities？［J］. Online Information Review，2010，34（6）：829-854.

[236] LIAO C，TO P L，HSU F C. Exploring knowledge sharing in virtual communities ［J］. Online Information Review，2013，37（6）：891-909.

[237] 王瑞花.创新组织内组织共享的演化博弈［J］. 运筹与管理，2016（4）：31-38.

[238] 孙锐，赵大丽.动态联盟知识共享的演化博弈分享［J］. 运筹与管理，2009（1）：93-96.

[239] 刘庆庆.虚拟企业成员企业间隐性知识共享的博弈分析［J］. 商业时代，2011（35）：84-85.

[240] OSTERLOH M，FREY B S. Motivation，knowledge transfer，and organizational forms ［J］. Organization Science，2000，11（5）：538-550.

[241] 杨霞，李雯.伦理型领导与员工知识共享行为：组织信任的中介作用和心理安全的调节效应［J］.科技进步与对策，2017（17）：143-147.

索引

附录1　企业虚拟社区用户知识贡献意愿影响因素的调查问卷

尊敬的女士/先生：

您好！为了探讨"企业虚拟社区中的用户知识行为研究"，更好地丰富用户知识贡献行为，为企业提供有价值的建议，我们编制了用户行为调查问卷，诚挚地感谢您能在忙碌之中抽出时间来完成这份问卷的填写。问卷不涉及您的个人隐私，仅为科学研究所用。

本问卷调查的对象主要是曾经使用或正在使用海尔虚拟社区的用户，问卷中是针对您参与的海尔虚拟社区所提出的有关问题，问卷的填写大概需要10分钟的时间，希望您根据实际经验进行作答。

第一部分：基本信息

1.性别

A.男　B.女

2.年龄

A. 18 岁及以下　　B. 19~25 岁　　C.26~35 岁　　D.36~45 岁
E.46 岁及以上

3.教育背景

A.高中及以下　　B.大专　　C.本科　　D.硕士研究生及以上

4.职业

A.学生　　B.公务员/事业单位员工　　C.企业/公司员工　　D.自由职业者　　E.教师　　F.个体从业者　　G.其他

5.您加入该社区的时间

A.1 个月以下　　B.1~6 个月　　C.6 个月至 1 年　　D.1~3 年
E.3 年以上

6.每周访问海尔企业虚拟社区的次数

A.1 次或者更少　　B.2~3 次　　C.4~6 次　　D.8~9 次　　E. 10
次及以上

7.您属于以下哪种用户

A.知识参与贡献行为用户（在该社区仅有每日打卡、知识阅读、推荐、转载、分享、关注等行为）——只需完成第二部分的调查即可

B.知识评价贡献行为用户（在该社区除有知识参与贡献行为外还进行过知识评论、知识交流、反馈等行为，如点赞、评论、回帖）——只需完成第三部分的调查即可

C.知识创作贡献行为用户（在该社区除有知识评价贡献行为外还进行过知识自主创作等行为，如发帖、回答问题）——只需完成第四部分的调查即可

第二部分：请根据您在海尔虚拟社区进行知识参与贡献行为的实际情况，回答以下问题，在您认为符合的选项中打"√"（1→7分别表示非常不同意→非常同意）

	1	2	3	4	5	6	7
文化氛围							
1.该虚拟社区整体氛围很活跃							
2.该虚拟社区界面的设计很方便，很人性化							
3.该虚拟社区经常举办各种各样调动会员积极性的活动							
4.该虚拟社区的管理规范和制度明确清晰							
5.该社区板块分类多，知识丰富新颖							
组织激励							
1.阅读、分享知识可以使我积累更多的积分及提高等级							
2.阅读、分享知识可以使我有机会享受社区提供的优惠或免费体验							
3.阅读、分享知识可以使我有机会获得会员专属权利							
品牌影响力							
1.我相信海尔品牌							
2.海尔企业的名声很好							
3.海尔的产品受大众喜欢							
信息质量							
1.我相信该社区中其他成员贡献的知识是真实可靠的							
2.该社区的管理人员总是能够及时删除虚假或错误信息							
3.我认为该虚拟社区中的知识资源质量高							
认同感							
1.我很赞成社区中我所关注的信息							
2.使用该社区对我生活及学习产生了帮助							
3.总体来说，我对该社区很满意							
4.在该社区中获取有用的知识并分享给好友使我感觉很好							

人际互动						
1.我在该社区阅读、分享知识会经常得到他人响应						
2.我经常阅读、转载及关注他人发布的信息						
3.我经常使用此社区与社区网页对话沟通，交流感情，建立关系						
知识参与态度						
1.我认为在该社区进行知识参与行为是一个很好的想法						
2.我认为参与到该社区是一个很明智的选择						
3.我喜欢通过该社区阅读、分享知识						
4.参与到该社区令人感到愉快						
主观规范						
1.我周围的朋友认为我应该在该社区进行知识参与贡献行为						
2.我周围的同事/同学认为我应该在社区进行知识参与贡献行为						
3.我的社区用户朋友对该社区有强烈的认同感						
感知行为控制						
1.我有方便的电脑、移动设备及网络设施来参与该社区						
2.我有充足的时间和精力来参与该社区						
3.我知道如何在该虚拟社区下载有价值的知识						
知识参与贡献意愿						
1.我愿意在该社区进行知识参与贡献行为						
2.我会将该社区推荐给我的亲朋好友使用						
3.我计划经常在该社区进行知识参与贡献行为						

第三部分：请根据您在海尔虚拟社区进行知识评价贡献行为的实际情况，回答以下问题，在您认为符合的选项中打"√"（1→7分别表示非常不同意→非常同意）

	1	2	3	4	5	6	7
文化氛围							
1.该虚拟社区整体氛围很活跃							
2.该虚拟社区界面的设计很方便，很人性化							
3.该虚拟社区经常举办各种各样调动会员积极性的活动							
4.该虚拟社区的管理规范和制度明确清晰							
5.该社区板块分类多，知识丰富新颖							
组织激励							
1.知识交流、反馈可以使我积累更多的积分及提高等级							
2.知识交流、反馈可以使我有机会享受社区提供的优惠或免费体验							
3.知识交流、反馈可以使我有机会获得会员专属权利							
品牌影响力							
1.我相信海尔品牌							
2.海尔企业的名声很好							
3.海尔的产品受大众喜欢							
信息质量							
1.我相信该社区中其他成员贡献的知识是真实可靠的							
2.该社区的管理人员总是能够及时删除虚假或错误信息							
3.我认为该虚拟社区中的知识资源质量高							
4.我在该社会贡献的知识都是真实有效的							
互惠							
1.我尊敬那些在我评论后给我答复的人							
2.当我在该社区评价了他们的信息后，我的疑惑得到解决							
3.我觉得该社区的用户经常互相帮助							

4.我会在社区成员发布的信息下分享我的看法和建议，我希望以后我的问题也会被别人回答						

自我效能

1.我有信心为他人的问题提供有价值的知识，并进行交流						
2.我能清楚明白地回答其他社区成员提出的问题						
3.我能利用我的知识对他人发布的信息提出自己的看法和建议						

人际互动

1.我在该社区进行评价行为经常会得到他人响应						
2.我经常参与社区成员的话题，共同讨论，相互帮助						
3.我经常使用此社区与社区网友对话沟通，交流感情，建立关系						

知识评价态度

1.我认为在该社区进行知识评价行为是一个很好的想法						
2.我认为在该社区进行知识交流、反馈是一个很明智的选择						
3.我喜欢通过该社区与他人进行知识交流、反馈						
4.在该社区进行知识评价行为令人感到愉快						

主观规范

1.我周围的朋友认为我应该在该社区进行知识评价贡献行为						
2.我周围的同事/同学认为我应该在社区进行知识评价行为						
3.我的社区好友对该社区有强烈的认同感						

感知行为控制

1.我有方便的电脑、移动设备及网络设施来参与该社区						
2.我有充足的时间和精力来参与该社区						
3.我有足够的能力在该社区为其他用户提供有价值的知识						
4.我知道如何在该虚拟社区发布或下载有价值的知识						

续表

知识评价意愿							
1.我愿意在该社区进行知识评价贡献行为							
2.我会将该社区推荐给我的亲朋好友使用							
3.我计划经常在该社区进行知识评价贡献行为							

第四部分：请根据您在海尔虚拟社区进行知识创作贡献行为的实际情况，回答以下问题，在您认为符合的选项中打"√"（1→7分别表示非常不同意→非常同意）

	1	2	3	4	5	6	7
文化氛围							
1.该虚拟社区整体氛围很活跃							
2.该虚拟社区界面的设计很方便，很人性化							
3.该虚拟社区经常举办各种各样调动会员积极性的活动							
4.该虚拟社区的管理规范和制度明确清晰							
5.该社区板块分类多，知识丰富新颖							
技术环境							
1.在该社区发布知识操作方便、人性化							
2.该虚拟社区支持多种类型的知识贡献方式（发帖、评论、语音、上传文档、图片及视频等）							
3.在该虚拟社区中不会因为信息技术而导致与其他成员之间的交流不畅							
组织激励							
1.发布新的知识可以使我积累更多的积分及提高等级							
2.发布新的知识可以使我有机会享受社区提供的优惠或免费体验							
3.发布新的知识可以使我有机会获得会员专属权利							
品牌影响力							
1.我相信海尔品牌							
2.海尔企业的名声很好							
3.海尔的产品受大众喜欢							

续表

知识水平						
1.我认为我的知识水平足够在该社区进行知识创作						
2.我认为我有能力在该社区帮助他人解决疑惑						
3.我认为我的知识水平足够使我在该社区发布有价值的信息						
助人乐趣						
1.在该社区解决他人的疑惑后，我感到愉快						
2.在该社区发布信息来帮助他人使我感觉很好						
3.在该社区贡献自己的知识为我带来了快乐						
4.在该社区通过贡献知识使我有成就感						
人际互动						
1.我在该社区发布信息经常会得到他人响应						
2.我经常参与社区成员的话题，共同讨论，相互帮助						
3.在该社区分享我的经验会得到他人的关注、点赞及赞赏						
4.我经常使用此社区与社区好友对话沟通，交流感情，建立关系						
知识创作态度						
1.我认为在该社区进行知识创作贡献是一个很好的想法						
2.我认为在该社区发布新知识是一个明智的选择						
3.我喜欢通过该社区进行知识创作						
4.在该社区进行知识创作使人愉悦						
主观规范						
1.我周围的朋友认为我应该在该社区进行知识创作						
2.我周围的同事/同学认为我应该在该社区进行知识创作						
3.我的社区用户朋友对该社区有强烈的认同感						

续表

感知行为控制					
1.我有方便的电脑、移动设备及网络设施来参与该社区					
2.我有充足的时间和精力在该社区进行知识创作					
3.我有足够的能力在该社区为其他用户提供有价值的知识					
4.我知道如何在该虚拟社区下载或发布有价值的知识					
知识创作意愿					
1.我愿意在该社区进行知识创作贡献行为					
2.我会推荐我的亲朋好友使用该社区进行知识创作					
3.我计划经常在该社区进行知识创作贡献行为					

附录2 企业虚拟社区平台机制对用户知识贡献行为影响的调查问卷

尊敬的先生/女士：

您好！感谢您在百忙之中抽出时间来填写本问卷！本项调查问卷是有关平台机制对用户知识贡献行为影响研究的学术问卷。问卷数据仅用于学术研究。调查采用匿名形式，无所谓标准答案，所收集的数据仅用于学术研究，不会用于商业用途，请您认真填写，衷心感谢您的合作与支持！

第一部分：个人基本情况

1.您的性别：

A.男　B.女

2.您的年龄：

A.16～25岁　B.26～35岁　C.36～45岁　D.45岁以上

3.您的学历：

A.高中及以下　B.大专　C.本科　D.硕士研究生及以上

4.您加入该社区的时间：

A.6个月以下　B.6～12月　C.1～2年　D.2年以上

5.您登录该社区的频率：

A.每天至少一次　B.每周2～3次　C.平均每周1次　D.每月2～3次　E.每月1次或更少

6.您每次访问该社区的时间大约为：

A.半小时以内　B.半小时到1小时　C.1～2小时　D.2小时以上

第二部分：量表题项

根据您在该社区的亲身经历与体验，对下列项目论述进行评价，在您认为符合的选项中打"√"。（1→7分别表示非常不同意→非常同意）

题号	鼓动互动量表题项	1	2	3	4	5	6	7
1	企业提供在线社区及相关服务以促进用户之间的互动							
2	企业提供在线社区及相关服务以促进用户之间的信息共享							
3	企业提供在线社区及相关服务以促进不同成员贡献知识							
4	总体来说，企业会积极促进成员之间的互动							
题号	激励机制量表题项	1	2	3	4	5	6	7
1	该企业提供了可以用于商城商品兑换的积分，以奖励那些贡献知识的用户							
2	在该社区中，积极贡献的用户可获得更高的权限奖励							
3	在该社区中，积极贡献的用户可获得产品或者其他物质奖励							
4	在该社区中签到，可获得一定的积分或论坛币等虚拟奖励							

续表

题号	声誉机制量表题项	1	2	3	4	5	6	7
1	在该社区中，积极贡献的用户可获得更高的声望							
2	信息或知识的贡献能够提升我在该社区成员中的形象，让我获得其他成员的尊敬							
3	信息或知识的贡献会提高我在该社区成员之中的声誉地位							
4	该社区提供了虚拟荣誉以奖励那些积极贡献知识的用户							
题号	社区规范量表题项	1	2	3	4	5	6	7
1	社区论坛管理员会尽责地规范社区环境							
2	社区产品创意活动管理规范合理							
3	社区论坛内容编排得很清晰							
4	社区注重保护成员的个人隐私							
题号	监督机制量表题项	1	2	3	4	5	6	7
1	该社区管理者会监督整个社区，以免一些用户发生投机行为							
2	对于投机或损害他人利益的投诉，社区管理者都会严肃处理							
3	社区管理者最重要的一个角色就是监督和管理社区环境							
4	维护社区秩序对于社区管理者来说，是非常重要的							
题号	感知价值量表题项	1	2	3	4	5	6	7
1	相比付出时间而言，在该社区进行知识贡献是值得的							
2	相比付出精力而言，在该社区进行知识贡献是值得的							
3	总的来说，在该社区进行知识共享给我带来了很好的价值							
题号	感知信任量表题项	1	2	3	4	5	6	7
1	我相信社区成员能够真诚地对待其他成员							
2	我相信社区成员贡献的知识是真实可靠的							
3	该社区不会在未经成员授权时将个人信息用于其他目的							
4	该虚拟社区的管理员能够及时地删除虚假或错误的信息							

续表

题号	知识参与贡献行为量表题项	1	2	3	4	5	6	7
1	我经常在社区浏览自己感兴趣的信息							
2	我经常被有趣的内容或创意所吸引，并进行点赞							
3	我经常被有趣的内容或创意所吸引，并分享给他人							
题号	知识评价贡献行为量表题项	1	2	3	4	5	6	7
1	我经常参与他人提出的各类产品话题的讨论							
2	我经常就他人产品的建议方案，提出自己的意见和想法							
3	我经常被提出的主题内容或创意所吸引，进行评论							
题号	知识创作贡献行为量表题项	1	2	3	4	5	6	7
1	我经常发表产品的使用经验与体会，并和其他用户分享							
2	我经常发表对现有产品的改进建议或解决方案							
3	我经常发表对产品的新想法和创意，以期公司能够重视采纳							

附录3　企业虚拟社区知识共享对产品创新的影响调查问卷

尊敬的社区用户：

预探究企业虚拟社区中用户知识共享与产品创新之间的关系，为企业提供有价值的管理建议，因此进行问卷调查。问卷不涉及您的个人隐私，仅为科学研究所用，诚挚地邀请您抽出时间来完成这份问卷的填写。

第一部分：基本信息

1.您在社区的昵称：[填空题]*

_____

2.您的性别：[单选题]*

○男　○女

3.您的学历是：[单选题]*

○初中及以下　○高中及中专　○大专　○本科　○硕士研究生　○博士研究生

4.您使用华为产品的时长：[单选题]*

　　○1年　　○2年　　○3年　　○4年　　○5年

5.您加入到华为社区的时长：[单选题]*

　　○1年　　○2年　　○3年　　○4年　　○5年

第二部分：根据您的实际情况，填写问题，在您认为符合的选项中打"√"（1→7分别表示非常不同意→非常同意）

题号	社区氛围	1	2	3	4	5	6	7
1	我感受到该社区中的氛围是积极的							
2	我在该社区中有良好的互动体验							
3	我感受到该社区中的和谐气氛							
题号	激励制度	1	2	3	4	5	6	7
1	我了解社区中存在相应的激励制度							
2	我曾在社区中获得虚拟币、积分等奖励							
3	我曾在社区中获得管理员的称赞							
题号	用户信任	1	2	3	4	5	6	7
1	我认为其他用户分享的知识是可靠的							
2	我相信其他用户不会随意使用社区中的创意							
3	我相信其他用户对帖子的评论是自身真实的观点							
题号	发展性知识共享	1	2	3	4	5	6	7
1	我会贡献产品设计方面的想法，帮助发散我的思维							
2	我会分享产品功能的相关知识，帮助我整合知识							
3	我会探讨开发产品的新技术，帮助我强化、理解新内容							
题号	互惠性知识共享	1	2	3	4	5	6	7
1	我会贡献产品设计方面的想法，帮助发散我的思维							
2	我会分享产品功能的相关知识，帮助我整合知识							

3	我会探讨开发产品的新技术，帮助我强化、理解新内容							
题号	奖励性知识共享	1	2	3	4	5	6	7
1	我会分享改进产品的原创想法，帮助我获得相应的荣誉奖励							
2	我会积极攻克产品开发遇到的难题，帮助我获得虚拟币							
3	我会报名参加产品测试活动，帮助我获得产品奖励							
题号	产品创意	1	2	3	4	5	6	7
1	总体而言，关于产品的改进，我产生创意的数量较多							
2	总体而言，我产生的创意获得了较多用户的赞赏							
3	总体而言，我产生的创意多次被企业采纳							
题号	产品测试	1	2	3	4	5	6	7
1	总体而言，我参与产品测试的次数较多							
2	总体而言，我反馈的产品测试的相关问题得到企业的认可							
3	总体而言，我为测试问题提出的解决方案多次被企业应用							